信息化教学与多媒体课件制作

孙汉群◎编著

河海大学出版社
HOHAI UNIVERSITY PRESS
·南京·

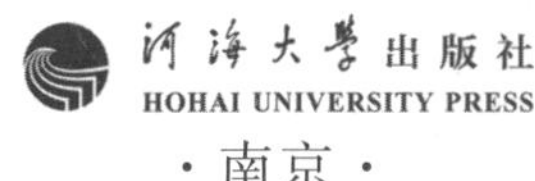

内容提要

本书是作者从事信息化教学与多媒体课件制作教学实践与研究的总结。全书以教育数字化转型为背景，分别介绍了信息化教学技术的新发展、新要求和新应用，信息化教学环境与教学资源，信息化教学模式与教学设计，信息化教学评价与教学研究等信息化教学的基本理念、基本原理和基本方法；基于教学数字化与新课程标准的多媒体课件设计理念、方法和技术；基于 PowerPoint 2021 的新功能和多种控件技术应用的多媒体课件制作技术与方法。全书理论联系实际，注重信息化技术与方法的有效应用，在相应章节安排了典型应用案例和实践活动。

本书可作为大学"现代教育技术""现代教育技术应用""多媒体课件制作"等课程的通用教材和中小学教师信息化、数字化技能培训的教材，也可作为教师、学生和其他人员学习信息化教学与多媒体课件制作的参考书。

图书在版编目(CIP)数据

信息化教学与多媒体课件制作 / 孙汉群编著. -- 南京 : 河海大学出版社, 2023.10
ISBN 978-7-5630-8380-0

Ⅰ. ①信… Ⅱ. ①孙… Ⅲ. ①多媒体课件-制作 Ⅳ. ①G436

中国国家版本馆 CIP 数据核字(2023)第 186808 号

书　　名　信息化教学与多媒体课件制作
XINXIHUA JIAOXUE YU DUOMEITI KEJIAN ZHIZUO
书　　号　ISBN 978-7-5630-8380-0
责任编辑　陈丽茹　张　砾
特约校对　李春英
装帧设计　徐娟娟
出版发行　河海大学出版社
地　　址　南京市西康路 1 号(邮编:210098)
网　　址　http://www.hhup.com
电　　话　(025)83737852(总编室)　(025)83722833(营销部)
经　　销　江苏省新华发行集团有限公司
排　　版　南京布克文化发展有限公司
印　　刷　苏州市古得堡数码印刷有限公司
开　　本　787 毫米×1092 毫米　1/16
印　　张　13.25
字　　数　310 千字
版　　次　2023 年 10 月第 1 版
印　　次　2023 年 10 月第 1 次印刷
定　　价　58.00 元

作者简介

孙汉群，男，1965年3月出生，1993年毕业于南京大学，获理学博士学位。现为江苏第二师范学院地理科学学院教授、江苏省高校“青蓝工程”学术带头人、江苏省地理学学科联盟常务理事、江苏省地理学会监事、民进江苏省委科技专委会副主任。从事信息化教育教学工作多年，被学校聘为现代教育技术课程的首席教师。主讲的“计算机辅助地理教学”“多媒体计算机辅助地理教学”被评为江苏省普通高等教育省级精品课程、江苏省成人高等教育省级精品课程，在《地理学报》《中国教育信息化》等省级以上刊物发表论文40多篇。“多媒体计算机辅助教学与课件制作”获江苏省高等教育教学成果二等奖，主编的《多媒体计算机辅助教学与课件制作》《地理信息技术与地理教学的整合》获评江苏省高校“十二五”“十三五”重点教材，制作的《地球概论》《气象学与气候学》等多媒体课件多次获江苏省高校教师多媒体课件竞赛一、二等奖和全国多媒体课件大赛二等奖。

前言

“信息化教学与多媒体课件制作”是现代教育技术的主要内容,是教育信息化的主要方面。掌握信息化教学的基本概念、原理与方法,设计、制作和应用多媒体课件于教学之中,是新时代教师教学技术水平和能力的重要体现。

随着信息技术的发展和应用,信息化教学的技术与方法也不断发展、创新,信息化教学的内容也不断丰富和发展,信息化教学的实践日新月异。本书针对新形势下信息化教学的新发展,从信息化教学环境与教学资源、信息化教学模式与教学设计、信息化教学评价与教学研究等方面,介绍了信息化教学的新技术、新方法,以及教育数字化转型发展和新课标新课改背景下的多媒体课件设计理念、方法和技术的新变化,并基于 PowerPoint 2021 的新功能和多种控件技术的新应用,介绍了多媒体课件设计与制作的新技术与新方法。全书理论联系实际,注重信息化方法的实际应用,在相应章节安排了典型案例和应用实践活动。

本书的出版得到了江苏第二师范学院相关部门领导和同事们的关心和支持,本书的相关内容多次在初中地理骨干教师“国培计划”项目和高中地理骨干教师省级培训中讲授过。本书的相关内容也在相关院校的现代教育技术应用、多媒体课件制作、计算机辅助地理教学、信息化教学技能训练等课程的教学中使用过。在上述课程的教学实践中,相关班级的老师、学员(生)对有关内容提出了很好的建议,促进了我们对相关问题的研究。感谢领导、老师、学员和学生给予的大力支持和积极配合。

本书包括了作者多年来从事相关信息化教学与多媒体课件制作的研究成果、经验与体会,同时也参考了相关的参考文献和网络资源。由于作者水平有限,加之时间仓促,书中的缺点和疏漏在所难免,敬请读者批评指正!

孙汉群

2023 年 6 月 16 日

目录 CONTENTS

第一章 信息化教学的新发展

第一节　信息化与信息化教学的发展

一、信息化教学基础

1 信息化

1997年召开的首届全国信息化工作会议，将信息化定义为："信息化是指培育、发展以智能化工具为代表的新的生产力并使之造福于社会的历史过程。"

信息化以现代通信、网络、数据库技术为基础，将所研究的对象各要素汇总至数据库，供特定人群生活、工作、学习、辅助决策等之用，它是与人类息息相关的各种行为相结合的一种技术。信息化代表了一种信息技术被高度应用，信息资源被高度共享，从而使得人的智能潜力以及社会物质资源潜力被充分发挥，个人行为、组织决策和社会运行趋于合理化的理想状态。同时信息化也是建立在IT（信息技术）产业发展与IT在社会经济各部门扩散的基础之上的，不断运用IT改造传统的经济、社会结构从而通往如前所述的理想状态的一段持续的过程。

2006年3月中共中央办公厅发布的《2006—2020年国家信息化发展战略》指出，信息化是充分利用信息技术，开发利用信息资源，促进信息交流和知识共享，提高经济增长质量，推动经济社会发展转型的历史进程。

2 教育信息化与信息化教育

教育信息化是指在教育领域（教育管理、教育教学和教育科研）全面深入地运用现代信息技术来促进教育改革与发展的过程。其技术特点是数字化、网络化、多媒体化和智能化，基本特征是开放、共享、交互、协作。

教育信息化有两层含义：一是把提高信息素养纳入教育目标，培养适应信息社会的人才；二是把信息技术手段有效应用于教学管理与科研，注重教育信息资源的开发和利用。

所谓教育信息化,是指在国家及教育部门的统一规划和组织下,在教育系统的各个领域全面深入地应用现代信息技术,加速实现教育现代化的过程。教育信息化,要求在教育过程中较全面地运用以计算机、多媒体、大数据、人工智能和网络通信为基础的现代信息技术,促进教育改革,从而适应信息化社会提出的新要求,对深化教育改革和实施素质教育,具有重大的意义。

教育信息化是一个动态过程,2010 年颁布的教育规划纲要指出,把教育信息化纳入国家信息化发展整体战略,超前部署教育信息网络。2013 年我国明确把教育信息化作为推动中国教育改革的重要内容。

教育信息化可以突破"时空限制";可以推动教与学的"双重革命";可以打造"没有围墙的学校";可以汇聚"海量知识资源"。教育信息化能够带动教育现代化的实现。

进入 21 世纪,信息技术的迅猛发展对我国传统教育理念和教育方式提出了新的挑战。对中国而言,发展教育信息化,既是应对时代挑战的必然选择,也是破解教育发展不均衡、促进教育公平、提高教育质量的最佳结合点和着力点,具有特别重要的意义。到目前为止,我国已经基本建成人人可享有优质教育资源的信息化学习环境,基本形成了学习型社会的信息化服务体系,基本实现所有地区和各级各类学校宽带网络的全面覆盖。

通过"三通两平台"建设,即宽带网络校校通、优质资源班班通、网络空间人人通和教育资源公共服务平台、教育管理公共服务平台的建设成效显著,基本实现"校校通""班班通""人人通",在"资源平台"和"管理平台"方面,基本建成覆盖全国学生、教职工、中小学校舍等基础数据库,1.77 亿中小学生学籍信息入库,实现全国学生"一人一号"。

教育信息化是教育现代化的重要特征之一,它必须有硬件和软件的不断变革、创新和完善来整体、系统地构建新常态的学与教的关联、共生、和谐和平衡。教育信息化更重要的是如何实现信息技术与教育教学的深度融合、形成教育信息化新常态下的教育教学途径。教育信息化并不是颠覆原有教学,而是为了更加高效的学与教,将技术融入教育教学中,改变和超越常态教学。

2018 年 4 月 13 日,教育部正式发布了《教育信息化 2.0 行动计划》。教育信息化的结果必然是形成一种全新的教育形态——信息化教育。信息化教育,就是在现代教育思想、理论的指导下,主要运用现代信息技术,开发教育资源,优化教育过程,以培养和提高学生信息素养为重要目标的一种新的教育方式。

3 教学信息化与信息化教学

教学信息化是指运用信息技术进行教学和教学资源开发,实现课堂教学的数字化、网络化、智能化和多媒体化,为学生建立开放、共享、交互、协作的学习环境。

教学信息化是教育信息化的核心内容。教学是教育领域的中心工作,教学信息化就是要使教学手段科技化、教育传播信息化、教学方式现代化。

信息化教学是利用信息技术的理念、方法和手段开展的教学活动,是在信息化环境中,教育者与学习者借助现代教育媒体、教育信息资源和教育技术方法进行的双边活动。信息化教学是与传统教学相对而言的,泛指以信息技术支持为显著特征的教学形态。教学信息

化强调的是教学环境、教学过程和环节等方面具有良好的信息基础设施、信息资源和信息技术的广泛应用，以及具备一定信息素养和应用能力的师生，目标是信息化；信息化教学强调的是具备一定信息素养和应用能力的师生应用信息基础设施、信息资源和信息技术服务于教学，目的是通过信息化教学提高教学质量和教学水平。对于学校教师和学生来说，教学信息化是基础和条件，信息化教学是目的和目标。

信息化教学不仅是信息化的“教”，也是信息化的“学”。根据教育部制定并颁布实施的《中小学教师信息技术应用能力标准（试行）》，教师在教育教学和专业发展中应用信息技术有两个层面的要求，即基本要求和发展性要求。其中，教师应用信息技术优化课堂教学的能力为基本要求，主要包括教师利用信息技术进行讲解、启发、示范、指导、评价等教学活动应具备的能力。而教师应用信息技术转变学习方式的能力为发展性要求，主要针对教师在学生具备网络学习环境或相应设备的条件下，利用信息技术支持学生开展自主、合作、探究等学习活动所应具有的能力。

（1）信息化教学有利于学生的学。学生是整个教学工作的核心，建立一所学校，配备大量教育资源的最终目的还是支持学生的学习。从认知角度来讲，不同的感官获取知识的比重是不同的。研究表明：利用视觉来学习的知识获取率最高，为 83.5%，其次是听觉，为 11%，其他感官的比例比较低。利用“视觉+听觉”学习，能将知识的获取率提高到 94.5%。同样的学习内容利用不同的感官学习，3 个小时后测评时，知识的获取率不同：利用听觉学习达到了 60%，视觉学习达到 70%，“视觉+听觉”学习达到 90%。3 天后调查时发现知识巩固率的情况：听觉学习为 15%，视觉学习为 40%，“视觉+听觉”学习为 75%。

以多媒体教学为代表的信息化教学，能够将视觉、听觉等媒体信息有机集成，可明显提高学生的学习效率，提高教学质量。

（2）信息化教学可以激发学生的学习兴趣。兴趣是获得成功的动力，也是推动学生学习的最实际的内部力量。创造良好的教学气氛，是保证有效进行教学的主要条件。在日常教学过程中，如何调动学生学习的积极性，激发学生的好奇心和求知欲是非常重要的。如果学生对老师所教的学科没有兴趣，老师再怎样认真地教，上课效率仍然会大打折扣。信息化教学可以帮助老师把抽象的内容具体化，很多内容若以非常生动的方式展现给学生，则可引起学生的兴趣。比如说“火山喷发”的内容，如果采取传统的教学方式，利用一本课本和一张黑板，很多内容老师不能给学生解释清楚，如果利用多媒体手段，给学生播放火山形成的原理、火山喷发前的地壳运动和火山喷发时的视频等，再加上老师的讲解，学生就会对所讲的内容产生浓厚的兴趣和疑问，教学才有效果。

（3）信息化教学也有利于教师的教。信息化教学能增大课堂容量，提高学习效率。传统教学过程中，由于教师把相当一部分时间用在板书上，以至于讲授时间过多，学生练习、巩固的时间不足，学生接受的很多信息是课本上的文字和老师的解说，学生在很短的时间内要消化一节课的内容，其难度可想而知。课堂上掌握不了，在课后就要花大量时间去复习、巩固，这无疑就是增加学生课外负担；长此以往，形成恶性循环，不利于学生综合素质的提高。而运用多媒体课件演示，可以把一节课的知识要点、形成过程及针对性习题直观、生动、便捷地展示在学生面前。在教学过程中，教师只要操作小小的鼠标，就可以让学生一边眼看到精美的教学图片、视频或动画,一边耳听到教师的生动讲解或多媒体播出的声音,还可以通过大量练习对所学知识进行复习巩固。这样既节省了大量板书时间,也增加了课堂容量,使课堂内容更加充实。教师通过合理地运用多媒体教学,不仅能大大提高教学质量,同时也减少使用粉笔,教师的身体健康得到了保障,学生的学习兴趣得到提高。

二、从信息化教学到数字化教学

1 计算机辅助教学阶段

早期的计算机辅助教学简称 CAI(Computer Assisted Instruction),指用计算机帮助或代替教师执行部分教学任务,为学生传授知识和提供技能训练的教学活动。计算机辅助教学是一种新颖的教学方式,主要是利用计算机的先进功能,辅助教师解决教学中的某些重点、难点问题。随着计算机辅助教学的发展,出现了 CAL(Computer Assisted Learning),计算机辅助教学逐渐从以教为主转向以学为主,也就是强调将计算机作为辅助学生学习的工具,例如用计算机帮助搜集资料、辅导自学、讨论答疑,帮助安排学习计划等,即不仅用计算机辅助教师的教,更强调用计算机辅助学生的学。

计算机辅助教学的前身是 1954 年由斯金纳提出的“程序教学”,即把预先编好的程序装在教学机器中,用程序指导和控制学习知识或技能的全过程。这种教学方法反映了冯·诺依曼的计算机存储程序和程序控制的基本原理在教学上的应用。

20 世纪 50 年代至 70 年代,被认为是计算机辅助教学发展的第一阶段。这一时期的计算机辅助教学主要是利用专门开发的计算机教学系统来进行教学,教学的形式突出表现在通过文字和简单的图形进行人机交互。这一时期开发的大量的 CAI 课件多数是操练和个别指导型的,强调通过学习,使学生掌握一定的知识。

20 世纪 80 年代被认为是计算机辅助教学发展的第二阶段,计算机辅助教学以课件教学和个别化教学为主。进入 20 世纪 90 年代计算机辅助教学进入多媒体教学与网络教学阶段,信息化教学主要以多媒体教学和网络化教学为主。多媒体技术的多样性、集成性和交互性,为多媒体技术在教育领域的应用奠定了基础。随着多媒体技术的发展,多媒体技术在教育领域的应用越来越普遍,越来越深入。多媒体技术和计算机辅助教学的结合形成了多媒体计算机辅助教学 MCAI(Multimedia Computer Assisted Instruction)。

计算机网络技术在教育教学中的应用,不但打破了教育教学在时间、空间上的限制,而且为教育教学提供了极为丰富的教学资源、非常方便的交互手段,使教师与学生的互动教学、学生的研究性学习与合作学习等能够有效开展。

多媒体技术和计算机网络技术的发展与应用,为开发能够体现建构主义理论的学习环境提供了良好的条件。知识经济的到来,对人才的培养提出了更高的要求,要求学生不仅要有丰富的知识,更重要的是要有自我学习的能力,要有创造精神。建构主义的计算机辅

助教学要求设计真实的学习环境,使学习者在教学过程中完成知识建构。为实现这一要求,计算机辅助教学应当努力营造真实的学习环境,激励学习者的学习欲望,并保证学习者学习的主动权,鼓励学习者体验多种情境和检验不同的观点,并在适当的时候给学习者以启发和帮助,在与真实的环境交互中完成知识的建构。

在计算机辅助教学阶段,主要强调了信息技术在教学中的应用,在具体应用中只是把计算机当成辅助教师教或学生学习的工具,计算机及其相关设备主要用于教学信息的存储、传输和呈现,教师和学生的教学理念、教学方法和信息意识并未发生深刻的变化,信息化教学的观念还未真正形成。

2 信息技术与课程整合阶段和信息技术与学科教学深度融合阶段

从 20 世纪 90 年代中后期开始,信息化教学逐渐向信息技术与课程整合的方向发展。信息技术与课程整合强调的是利用信息技术创建理想的学习环境、全新的学习方式和教学方式,从而彻底改变传统的教学结构。信息技术与课程整合不是要排斥或取消计算机辅助教学,而是对计算机辅助教学提出了更高的要求。在整合过程中,需要教师以学生的“学”为中心,将学科知识与计算机教学的知识点有机地结合在一起,以任务驱动的形式促进学生的自主学习、探究学习与合作学习,学生也可以应用教师设计与制作的 CAI 课件作为自主学习、研究性学习的工具。

这一阶段的早期,强调了信息技术与课程的整合,就是在各学科教学中如何有效地使用信息技术,以达到提高教育质量和学习效率的目的。从系统论的观点出发,把信息技术与课程整合定义为:将教学系统中的各种教学资源和各个教学要素有机地结合起来,将教学理论、方法、技能与教学媒体很好地结合起来,在整个教学过程中保持协调一致,并发挥系统的整体优势以产生聚集效应。信息技术与课程整合,立足于课程内容、课程目标和学生的发展,目的在于提高课程的教学质量和课程学习的有效性。整合是以一种自然的方式来对待计算机,将信息技术作为工具和手段融合到学科课程中,就像在教学中使用黑板、粉笔一样自然、流畅。

信息技术与课程整合,不是把信息技术仅仅作为辅助教或辅助学的工具,而是强调要把信息技术作为促进学生自主学习的认知工具和情感激励工具,利用信息技术所提供的自主探索、多重交互、合作学习、资源共享等学习环境,把学生的主动性、积极性充分调动起来,使学生的创新思维与实践能力在整合过程中得到有效的锻炼,这正是创新人才培养所需要的。

2011 年,教育部启动“国家精品开放课程建设计划”,于“十二五”期间建设了 1 000 门精品视频公开课和 5 000 门国家级精品资源共享课,对文化素质课、公共基础课、专业课开展全课时视频教学。2012 年,MOOC(慕课)在我国兴起,进一步推动了网络视频教学向师生互动发展,包括线上讨论、混合式教学、翻转课堂等。

信息化教学发展到现在,已经进入信息技术与学科教学的深度融合阶段。深度融合是指利用系统科学的基本原理,将两种或两种以上属于不同范畴但有关联的事物通过动态组合的方式融为一个整体,以使这个新的整体产生根本性变革的思想和方法。信息技术与学科教学的深度融合，就是将信息技术既作为意识，又作为内容、工具、方法和手段，融于课程及学科教学之中，以改变教师的教与学生的学，有效促进人的终身发展的理论与实践。

信息技术与学科教学深度融合就是要大力推进信息技术在教学过程中的普遍应用，促进信息技术与学科课程的融合，逐步实现教学内容的呈现方式、学生的学习方式、教师的教学方式和师生互动方式的变革，充分发挥信息技术的优势，为学生的学习和发展提供丰富多彩的教育环境和有力的学习工具。

信息技术与学科教学的深度融合，要求将信息技术渗透于学科教学的全过程，充分发挥信息化教学环境、信息化教学资源、信息化教学媒体、信息化教学方法、信息化教学模式的作用，实现教师的信息化教学设计、信息化教学组织、信息化教学管理、信息化教学评价、信息化教学研究和信息化教学发展，实现学生的信息化学习、探究和实践。

信息技术与学科教学的深度融合，要求转变教学观念、适应信息化教学的要求，以信息化教学的理论和方法组织教学活动，改革旧的教学模式，引导学生在信息化教学环境中积极主动地学习，有效达成学科教学目标，培育学生学科核心素养，促进学生全面发展。

信息技术与学科教学的深度融合应该做到以下三点：

(1) 营造信息化教学环境。营造信息化教学环境是信息技术与学科教学的深度融合的基本内容。所谓信息化教学环境是指能够支持真实的情境创设、启发思考、信息获取、资源共享、多重交互、自主探究、协作学习等多方面要求的教与学方式的教学环境——能支持下述新型教与学方式的教学环境。

(2) 实现以“自主、合作、探究”为特征的新型教与学。实现方式则是设置一节信息技术与学科教学深度融合课的具体目标。有了新型的教与学方式，再加上正确教育思想观念的指导和相关教学资源的支持，才有可能实现信息技术与学科教学的深度融合的最终目标。

(3) 变革传统的课堂教学结构。信息技术与学科教学的深度融合的最终目标是要变革传统的课堂教学结构：将“以教师为中心”的传统教学结构，改变为既充分发挥教师主导作用，又能突出体现学生主体地位的“主导和主体相结合”教学结构。要深刻认识课堂教学结构变革的具体内容，教学结构的变革不是抽象的、空洞的，它要具体体现在课堂教学系统上述四个要素地位和作用的改变。也就是教师要由课堂教学的主宰和知识的灌输者，转变为课堂教学的组织者、指导者，学生建构意义的帮助者、促进者，学生良好情操的培育者；学生要由知识灌输的对象和外部刺激的被动接受者，转变为信息加工的主体、知识意义的主动建构者，以及情感体验与培育的主体；教学内容要由只是依赖一本教材，转变为以教材为主并有丰富的信息化教学资源（例如学科专题网站、资源库、案例、光盘等）相配合；教学媒体要由只是辅助教师突破重点、难点的形象化教学工具转变为既是辅助教的工具，又是促进学生自主学习的认知工具、协作交流工具以及情感体验与内化的工具。

3 信息化教学发展的新阶段

随着物联网、云计算、大数据、区块链等信息技术的飞速发展，4G、5G 等移动通信技术的进步、人工智能技术和元宇宙技术的发展，经济社会各行业信息化步伐不断加快，社会整

体信息化程度不断加深,信息技术对教育的革命性影响日趋明显。以智能化、移动化、多元化、集成化为主要特征的信息化教学阶段已经到来。

党的十八大以来,特别是中央网络安全和信息化领导小组(现为中央网络安全和信息化委员会)成立后,党中央、国务院对网络安全和信息化工作的重视程度前所未有,“互联网+”行动计划、《促进大数据发展行动纲要》等有关政策密集出台,信息化已成为国家战略,教育信息化正迎来重大历史发展机遇。习近平主席在致首届国际教育信息化大会的贺信中指出“积极推动信息技术与教育融合创新发展”“坚持不懈推进教育信息化,努力以信息化为手段扩大优质教育资源覆盖面”“通过教育信息化,逐步缩小区域、城乡数字差距,大力促进教育公平,让亿万孩子同在蓝天下共享优质教育、通过知识改变命运”,指明了教育信息化今后工作的目标、方向和途径。“十三五”期间,全面提升教育质量、在更高层次上促进教育公平、加快推进教育现代化进程等重要任务对教育信息化提出了更高要求,也为教育信息化提供了更为广阔的发展空间。2018 年 4 月 13 日,教育部印发《教育信息化 2.0 行动计划》,对信息化教学提出了新的要求。

一是信息化教学向智能化教学的转变。《教育信息化 2.0 行动计划》是顺应智能环境下教育发展的必然选择。《教育信息化 2.0 行动计划》是推进“互联网+教育”的具体实施计划。人工智能、大数据、区块链等技术迅猛发展,将深刻改变人才需求和教育形态。智能环境不仅改变了教与学的方式,而且已经开始深入影响到教育的理念、文化和生态。主要发达国家均已意识到新形势下教育变革势在必行,从国家层面发布教育创新战略,设计教育改革发展蓝图,积极探索新模式、开发新产品、推进新技术支持下的教育教学创新。我国已发布《新一代人工智能发展规划》,强调发展智能教育,主动应对新技术浪潮带来的新机遇和新挑战。与智能化教育相对应的就是智能化教学。

二是信息化教学从信息技术应用向信息技术创新的转变。现阶段教师信息技术应用能力基本具备,但信息化教学创新能力尚显不足,信息技术与学科教学深度融合不够。信息化教学的发展需要充分激发信息技术对教育教学的革命性影响,推动教育观念更新、模式变革、体系重构,需要发挥技术优势,变革传统模式,推进新技术与教育教学的深度融合,真正实现从融合应用阶段迈入创新发展阶段,不仅实现常态化应用,更要达成全方位创新。

三是信息化教学从信息技能向信息素养的转变。通过实施《教育信息化 2.0 行动计划》,2022 年基本实现“三全两高一大”的发展目标,即教学应用覆盖全体教师、学习应用覆盖全体适龄学生、数字校园建设覆盖全体学校,信息化应用水平和师生信息素养普遍提高,建成“互联网+教育”大平台,推动从教育专用资源向教育大资源转变、从提升师生信息技术应用能力向全面提升其信息素养转变、从融合应用向创新发展转变。

(1) 持续推动信息技术与教育深度融合,促进两个方面水平提高。促进教育信息化从融合应用向创新发展的高阶演进,信息技术和智能技术深度融入教育全过程,推动改进教学、优化管理、提升绩效。全面提升师生信息素养,推动从技术应用向能力素质拓展,使之具备良好的信息思维,适应信息社会发展的要求,应用信息技术解决教学、学习、生活中问题的能力成为必备的基本素质。

(2) 构建智慧学习支持环境。加强智慧学习的理论研究与顶层设计,推进技术开发与实践应用,提高人才培养质量。大力推进智能教育,开展以学习者为中心的智能化教学支持环境建设,推动人工智能在教学、管理等方面的全流程应用,利用智能技术加快推动人才培养模式、教学方法改革,探索泛在、灵活、智能的教育教学新环境建设与应用模式。

(3) 加快面向下一代网络的高校智能学习体系建设。适应5G网络技术发展,服务全时域、全空域、全受众的智能学习新要求,以增强知识传授、能力培养和素质提升的效率和效果为重点,以国家精品在线开放课程、示范性虚拟仿真实验教学项目等建设为载体,加强大容量智能教学资源建设,加快建设在线智能教室、智能实验室、虚拟工厂(医院)等智能学习空间,积极探索基于区块链、大数据等新技术的智能学习效果记录、转移、交换、认证等有效方式,形成泛在化、智能化学习体系,推进信息技术和智能技术深度融入教育教学全过程,打造教育发展国际竞争新增长极。

(4) 大力提升教师信息素养。贯彻落实《中共中央 国务院关于全面深化新时代教师队伍建设改革的意见》,推动教师主动适应信息化、人工智能等新技术变革,积极有效开展教育教学。启动“人工智能+教师队伍建设”行动,推动人工智能支持教师治理、教师教育、教育教学、精准扶贫的新路径,推动教师更新观念、重塑角色、提升素养、增强能力。创新师范生培养方案,完善师范教育课程体系,加强师范生信息素养培育和信息化教学能力培养。实施新周期(2022—2025年)中小学教师信息技术应用能力提升工程,以学校信息化教育教学改革发展引领教师信息技术应用能力提升培训,通过示范性培训项目带动各地因地制宜开展教师信息化全员培训,加强精准测评,提高培训实效性。继续开展职业院校、高等学校教师信息化教学能力提升培训。深入开展校长信息化领导力培训,全面提升各级各类学校管理者信息素养。

(5) 加强学生信息素养培育。加强学生课内外一体化的信息技术知识、技能、应用能力以及信息意识、信息伦理等方面的培育,将学生信息素养纳入学生综合素质评价。完善课程方案和课程标准,充实适应信息时代、智能时代发展需要的人工智能和编程课程内容。推动落实各级各类学校的信息技术课程,并将信息技术纳入初、高中学业水平考试。继续办好各类应用交流与推广活动,创新活动的内容和形式,全面提升学生信息素养。

4 教育的数字化转型

从“十三五”规划纲要正式将“数字中国”上升为国家战略开始,数字技术逐渐全面应用于中国各领域的建设,全国教育工作会议提出实施国家教育数字化战略行动,教育领域的数字化改革逐渐加速,2022年1月,国务院印发《“十四五”数字经济发展规划》,提出深入推进智慧教育,强调推进教育新型基础设施建设,推动“互联网+教育”持续健康发展。《“十四五”国家信息化规划》提出实施全民数字素养与技能提升行动。2023年2月,中共中央、国务院印发的《数字中国建设整体布局规划》指出,建设数字中国是数字时代推进中国式现代化的重要引擎,是构筑国家竞争新优势的有力支撑。加快数字中国建设,对全面建设社会主义现代化国家、全面推进中华民族伟大复兴具有重要意义和深远影响。《数字中国建设整体布局规划》提出,到2025年,基本形成横向打通、纵向贯通、协调有力的一体化推进格局,数字中国建设取得重要进展,到2035年,数字化发展水平进入世界前列，数字中国建设取得重大成就。要强化数字中国关键能力，优化数字化发展环境，强化人才支撑，统筹布局一批数字领域学科专业点，培养创新型、应用型、复合型人才，推动高等学校、研究机构、企业等共同参与数字中国建设，推动数字化理念深入人心，营造全社会共同关注、积极参与数字中国建设的良好氛围。教育部党组书记、部长怀进鹏在 2022 年全国教育工作会议等多个场合提出，实施教育数字化战略行动，推动实现教育数字化转型。党的二十大报告提出：推进教育数字化，建设全民终身学习的学习型社会、学习型大国。

教育数字化转型是指将传统教育模式和教学方法与信息技术相结合，利用数字化工具和平台改进教育的过程和结果。教育数字化转型是教育信息化的特殊阶段，要实现从起步、应用和融合数字技术，到树立数字化意识和思维、培养数字化能力和方法、构建智慧教育发展生态、形成数字治理体系和机制。

教育数字化转型有 4 个重要目标：一是充分应用数字化技术，改变传统的工作思路和流程，树立数字化意识，实现数字思维引领的价值转型；二是教师、学生及教育管理者的数字化能力的培养，这是数字化转型的基本能力；三是构建智慧教育发展新生态，涉及数字战略与体系规划、新型基础设施建设、技术支持的教学法变革、技术赋能的创新评价等；四是形成数字化治理体系和机制，教育治理的体制机制、方式流程、手段工具进行全方位系统性重塑。

教育数字化转型的内涵包括 4 个基本方面：一是战略层面，根本任务是价值观优化、创新和重构，以形成组织和机构的数字化意识和数字化思维为目标；二是系统性变革，是教育全要素、全流程、全业务和全领域的数字化转型，要推动智慧教育生态的形成和发展；三是核心路径，数字能力建设既包括学生和教师的数字能力建设，也包括教育管理人员的数字能力建设；四是教育数字化转型的关键驱动要素是数据，易用、可用、好用的数字教学平台和工具的广泛采纳是数据采集基础，平台的互操作性是基本保证。

教育数字化转型的核心是促进全要素、全业务、全领域和全流程的数字化转型。全要素涉及教与学过程中的各个要素，包括培养目标、教育内容、教学模式、评价方式、教师能力、学习环境等；全业务涉及教育管理过程中的各个方面，包括发展规划、课程教材、教师发展、学生成长、科技支撑、教育装备、国际合作、教育督导、教育研究等；全领域涵盖基础、高等、职业、成人与继续教育以及社会培训等教育领域，同时也兼顾城市和农村等地域均衡公平；全流程则是人才培养的全过程，包括招生与选拔、教学与课程、培养与管理、升学与毕业等。

虽然我国教育信息化取得了阶段性的成就，但当前数字技术与教育的融合仍存在着诸多挑战。数字化学习环境之间缺乏沟通，学生的学习过程并非数据全覆盖；学习设备系统不兼容、网络卡顿等问题，导致学生无法顺畅地进行数字化学习；教学工作者缺少相应知识和技能保障数字化教学等。特别是在信息社会背景下，人才培养已成为各行各业数字化转型的关键推力，教育需要培养出能够主动适应未来数字化社会发展的人才。面对社会全要素、全流程和全领域的数字化，教育数字化转型迫在眉睫。教育数字化转型将助力推动实现整个社会的数字化转型发展，提升国家的竞争优势，加快建设“数字中国”。

(1) 教育数字化转型要求推进课堂教学过程的数字化。教育改革的主阵地在课堂,课堂教学是数字化转型的核心,但是当前多模态数据的分析与应用类技术和产品还不成熟,基于传统要素的教学数字化还存在瓶颈和障碍。探索基于各种生态的课堂教学过程数字化方式,从教学内容、学习资源、教学过程等方面进行数据采集、分析和应用,实现教学过程的数字化。既可以借助于传统纸质课本和练习本,也可以借助于电子教材等数字设备,还可以应用智能化教学工具,让课堂教学过程的数据可用好用,真正实现服务学生新型能力的培养。

(2) 教育数字化转型要求培养以数字能力为基础的新型能力。为了适应社会的数字化改革,更好地应对快速变化的世界,创新人才培养模式,以数字能力为核心的新型学生能力培养是关键。要加大人力资源投入,更新教师观念,提高数字化教学能力,落实面向未来的新型能力培养目标,创新技术增强的教学模式;要促进数字化领导力与治理能力的提升,增强数字化意识,培养数字化思维,促进教育治理的体制机制、组织架构、方式流程、手段工具进行全方位系统性重塑。

(3) 教育数字化转型要求数字技术赋能创新教育评价。学习的评价方式,很大程度上影响了教与学的方式。利用数字技术,对教育系统的评价方式进行改革,制定数据采集标准,促进数据的互操作性,推进学生综合素质数据全方位采集,制定综合素质评价体系和标准,推进学生新型能力建设。优化组合基于数据的评价方式,促进评价过程与学习过程的紧密结合,在学习过程中完成评价。

2022 年,教育部正式启动教育数字化战略行动,对提升教师数字素养提出了要求。一方面,数字技术与教育的融合发展正逐步深入,教师必须适应数字技术的蓬勃发展及其在教育行业的快速渗透;另一方面,“双减”、教育评价改革等重大政策的落地都对教师数字素养提出了更高要求,然而我国教师在数字化教学理念、数字化教学创新能力等方面还有所不足,教师数字素养亟待提升。因此,提升数字素养不仅是培养数字时代公民的基本需要,也是推进教育数字化的战略要求,有助于培养数字化卓越教师,增强推动教育数字转型的关键软实力,为构建高质量教育体系和培养高素质人才提供支撑。

国际上,教师数字素养与技能也逐步成为广受关注的焦点,一些国际组织和国家提出了教师数字技术应用相关框架或标准。2011 年,联合国教科文组织发布《教师信息与通信技术素养框架》,对教师运用技术进行有效教学所应具备的素养进行了全面描述;2016 年,奥地利发布《教师数字素养框架》,用于指导教师的数字素养发展与评测;2017 年,美国发布《ISTE 教育工作者标准》,基于教师所处角色提出了合理的技术素养标准;2017 年,欧盟发布《欧洲教育工作者数字素养框架》,为各级各类学校教育工作者提供了能全面评价和发展其数字能力的框架;2017 年,西班牙发布《教师通用数字素养框架》,通过自我评价与更新帮助教师获得数字能力;2017 年,挪威发布《教师专业数字素养框架》,旨在推动数字时代的教师专业发展和实践;2019 年,英国发布《数字化教学专业框架》,帮助教师明确数字技术如何增强教与学。

我国始终关注数字化条件下的教师素养发展,加速推进相关标准研制。为了深入贯彻落实党的二十大精神,扎实推进国家教育数字化战略行动,完善教育信息化标准体系,提升教师利用数字技术优化、创新和变革教育教学活动的意识、能力和责任，在2023年2月13日召开的首届世界数字教育大会上，教育部正式对外发布了《教师数字素养》行业标准，用于对教师数字素养的培训与评价。《教师数字素养》明确了教师数字素养的核心内涵和指标框架，为教育管理部门、学校和教育机构在发展教师数字素养方面提供了指导，也为建设教师数字素养培训资源、开展监测评价提供了依据。

5 ChatGPT与教育

2022年12月，由美国人工智能实验室OpenAI发布的ChatGPT正式推出，立即引起了教育界的广泛关注。ChatGPT的全称是"Chat Generative Pre-trained Transformer"，中文翻译为"生成型预训练变换模型"。

ChatGPT受到关注的重要原因是引入新技术RLHF（Reinforcement Learning with Human Feedback，即基于人类反馈的强化学习）。RLHF解决了生成模型的一个核心问题，即如何让人工智能模型的产出和人类的常识、认知、需求、价值观保持一致。ChatGPT是AIGC（AI-Generated Content，即人工智能生成内容）技术进展的成果。该模型能够促进利用人工智能进行内容创作、提升内容生产效率与丰富度。

ChatGPT的出现对教育来说既是机遇也是挑战。ChatGPT带来的革命性改变将在以下领域体现。

（1）传统的教育工具箱不再好用。人工智能（AI）已经彻底改变了我们生活的许多方面，教育也不例外。ChatGPT等人工智能语言模型的开发开辟了新的学习机会，并有可能革命性重塑我们接受教育的方式。有的教师担心学生用ChatGPT作弊，逃避本该深度思考的作业、失去能力训练的机会、帮学生代写论文、引起学生价值观偏差等，这可以从一个方面映射我们传统的教育工具箱的单调。如果我们对教育的测量工具进行反思，会发现这些工具在人工智能面前变得漏洞百出、可以被AI迅速瓦解。当传统教育工具箱不再好用的时候，我们需要发展新的工具，形成新的教育教学模式，探索新的评价和激励学生学习的方法，这将促进教育的结构性重塑。如突出创新能力的作业、体现实践智慧和动手能力的考察、解决复杂问题的过程等，这些都是ChatGPT所不擅长的，这样的教学工具、管理工具需要加快开发和创造出来。

（2）重新思考教什么才是最重要的。当知识或解决方案唾手可得时，为什么还要花费时间去记忆呢？使用ChatGPT获取信息的便捷性，会使得人们轻视知识吗？对于这个问题，不同学者观点有时候截然不同。有人认为，我们是该大幅度减少知识的获取，特别是通过记忆获取知识；有的学者认为大脑对知识的获取是发展更高级智慧的基础，是促进神经元之间突触广泛链接的过程，只有足够多的突触才能催生更强大的智慧。知识的记忆虽然艰苦而枯燥，但是一旦形成，可以大幅度提升大脑机械反应的速度，而不是什么都依赖检索临时建构，从而提升脑的智慧。这就像王阳明所讨论的到底是钱重要，还是串钱的绳子更重要的问题。没有钱币作为基础，要串钱的绳子又有何用？传统教育首先是训练系统，同时也是一个观念建构过程，知识获取的过程就像锻炼肌肉的沙袋，就像观念建构的支架，沙袋和支架都不是目的，但沙袋和支架都必不可少。智慧不会凭空生成，智慧也不会脱离领域知识而存在,脱离领域知识谈空泛的智慧没有意义。锤多少沙袋最合适,什么样的支架更适合,不同人所需要的沙袋或支架是否不同,是一个计算教育学的模型。我们过去把沙袋或支架当成教育的目的,把操练当成教育的全部,这样的教育必须转变。ChatGPT 的智能是由类脑神经网络和大量的语料训练催生的,那么人脑的智慧同样离不开知识和语料,但是大量的以传递知识为核心的教育确实应该彻底转变了。知识的量的扩张不再重要,但是促进神经元连接的元认知、"根"知识又在哪里呢? 最重要的基础知识、基本技能需要我们重新认知,最重要的思维方式也需要我们去反思。我们逐渐从有目标的教育结果转向有意义的学习过程,这将推动教育哲学的转变。

(3) 教育的资源形态将重新组织。教育的资源通常以教科书上的文字呈现,这是人类文明的结晶,是智慧代际传递的载体。这些冰冷的、美丽的文字,如何才能激发学生火热的思考,从而促进智慧生长,通常需要教师作为媒介。ChatGPT 的出现,让我们看到未来基于知识图谱的资源形态的重要价值。学习者的起点、认知、际遇不同,将让知识呈现更加个体化,从而让一个人在最近发展区得到教育智能服务。教学资源的数字化改造经过多次技术迭代,从早期的纸媒转向数字化,到数字化教材基础上挂载各种教学资源,逐渐走向富媒体化和平台化。下一代的教材数字化将朝开放化、个性化、社群化和智能化方向演进,需要在遵循教材权威性相关法律文件的基础上,融入学习者画像、教学策略模型和知识图谱等底层技术,逐渐承担针对不同学科领域和针对不同学生的自适应学习智能服务角色,从而弱化教材解读的中介环节。知识图谱是对资源智能化改造的基础,自适应学习将覆盖所有的知识领域,每个学习者的书都是个性化的呈现,从而极大提升教学效率。

(4) 教育评价会遇到巨大挑战。受制于评价技术,传统的评价往往是能评什么就评什么,而不是需要评什么就评什么。ChatGPT 让我们了解到凡是有规律可循的,不管是体力劳动还是脑力劳动,都可以被 AI 所替代,我们该如何应对这样的工具? 我们需要经过多年训练才能掌握论文写作、摘要提炼、文章逻辑、语法拼写等,而这些能力突然因为 ChatGPT 工具而使人们可以快速拥有时,我们该发展什么样的能力? 思维方式的多元性将决定人类智慧的多样性,我们要培养和创造更多样的思维,而不是试图让学生掌握更多的知识。当知识能被便捷调取并能基于知识形成解决方案时,必须发展新的评价工具、评价方式,也必须发展新的评价理论和哲学。教育该评价什么? 那些通过 ChatGPT 可以轻松找到完美答案的考试将逐渐被人们抛弃。价值观、思维方式、同理心、创造力、合作精神,这些 21 世纪技能的评价才能引导教育走出当下教育的"马粪效应"。我们未来尤其需要发展新的评价技术,测量学生的创造力、批判性思维、团队合作、复杂问题解决能力、价值观等,这些是智慧的测量,既需要以知识为载体,又超越知识和简单的八股化的能力结构。

(5) 学习者模型将和教学策略模型协同进化。ChatGPT 将会帮我们重组知识,答案空间具有了创造智慧。人是如何学习的,认识的智慧将如何发展,知识将如何形成,观念如何建构,我们需要重新认识学习者模型,并发展新的教学策略模型。知识建构的过程中如何促进思维能力的发展? 什么样的载体更有利于智慧提升? 哪些活动可以提升创造力? 这些教学策略既有传统教育智慧的积淀,又有大规模机器学习可能寻找到的新经验。未来的教学智慧将是专家系统和机器学习的结合,ChatGPT 将加速学习的进化,催生新的学习方式和教学服务。基于知识图谱、学习者画像和教学策略模型而开发的智慧教学系统将成为教学新利器。促进智慧代际协同和群智发展，推进教育大脑的构建。尽管有表观遗传学者研究认为上一代的际遇会通过 DNA 记下来传给后人，而绝大多数个体智慧都是后天学习的，个体的大脑都是后天独立进化的，也就是记忆、知识、智慧，这些都不能在代际直接继承。教育就是当代人花费大量的精力培养下一代人的智慧，如果这个过程消失，文明就会断档。ChatGPT 是人类通用智慧的表达，它通过大量的数据训练，汇集成全人类的智慧，在代际传承和进化，会逐渐接近甚至超越绝大多数普通人的智慧水平。这种智慧的代际接力传承是教育所不能达到的。如果 ChatGPT 像其他各种学习或生活工具一样直接来用，那么个体智慧的扩增效率将极大提升。教育的智慧也是如此，如果我们把孔子的教育智慧不间断进化到现在，他的教龄将有几千年，那将是何等的水平！ChatGPT 将在教育领域形成接续进化的可能，从而催生教育大脑的进化。每一个时代都有这个时代的工具和文明，人类就是使用不断进化的工具才不断进化。

ChatGPT 把传统教育“逼入墙角”，我们也不要过于悲观，而是要创造新的教育，推进人类文明不断进步。《未来简史》的作者尤瓦尔·诺亚·赫拉利曾说，未来的人类将从人与动物的分化后形成神人与智人的分化，绝大多数人将成为无用的智人，少数人掌握算法，控制着这个世界，多数人可能就是赛博朋克的角色。这个时代也许无法避免。教育就是要激发每个人基因底层的动机，促进进取、创造、自信、善良的基因表达，用树叶摇动树叶，用灵魂唤醒灵魂，用实践推动实践，用真情换回真情，这个使命必然催生教育的革命性重塑。

ChatGPT 驱动教育的革命性重塑，教什么、怎么教、怎么评、怎么管等都将发生深刻改变，但愿这场改变能加速人类文明向着求真、向善、唯美、创新的方向前进。ChatGPT 会像汽车一样成为通用工具，但是车子会把人载向不同的远方、领略不一样的人生风景。

三、信息化教学的实践案例

案例 1　中国大学 MOOC 课程：信息化教学方法与技术

中国大学 MOOC 是由网易与高等教育出版社联合推出的在线教育平台，承接教育部国家精品开放课程建设任务，向大众提供中国知名高校的 MOOC 课程。目前，中国大学 MOOC 与 800 多所高校开展合作，承载了 10 000 多门开放课、1 400 多门国家级精品课，已经成为最大的中文慕课平台。

慕课是英文 MOOC 的中文名，MOOC 即大型开放式在线课程(massive open online courses)。慕课是“互联网+教育”的产物。目前，慕课一般是由世界知名大学和网络机构在相应的网络平台上建设的大型开放式在线课程，课程由相关的教学团队建设和维护，课程平台提供一定的技术和资源支持。建设好的慕课为学习者提供在线注册和学习便利，并通过一定的管理方式和手段进行学习指导、管理、考核。慕课具有如下特点：

（1）课程学习方便。慕课突破传统课程在时间、空间和人数上的限制，学习者不仅依托互联网可随时随地学习慕课，而且学习者不受年龄、身份等的限制，任何遵守课程规定的人员均可报名参加慕课的学习。

（2）学习工具资源多元化。慕课平台整合多种社交网络工具和多种形式的数字化资源，形成多元化的学习工具和丰富的课程资源。

（3）课程学习的自主性。慕课由学习者自愿参与，不同的学习者可根据自身的情况确定参与的程度，可参加课程测验和考核以获得课程成绩和学分，也可不参与测验和考核。

下面以中国大学 MOOC 平台上的“信息化教学方法与技术”的课程教学为例（图 1-1-1 至图 1-1-6），分析慕课的信息化教学模式。

图 1-1-1　中国大学 MOOC 平台上的慕课（信息化教学方法与技术）

图 1-1-2　慕课（MOOC）“信息化教学方法与技术”的课件（教学视频）

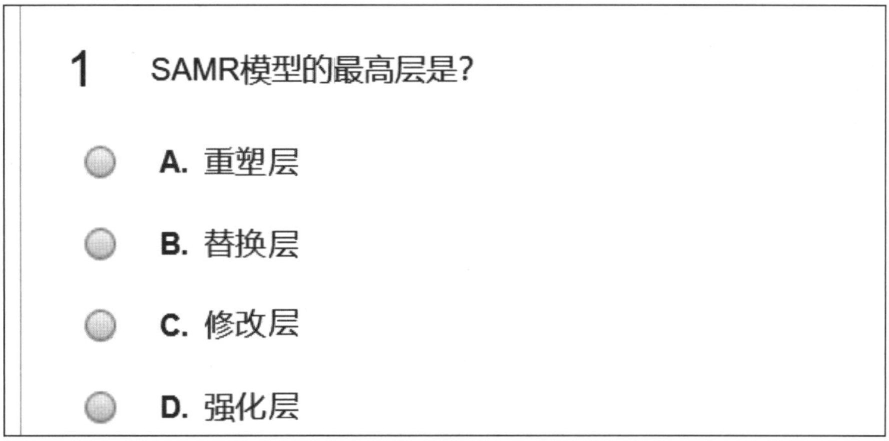

1　SAMR模型的最高层是?

A. 重塑层

B. 替换层

C. 修改层

D. 强化层

图 1-1-3　随堂测验

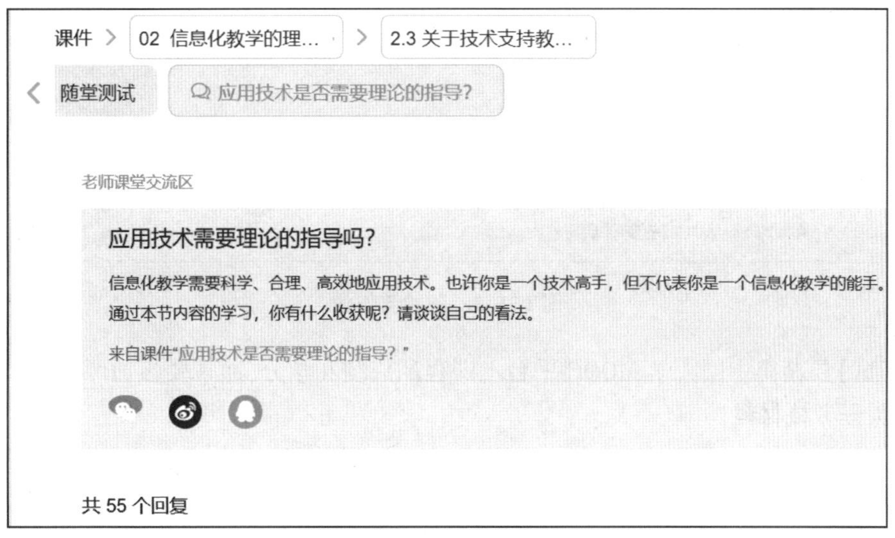

图 1-1-4　课堂交流

【课程安排】中国大学 MOOC 平台上的课程通常有开课时间和学时安排。"信息化教学方法与技术"在当前页面状态下是第 7 次开课,开课时间:2022 年 9 月 1 日—2022 年 12 月 31 日;学时安排:3~5 小时每周。

【课程介绍】中国大学 MOOC 平台上的课程都有介绍,包括课程概述、课程评价、授课目标、课程大纲、预备知识、证书要求、参考资料等内容。在课程概述里通常会对课程学习要求和教学方式等进行具体说明。

【注册学习】中国大学 MOOC 平台上的课程一般需要经过注册(可用手机号注册)和登录到课程网站进行学习。通过注册的学员会收到学习要求、在线讨论、作业提交和课程考核等方面的通知。

【课程学习】中国大学 MOOC 平台上的课程一般提供课件作为界面来开展课程学习。

慕课的课件主要由若干教学视频、教学资料文档和课堂测验等构成，学员在学习过程中也参与课堂讨论，向老师提问。教学视频有播放控制，学员可根据自身需要控制播放的进度或重复播放，可切换到教学资料文档查阅相关内容。完成学习内容后或学习过程中，学员可根据需要进行随堂测验。

【测验与作业】中国大学 MOOC 平台上的慕课一般需要完成一定数量的平时作业和平时测验（图 1-1-5）。

图 1-1-5 测验与作业

【考试】要获得中国大学 MOOC 平台上课程的成绩和学分，通常要参加课程考试或提交相应的课程考核材料。

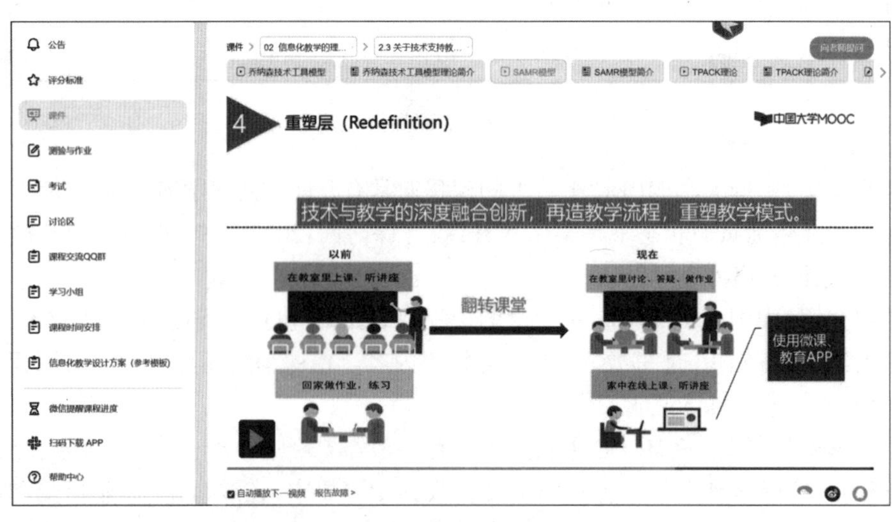

图 1-1-6 中国大学慕课“信息化教学方法与技术”的网站界面

案例 2　中国大学 MOOC 课程:走进地理学

【案例简介】"走进地理学"是南京大学李满春教授领衔开设的一门大学 MOOC 课程,被评为国家精品课程。该课程是基于中国大学 MOOC 网络平台,采用基于 MOOC 平台的网络教学模式,受到广泛关注和欢迎。

【信息化教学环境】中国大学 MOOC 平台。

【信息化教学资源】课件(教学视频)、在线测验与电子作业、在线期末考试及试卷。

【信息化教学模式】MOOC 教学模式(非实时的在线网络教学模式),教师团队提供教学资源和教学服务,包括授课视频、学习指导、答疑,以及设计并开展平时测验和作业的布置与批改、提供课程考试和成绩评定等。学生以自学为主,并参与课堂讨论、自由交流和向教师请教。

【信息化教学设计】基于网络课程平台教学环境,以教学视频的方式提供教学内容,供学生自学,提供网络工具开展教师在线答疑、课堂交流与综合讨论,实现教师与学生、学生与学生之间的交流互动。以平时作业和测验作为巩固和检测相关知识学习和学习效果的手段,以期末考试作为教学评价的主要手段。

【总结与反思】注册并学习中国大学 MOOC 课程"走进地理学",了解信息化教学的基本模式——网络教学的基本情况。

第二节　信息技术的新发展及其教学应用

一、云计算云存储及其教学应用

1 云计算与云服务

云计算又称为网格计算,是分布式计算的一种,即通过网络"云"将巨大的数据计算处理程序分解成无数个小程序,通过大量服务器组成的系统进行处理和分析这些小程序,从而得到结果并返回给用户。这里的"云"只是一种比较形象的说法,云计算是说计算在"云"中,"云"代表既分散又集中的方式。

云服务是基于云计算提供的信息化服务。云服务已经不单单是一种分布式计算,而是分布式计算、效用计算、负载均衡、并行计算、网络存储、热备份冗余和虚拟化等计算机技术混合演进并跃升的结果。

② 云上校园

校园数字化改革离不开以“人”为本,从师生需求出发的建设理念。云上校园的建设更是需要将学校众多业务部门系统打通,采集原始数据记录汇聚成数据表,完成全部校务数据集成工作,无接触认证还须完成全校师生标准身份认证照片的采集。

③ 云计算与教育资源整合

云计算的出现,将本地及各地的教育资源统统上传到云计算平台,组成教育云服务。云计算平台的产生除了降低以前的教育投资成本外,还有很大的灵活性和可伸缩性,一些让学校困扰的资金问题都可以交给云计算服务商去解决。

④ 云计算与教育的创新

云计算为所有用户提供了变革的机会。教师可以将学生与多个项目和应用程序联系起来,让学生在表达方面体现出创新性。例如,学生可以通过上传视频记录、为他们制作的一件艺术品拍照或与同龄人共享他们正在处理的文档来完成作业。“云”为学生提供了使用声音的不同选项来展示学习情况的机会,并使学生有机会利用多种技术来实现这一点。

⑤ 云计算云服务在教学中的应用

(1) 构建个性化的在线教育环境。在 Web2.0 时代,有许多的辅助教学工具可以帮助我们构建独立的教学模式,让每个人都可以自由地创造出自己的学习环境。

(2) 提高网络学习的有效性。云计算为学生提供了更多的学习资源,云计算以用户为中心,以数据和服务为核心,借助云计算的强大平台,为学生提供了大量的有用的信息,并对其进行了系统的计算,解决了所有的网络问题。在云计算的帮助下,学生的学习效率得到了提高,云计算可以将大量的数据集中在一起进行研究和分析,让学生在学习中体会到“取其精华,去其糟粕”的获得感。云计算技术也消除了传统的计算方法的缺陷,采用了一种新的计算模型,提高了计算的精度,解决了许多概念上的问题。在复杂的运算中,学生各方面的知识都得到了提高,这对学生的综合发展很有帮助。

(3) 云计算与开放源码教学。随着云计算在教学中的深入应用,开放源码软件也在不断地发展与革新,进而推动了开放源码教育的发展与创新。同时,开放源码的应用也为云计算提供了一种辅助教学的手段,为学生提供了一个坚实的教学软件支持。

(4) 建设大型共享教育资源。目前,我国的教育资源存在一些问题,如教学资源分布不均,共享程度不高,教学资源相对隔离。而云计算的出现,为教育机构提供了一个全新的起点,利用云计算,可以将所有的教学资源都纳入自己的管理之中,利用最专业、最灵活的方式,对所有的数据进行综合分析,从而得到自己想要的数据,同时,也可以对教学数据进行严格的管理。它可以让教学资源不断地扩展和分化,保留对教学有益的资源,扔掉对教学不利的资料,通过完善的运算和解释,实现了对教育网络的净化。同时,它还可以实现各种信息的共享,对远程教育、远程监控都具有重要的意义。而且,在云计算中,人们也意识到了自己的缺陷,因为有了合适的数据和方法,我们可以充分地利用和处理这些问题,让我们真正地实现自己的价值。

(5) 建设新的图书馆。图书馆,特别是高校图书馆,由于图书种类繁多,常规的管理体系难以对其进行有效的分类和管理,而云计算的出现则可以解决这些问题。在进行文献资源配置时,云计算对各种资料进行系统的规划与分析,将各类书籍进行分类,使得图书馆资源的配置与管理变得更为高效,让读者可以自由地进行选择。这是一种非常有效的方法,可以在数量和名目之间进行多次分配。

(6) 大学教学科研"云"环境的构建。现在有些高校要进行更为复杂的计算与研究,而要针对不同的实验课题与实验室,进行科学实验所耗费的人力、物力与时间都是巨大的,因此,要有一套更为精准的管理体系作为支撑,要对这些资料进行系统的分析与处理。在整个技术试验的基础架构中,云计算是必不可少的,它可以让更多的设备集成和连接,从而达到数据传输和高效处理的目的。在新的教学实验中,云计算技术通过精确的指点,筛选出正确的数据,剔除不利的信息,从而达到实验的目的。

6 云计算的教学应用案例——百度网盘

百度网盘(原百度云)是百度推出的一项云存储服务,已覆盖主流 PC 和手机操作系统,包含 Web 版、Windows 版、Mac 版、Android 版、iPhone 版和 iPad 版。

百度网盘提供多元化数据存储服务,注册用户可自由管理网盘存储文件。百度网盘推出的多人群组功能,既能够单纯点对点,又可以一对多、多对多地直接对话。

百度网盘用户可以通过云相册来便利地存储、浏览、分享、管理自己的照片,用照片记录和分享生活中的美好。不仅能实现图片智能分类、自动去重等功能,还能以图搜图,在海量图片中精准定位目标。

百度网盘的手机 APP 功能,提供文档扫描、去手写、证件拍摄、图片内文字提取等多种功能,同时支持对扫描文件的自动存储和查找服务。

(1) 安装并注册登录百度网盘后,进入百度网盘界面(图 1-2-1)。

图 1-2-1 百度网盘界面

（2）单击左侧的“工具”，在“文件传输”中选择“收集文件”，打开收集文件界面（图 1-2-2）。

图 1-2-2　收集文件界面

（3）单击“收作业”，打开“收作业”对话框，在其中设置“收作业”的相关项目内容，主要包括：作业的标题、作业提交时应提供的相关信息（姓名、班级、学号等）、收作业的时间范围（最多 30 天）和作业的数量、作业文件的格式类型等（图 1-2-3）。

图 1-2-3　“收作业”设置

(4) 完成“收作业”设置后单击“完成”按钮,形成收集文件的链接。单击“复制文字链接”或单击“保存二维码分享”,将文字链接或二维码分享给相关班级的学生。学生可通过文字链接或自己的百度网盘、微信等扫描二维码,向教师的百度网盘提交作业。

二、虚拟现实技术及其教学应用

1 虚拟现实技术(简称 VR)

虚拟现实技术又称虚拟环境、灵境或人工环境,是指利用计算机生成的一种可对参与者直接施加视觉、听觉和触觉感受,并允许其交互地观察和操作的虚拟世界的技术。VR 系统的基本特征是三个“I”:沉浸(Immersion)、交互(Interaction)和想象(Imagination),强调人在 VR 系统中的主导作用,使信息处理系统适合人的需要,并与人的感官感觉相一致。VR 系统主要分为沉浸类、非沉浸类、分布式、增强现实四类。

2 虚拟现实技术在教育教学中的应用

(1) 虚拟校园。虚拟校园是虚拟现实技术在教育领域最早的具体应用,虽然大多数虚拟校园仅仅实现校园场景的浏览功能,但虚拟现实技术提供的“活”的浏览方式和全新的媒体表现形式都具有非常鲜明的特点。随着网络时代的来临,网络教育迅猛发展,尤其是在宽带技术大规模应用的今天,国内一些高校已经开始逐步推广、使用虚拟校园模式。

(2) 虚拟教学。在虚拟教学方面,可以应用教学模拟进行演示、探索、游戏教学。利用简易型虚拟现实技术表现某些系统(自然的、物理的、社会的)的结构和动态,为学生提供一种可供他们体验和观测的环境。建立教学模拟的关键工作是创建被模拟对象(真实世界)的模型,然后用计算机描述此模型,通过运算产生输出。这些输出能够在一定程度上反映真实世界的行为。教学模拟是一种十分有价值的 CAI(计算机辅助教学)模式,在教学中有广泛的应用。例如中国地质大学开发的地质晶体学学习系统,利用虚拟现实技术演示晶体结构特征,直观明了。

(3) 虚拟培训。虚拟现实技术的特点在虚拟培训方面表现得比较突出。虚拟现实技术的沉浸性和交互性,使学生能够在虚拟学习环境中扮演一个角色,全身心地投入学习,这非常有利于学生的技能训练。利用沉浸型虚拟现实系统,可以做各种各样的技能训练,对高职技能性教学有着无比强大的推动作用。

(4) 虚拟仿真实验。虚拟仿真(Virtual Reality):仿真技术,或称为模拟技术,就是用一个系统模仿另一个真实系统的技术。虚拟仿真实际上是一种可创建和体验虚拟世界(Virtual World)的计算机系统。此种虚拟世界由计算机生成,可以是现实世界的再现,亦可以是构想中的世界,用户可借助视觉、听觉及触觉等多种传感通道与虚拟世界进行自然的交互。它是以仿真的方式给用户创造一个实时反映实体对象变化与相互作用的三维虚拟世界,并通过头盔显示器(HMD)、数据手套等辅助传感设备,给用户提供一个观测与该虚拟世界交互的三维界面,使用户可直接参与并探索仿真对象在所处环境中的作用与变化,产生沉浸感。VR 技术是计算机技术、计算机图形学、计算机视觉、视觉生理学、视觉心理学、仿真技术、微电子技术、多媒体技术、信息技术、立体显示技术、传感与测量技术、软件工程、语音识别与合成技术、人机接口技术、网络技术及人工智能技术等多种高新技术集成之结晶。其逼真性和实时交互性为系统仿真技术提供有力的支撑。

虚拟仿真教学应用案例:锋面气旋的结构和天气

1. 知识点介绍(图 1-2-4)

(1) 锋面气旋的介绍。

(2) 锋面气旋的发生与发展。

(3) 锋面气旋的结构。

(4) 锋面气旋的天气。

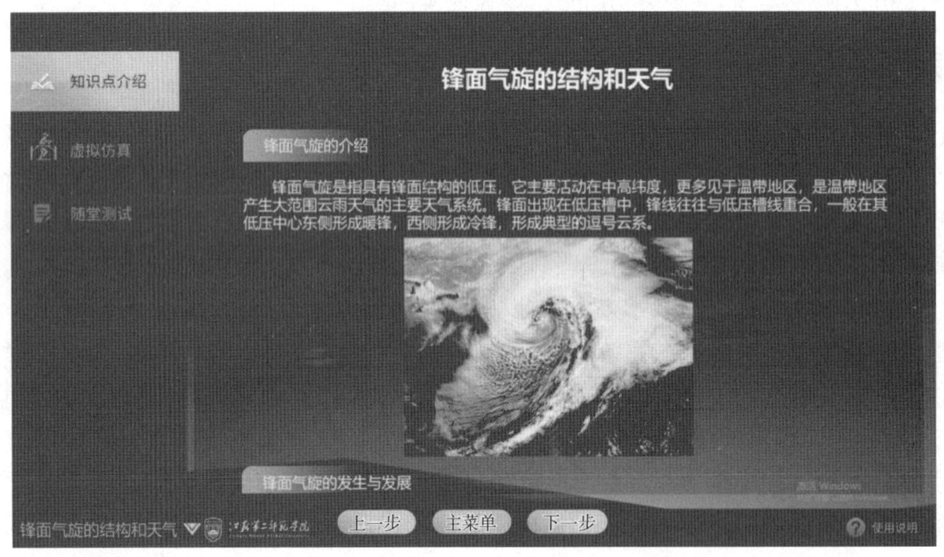

图 1-2-4 知识点介绍

2. 虚拟仿真实验过程

虚拟仿真模块主要功能:在虚拟场景中,首先判定低压槽的位置,确定冷暖气团的方位,模拟冷暖锋的形成;其次在冷暖锋形成后,判断冷锋和暖锋,以及锋前锋后的位置;最后通过锋面气旋的结构,判断其下各个区域的天气情况。

实验说明:点击虚拟仿真实验模块,出现实验说明页面,在实验说明页面,介绍学生如何在本模块进行学习(实验步骤)(图 1-2-5)。

(1) 步骤一:识别低压槽的位置。

① 图中低压中心放置四条线,其中两条是正确的低压槽线,其他两条是错误的干扰线,需要请学生判断哪两条是低压槽线。

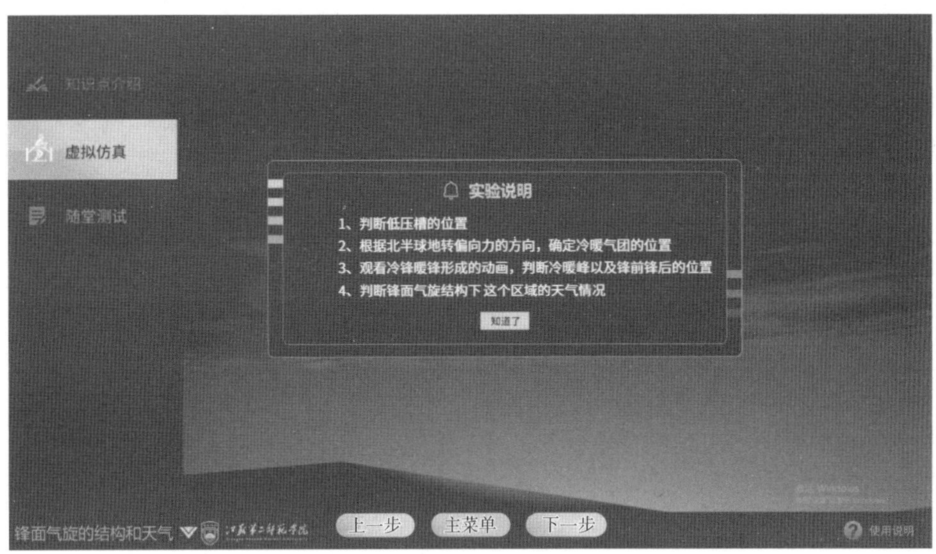

图 1-2-5

② 学生通过鼠标选中两条线（一次可以选择两条，点击第三条线后就相当于重新选择），然后点击“确定”，如果正确，则标注出低压槽线的文字牌（图 1-2-6）；如果不正确，则给予信息提示并闪烁正确的线，提示用户重新选择（图 1-2-7）。

图 1-2-6　查找低压槽的位置（正确）

（2）步骤二：判断冷暖气团的位置。

① 在低压中心上标记出北半球的风向。

② 根据风向和地理位置，请学生判断冷暖气团的位置，标注文字说明“请将冷暖气团拖动到正确的位置”。

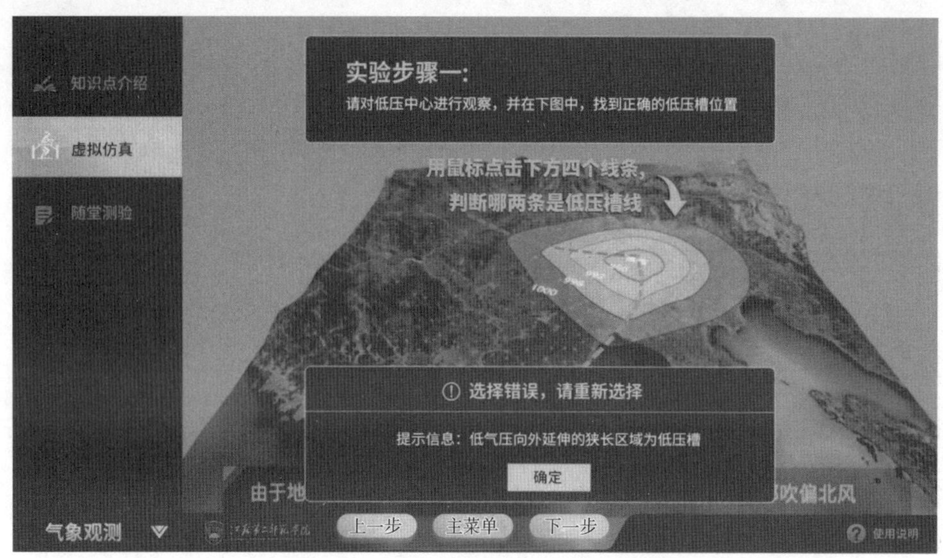

图 1-2-7 查找低压槽的位置(错误)

③ 学生可以通过鼠标左键将冷暖气团拖动到对应位置(两条低压槽线把低压中心切分为两个区域),两个都拖动完成后开始判断正确和错误,如果正确则提示“判断正确”(图 1-2-8),错误则提示“选择错误,请重新选择”(图 1-2-9)。

④ 如果选择正确,则在对应位置出现冷暖气团元素。

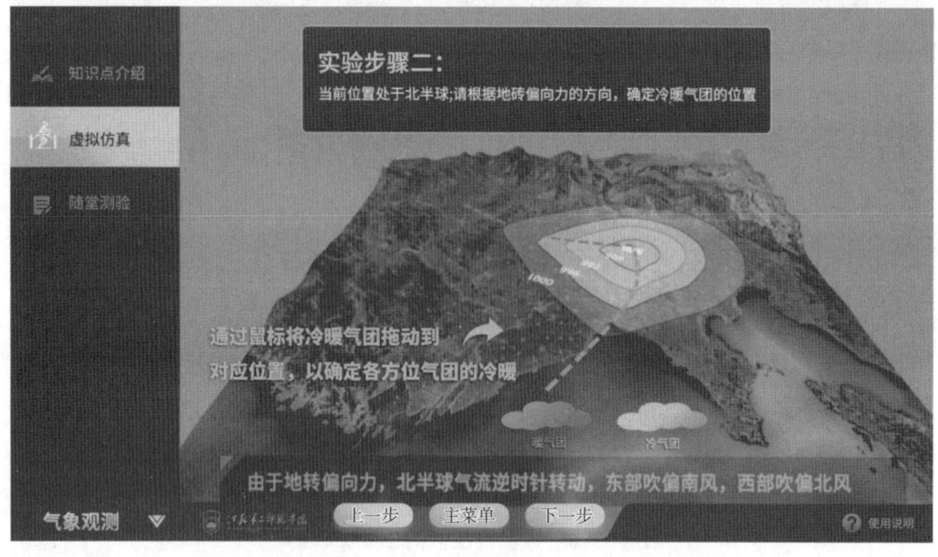

图 1-2-8 确定冷暖气团的位置(正确)

(3) 步骤三:判断冷暖锋类型,以及锋前锋后的位置(图 1-2-10、图 1-2-11)。

① 首先播放冷锋和暖锋形成的动画,播放完成后,摄像机停留在两个锋面的位置。

② 界面底部放置冷锋和暖锋标志,提示学生可拖动标志到锋面以判断该锋面的冷暖。

图 1-2-9　确定冷暖气团的位置(错误)

图 1-2-10　判断锋面类型

③ 学生通过拖动冷锋或者暖锋的标志到锋面模型上，以判断此锋面是冷锋还是暖锋；如果判定正确，则冷锋和暖锋分别显示对应颜色和锋线标志，以及文字牌；如果判定错误，则提示判定错误。

④ 锋面判断完成后，冷暖气团在冷锋锋后和暖锋锋前对应位置闪烁，请学生标注该地区为锋前还是锋后；判定正确后，展示锋前和锋后的文字牌；如果判定错误，则给予错误提示。

(4) 步骤四：标记各个区域的云系和天气(下雨区域和晴好天气区域)(图 1-2-12、图 1-2-13)。

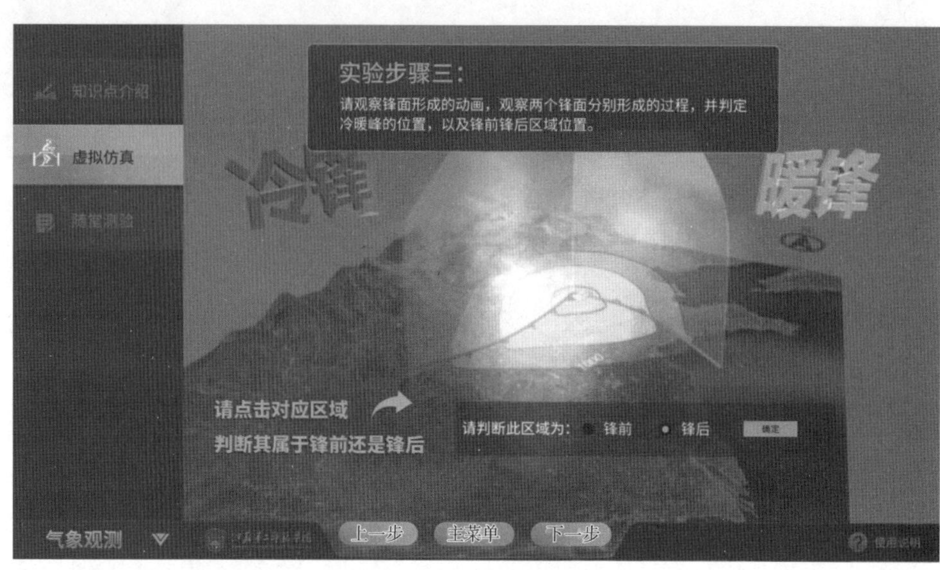

图 1-2-11　判断锋前锋后

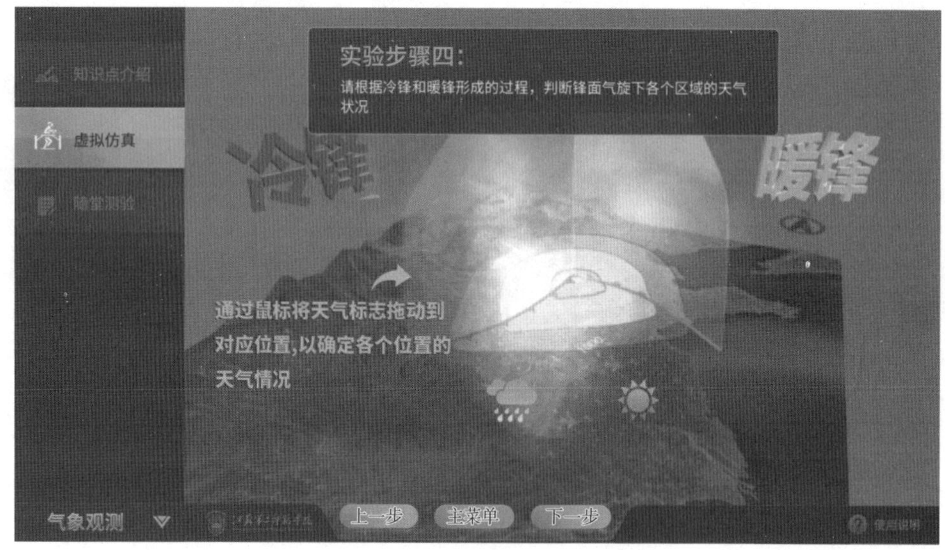

图 1-2-12　判断锋面天气状况

① 在冷暖锋对应位置，拖动云系元素，将正确的云系/太阳摆放到对应位置；摆好后，播放对应的下雨动画，展示当前区域的天气情况。

② 展示文案："请判断锋面气旋下各个区域的天气状况，将正确的元素拖动到对应位置"。

③ 学生通过鼠标拖动云系元素到对应的位置，鼠标松开后，即放置成功。

④ 如果判定正确，则展示各个区域对应的云系（以及云的名称和说明）+下雨动画+太阳。

⑤ 如果判定错误，则提示判定错误，请学生重新进行判断。

⑥ 如果判定正确，则全部实验结束，提示该实验结束，点击“确定”可回到实验首页。

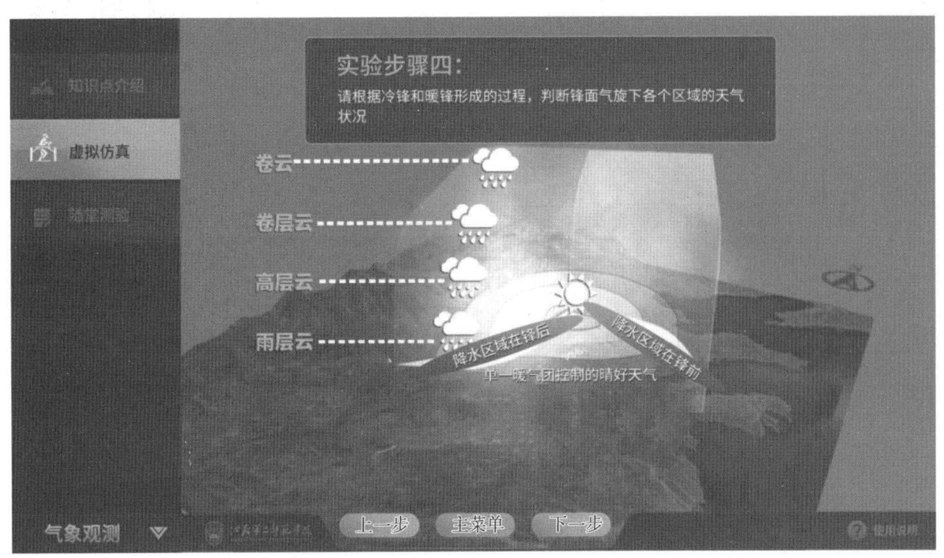

图 1-2-13　判断锋面天气状况

3. 随堂测试（图 1-2-14）

测验结果：标明每一道题目回答正确还是错误，并显示正确答案、用户选择的答案；在右上角可以查看用户本次测验的正确率（总共几道题，答对几道题）（图 1-2-15）。

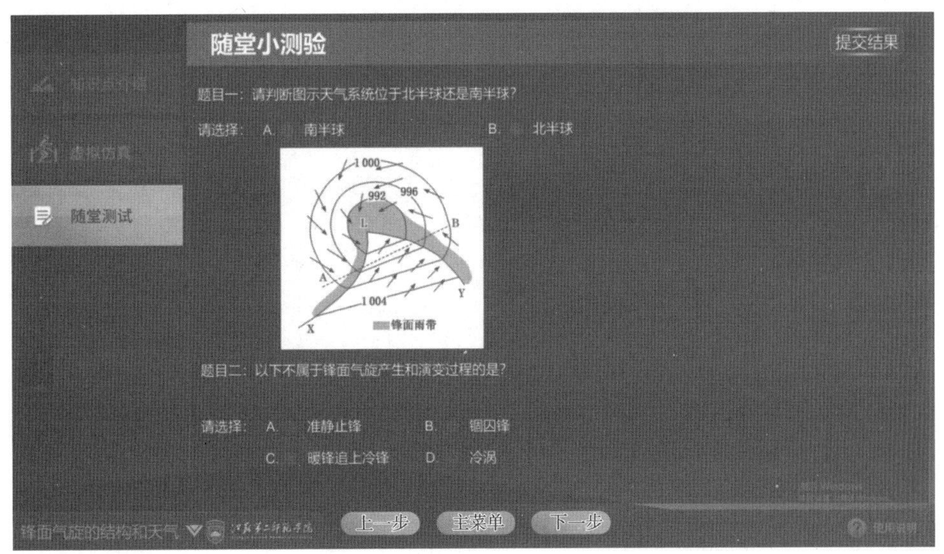

图 1-2-14　随堂测验

4. 虚拟仿真设备操作使用

（1）选择锋面气旋模块，圆盘上方出现大屏；屏幕展示锋面气旋的动画图片；用户可以

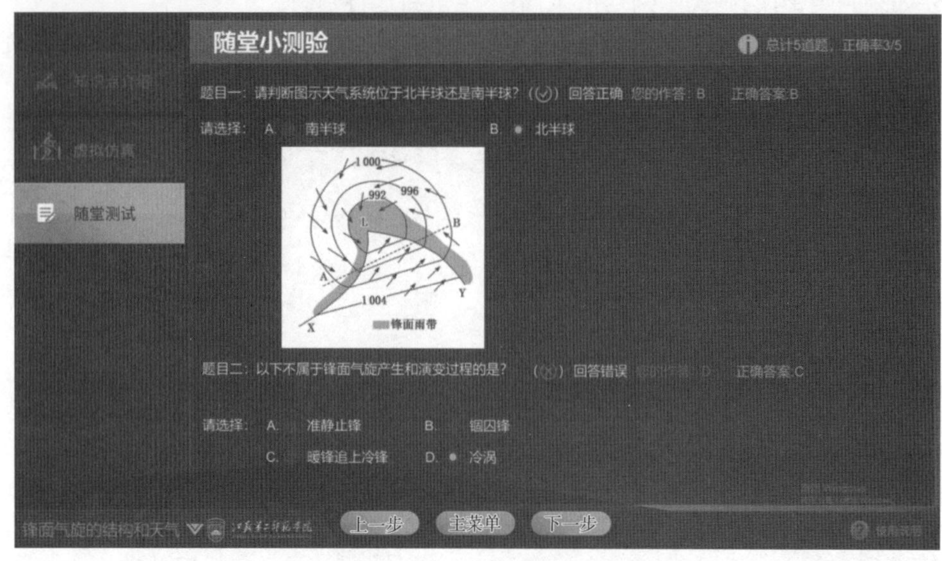

图 1-2-15　随堂测验结果

通过“手柄”或者“头盔”的确定按钮，点击图片，即可进入锋面气旋的动画场景，以学习锋面气旋的形成、结构和锋面天气。

（2）选择锋面气旋模块后，左右两侧的图片展示该实验的目的和内容文案（图 1-2-16）。

（3）在锋面气旋动画场景中，使用“手柄”或者“头盔”的返回按钮，即可在界面上调出返回的图标，点击图标，即可退出到主界面（图 1-2-17）。

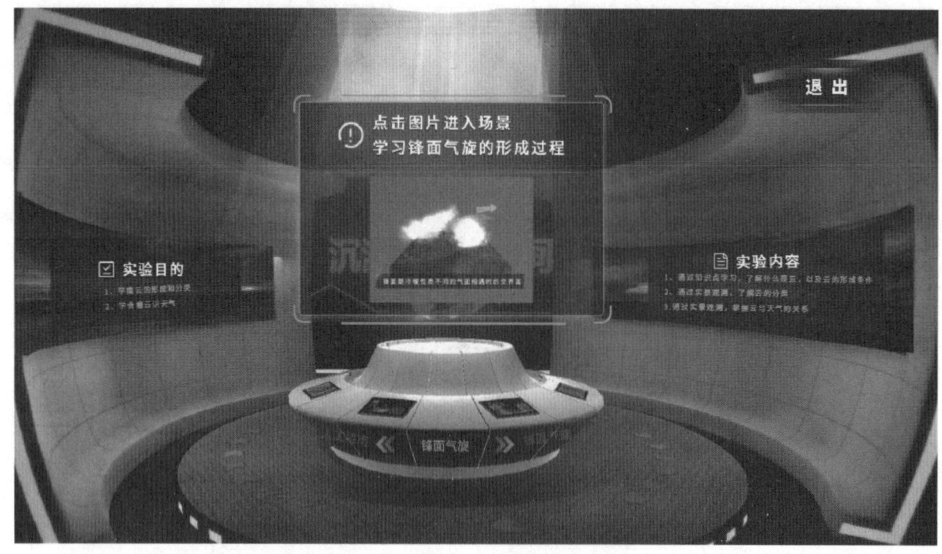

图 1-2-16　虚拟设备场景

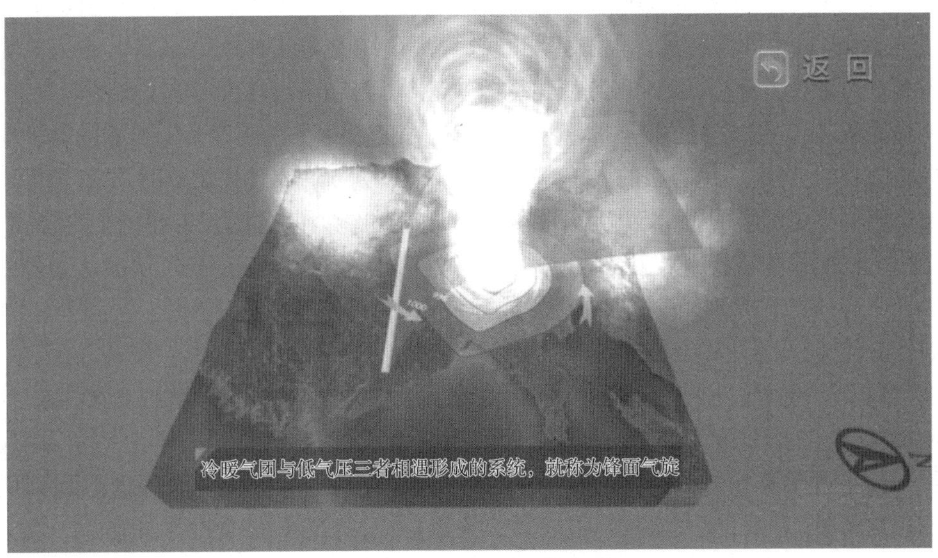

图 1-2-17　锋面气旋系统虚拟实验

三、人工智能技术及其教学应用

1 人工智能

人工智能的英文缩写为 AI(Artificial Intelligence),是研究、开发用于模拟、延伸和扩展人的智能的技术。人工智能也是计算机科学的一个分支,它企图了解智能的实质,并生产出一种新的、能以人类智能相似的方式做出反应的智能机器,该领域的研究包括机器人、语言识别、图像识别、自然语言处理和专家系统等。人工智能不是人的智能,但可以对人的意识、思维的信息过程进行模拟,甚至超过人的智能。

2 人工智能在教育领域的应用

2019 年 8 月,《北京共识——人工智能与教育》发布,从人工智能促进教育的管理和供给,人工智能赋能教学和教师,人工智能促进学习和学习评价三个方面说明了人工智能在教学中的应用前景。在人工智能促进教育的管理和供给方面,考虑整合或开发合适的人工智能技术和工具对教育管理信息系统(EMIS)进行升级换代,以加强数据收集和处理,使教育的管理和供给更加公平、包容、开放和个性化。还考虑在不同学习机构和学习场景中引入能够通过运用人工智能实现的新的教育和培训供给模式,以便服务于学生、教职人员、家长和社区等不同行为者。在人工智能赋能教学和教师方面,虽然人工智能为支持教师履行教育和教学职责提供了机会,但教师和学生之间的人际互动和协作应确保作为教育的核心。人们意识到教师无法被机器取代,应确保他们的权利和工作条件受到保护。在教师政策框架内动态地审视并界定教师的角色及其所需能力，强化教师培训机构并制定适当的能力建设方案，支持教师为在富含人工智能的教育环境中有效工作做好准备。在人工智能促进学习和学习评价方面，人们认识到人工智能在支持学习和学习评价潜能方面的发展趋势，评估并调整课程，以促进人工智能与学习方式变革的深度融合。在使用人工智能的益处明显大于其风险的领域，考虑应用现有的人工智能工具或开发创新性人工智能解决方案，辅助不同学科领域中明确界定的学习任务，并为开发跨学科技能和能力所需的人工智能工具提供支持。支持采用全校模式围绕利用人工智能促进教学和学习创新开展试点测试，从成功案例中汲取经验并推广有证据支持的实践模式。应用或开发人工智能工具以支持动态适应性学习过程；发掘数据潜能，支持学生综合能力的多维度评价；支持大规模远程评价。

在教师备课方面，随着人工智能的加入，教师可以通过在线资源获取更多的信息资料和教学资源，有的备课系统还可以帮助老师实施学情摸查和分析，根据学生的学习兴趣、个性差异等给老师推荐相关的教学资源，可以实现个性化的教案制作。教师查找和利用备课资料变得更方便、有效，极大地减轻了老师的备课负担，提高了老师的备课效率。能够让老师有更多的时间去帮助学生解决其他问题。

在“因材施教”方面，人工智能可以较好地解决班级集体授课与“因材施教”的矛盾。比如智能导师系统可以通过数据分析形成学生画像，根据不同的学生情况有针对性地选择教学内容和制定教学策略等，这样可以更有针对性地激发学生的学习兴趣，也帮助学生更好地适应智能时代的挑战。帮助老师分担压力，更好地理解和把握学生的学习情况，更加关注每一个学生本身，有效避免盲目刷题和无效练习等。

在教学过程记录和教学评价方面，随着 VR、AR 等虚拟技术的出现，在虚拟的世界中，参与者仿佛身临其境。在沉浸式教学中，学生能够更加直观地认识其全貌，不再受认知差异和想象力的影响。这种方式改善了教学效果，学生的课堂参与度得到明显的提高，还可以随时捕捉、记录师生在课堂上的行为表现，生成相关数据分析报告。课堂变得更加“智慧”了。

人工智能的推广应用极大地提升了教育基础设施、教学过程、评价手段、辅助方法、管理能力等领域的智能化与科学化水平。在校园安全检测与预警、智慧教室、智能图书馆、学习障碍智能诊断、教学资源库智能推荐、智能学科工具使用、智能课堂评价、心理健康测评、体质健康测评等方面，人机结合表现得“淋漓尽致”。

人工智能的教学应用案例：论答人工智能学习系统

论答人工智能学习系统，为学生量身定制循序渐进的学习路径，同时匹配设计的教学视频、讲义、练习题等课程内容。论答 TAD 教学模式，即 Teacher（老师）+AI（人工智能）+Data（大数据），通过最合适的教学方法，实现学生、老师、系统之间的高度互动，从而提升学习效率，确保学习效果。

论答 TAD 教学模式（图 1-2-18），将老师放在首位，强调老师在教学过程中的不可取代性，同时结合 AI 技术和数据，使三者形成互相作用的三角关系，提高学习效率，实现学生学习效果和提分的正循环。

图 1-2-18　论答 TAD 教学模式

论答 TAD 教学模式也是论答所研发的人工智能学习系统在教学实践中的具体应用。

论答人工智能学习系统包括：人工智能测评、学习路径个性化规划、专属课程内容、在线直播平台、学习数据分析。

(1) 人工智能测评(图 1-2-19)。通过国际前沿理论和科技在教育中的应用，以及纳米级细分知识图谱和精心设计开发的适配性内容，实现在最短时间、最小做题量上最大可能排除误差，判断学生对各个细分知识点的掌握情况，并找到匹配学生个性化差异情况的学习突破点，可真正实现知识点高效牢固掌握，快速稳健提升。

图 1-2-19　人工智能测评

(2) 学习路径个性化规划。系统实时检测每一位学生的当前知识状态，并对比系统中海量学习数据，为每一位学生智能推荐和优化学习路径，形成循序渐进的高效学习路径。

智能学习路径规划如图 1-2-20 所示。

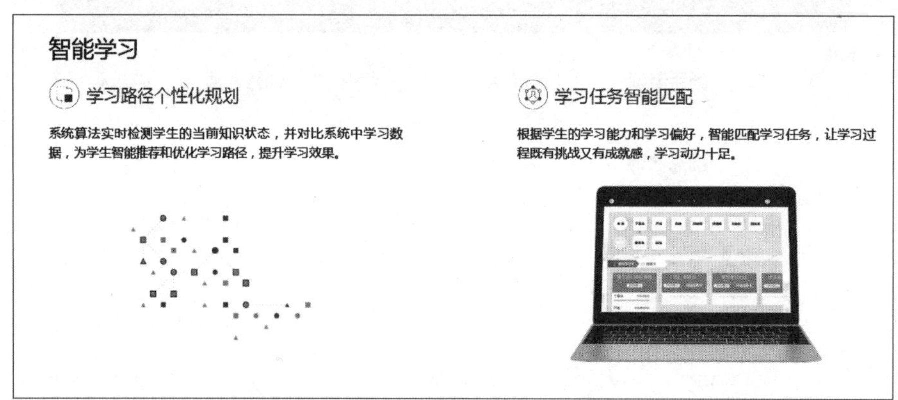

图 1-2-20 智能学习路径规划

(3) 专属课程内容推荐。一键备课,教学内容自动生成;精选智能练习题,课堂课后智能推荐。系统涵盖中小学授课素材(包括但不仅限于视频、题目、讲义等)。其中,讲义和试题均经过资深课程设计师的精心设计和总结,高质量的学习视频则由有着数十年名校教学经验的名师拍摄,供教师授课时直接使用;同时,教师也可自行上传自己认可的高质量教学内容(包括但不仅限于视频、题目、讲义等),供教学使用。

(4) 在线直播平台。登录学习系统,即可开启在线直播。支持当前所有主流设备,Web端无须下载任何插件,可直接在线登录。

(5) 学习数据分析(图 1-2-21)。系统分析处理海量学习数据,实时深度剖析每位学生

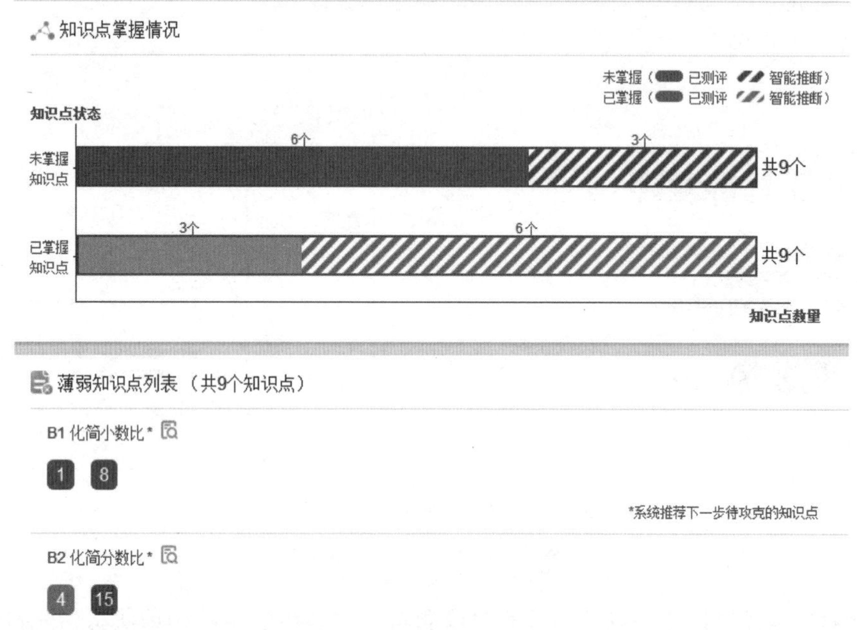

图 1-2-21 学习数据分析

的能力水平，动态展现每个班级的成绩分布，生成班级和个人的学习数据报告（图 1-2-22）及报告解读（图 1-2-23）。

图 1-2-22　深度学习报告

报告解读

这份测评报告展示了孙××同学在「比和比例」专题各个知识点的掌握情况，以及做过的题目和详细解析。孙××同学在本专题一共用了06分22秒完成了15道题，得分为40分，掌握了9个知识点。

PRISM人工智能学习系统，通过后台算法和大数据分析，推断**孙**××同学「**没有通过本专题的测评**」，需要强化训练逐个攻克所有检测出的薄弱知识点。另外，**孙**××同学在其它相关专题的学习中，也很有可能存在类似的学习问题。

图 1-2-23　学习报告解读

第三节　信息技术与地理教学的整合和深度融合

一、信息技术与地理教学的整合

信息技术与地理教学的整合，就是在一定教育、教学理论的指导下，根据地理学科的特点和地理教学的需要，将信息技术有效应用于地理教学的各要素、各环节，创造良好的地理教学情境，提高学生对地理事象的认识，增强学生对地理事象的理解和判断能力，形成良好的地理思维习惯以及地理创新精神和实践能力。

信息技术与地理教学的整合，可通俗地理解为把现代信息技术中的各种技术手段较完美、较理想地融合到地理教学之中，使地理教学的各要素、各环节在信息技术的帮助和支持下得到完善和优化，使地理教学的质量和水平得到提高。

整合不等于混合、不等于替代。整合强调了信息技术必须服从和服务于教学目的、教学目标的需要。信息技术的应用使地理教学的手段和方式发生了变化，主要表现在课堂教学中，传统的黑板加粉笔变成了计算机加投影或者计算机网络加投影。但是，这样的教学仍然没有摆脱以教师为主体的教学模式，学生仍然是被动地接受教师传授的知识。随着计算机网络技术的发展，学生和老师一样可以使用网络信息技术获取网络教学资源，并可以根据自己的兴趣爱好丰富自己的多方面的知识，在教师的指导下开展研究性学习。这就形成了教师与学生在教学地位上平等的前提，并为形成以学生为主体、以教师为主导的新的教学关系奠定了基础。所以，信息技术与地理教学的整合，不仅是运用信息技术改变传统的地理教学手段、教学方式，而且也是运用信息技术改变传统的教学理念、教学模式以及学生的学习方式。

传统的教学理念比较重视知识的传授，其教学模式常常表现为老师教什么、学生学什么，是以教师、教材和课堂为中心的教学，这样的教学虽然有利于学科知识的系统传授，但是却不利于学生能力和创造性思维的培养。随着信息技术的发展与应用，特别是网络技术的发展与应用，信息和知识可以随时随地地获取，学生不必等待老师的传授就能获取所需的知识。对学生来说，掌握必要的信息技术知识与技能，快速地获取所需的知识和信息就显得尤为重要。对教师来说，教师不仅需要利用信息技术收集、整理与教学有关的资源，还要将这些资源根据教学的需要进行处理，按照教学对象、教学目标、教学目的等需要，选择在具体教学中需要使用的素材、设计呈现的方式，以及采用的教学方法。

信息技术与地理教学的整合，既要发挥教师应用信息技术于地理教学的积极性，更要发挥学生利用信息技术进行地理学习、积极参与课堂讨论与交流、开展研究性学习的积极性；既要重视课堂教学中应用信息技术，还要在教师的备课和学生的预习、教师的教学反思和学生的课后复习及研究性学习中应用信息技术，将信息技术整合到地理教学的各个环节、各个要素。

(1) 多媒体技术是地理教学中应用广泛的信息技术。多媒体技术与地理教学的整合，要针对地理对象的空间和区域分布具有不同的空间和时间尺度的特点，发挥多媒体生动活泼的优势。如地球、宇宙等地理概念的空间尺度很大，学生难以想象，借助于多媒体技术，如多媒体的视频技术和虚拟现实技术，可以将整个宇宙和地球呈现在学生的面前，使学生有身临其境的感觉，使比较抽象的空间概念变得具体生动。多媒体技术也可以实现不同空间和时间尺度的快速切换，由整体到部分，由部分到整体，由微观到宏观，由过去到现在，由现在到未来，使得几万年甚至几亿年的地质过程、天文过程在短时间内完成。

对于地球的自转和公转、地震、海啸、火山爆发、龙卷风等地理现象，学生大多没有感性认识，将多媒体的三维动画、电影剪辑等穿插在教学过程当中，必然会加深学生对这些现象和过程的认识和理解。

(2) 要针对地理课程内容的综合性和丰富性，发挥多媒体技术存储容量大、存取方便、表现方法多样的优势。地理课程的内容包括自然、人文等方面丰富多彩的知识，如高山、平原、盆地等不同的地表形态，森林、草地、荒漠等不同的自然景观，城堡、寺庙、碑刻、壁画等不同的人文景观、不同民族的文化生活习惯；交通的分布和发展、城市的布局和发展、地球的形成、火山的爆发、云雨的形成、人类社会的发展演化、经济结构的调整。这些内容不可能仅仅用文字语言就能表述清楚，如用多媒体技术，借助于图像、照片、影视，配以适当的解说和背景音乐，就能使学生获得对这些地理对象和过程丰富的感性认识。

(3) 针对地理教学需要使用大量的地图、图表的特点，发挥多媒体图表处理能力强、表现灵活方便的优势。一般地图（包括图表）因其类型、比例尺、尺幅大小和学生距离地图远近的限制，使用起来有所不便。而且常规的地图、图表是平面的、静态的，不能完全和逼真地反映地理对象的空间关系和时间变化。借助于多媒体技术，将地图数字化，一方面，地图的类型可变得丰富、比例尺和尺幅大小可自由调节，方便使用；另一方面，数字化的地图不仅有二维的平面地图，而且有三维的立体地图，可真实地反映地理对象之间的空间关系。更可借助于动画技术，使得地图上的地理对象具有动态的效果，以模拟真实的地理过程和地理对象的空间分布随时间的演变过程。

(4) 针对地理课程和地理教学的实践性特点，发挥多媒体技术模拟实验的优势。地理课程往往受到时间、地点和经费等主客观条件的限制，特别是地理课程在一些学校没有受到应有的重视，地理的实习和实验不能得到很好的保证。借助于多媒体技术的模拟演示实验，可部分地解决这个问题。

(5) 针对地理课程和地理教学素质性的特点，发挥多媒体集成性高、交互性强的优势。多媒体计算机辅助地理教学可以呈现丰富多彩的地理教学内容，教学内容随时可以得到更新和补充，学生也可以选择适合自己特点和需求的教学内容。多媒体计算机辅助地理教学使得地理教学方法也发生了很大的变化。多媒体计算机辅助地理教学可以采取演示法、个别辅导法、操练法、游戏法、实验法、探讨问题法等多种方法。多媒体地理教学不再是教师讲、学生听的“满堂灌”，学生变为教学的主体，可以充分发挥学习的主动性、积极性等。

(6) 增加课堂容量，提高学习效率。信息技术，尤其是多媒体技术和网络技术，与地理教学的整合，可以在有限的时间里增加课堂容量，尤其是对复习课来说，其容量大的优势尤为突出。复习课是地理教学中的重要环节，在复习过程中，教师往往要将已学过的知识归类、整合，使之成为一个融会贯通的整体。在复习过程中，由于复习课的内容较多，教师普遍感到时间较紧张，难以复习好。如果把归类的提纲、比较的表格、分析的图像或现成的习题等用多媒体展示出来，这样可以节约更多的时间用来分析、讲解、归纳，提高复习效果。

总之，信息技术与地理教学的整合，可以更好地发挥信息技术的优势，使教学的重点由单纯的传授知识技能、技巧转向开发学生的智力，培养学生的能力和创造力，不断提高地理教学的效率、质量和水平。

二、地理信息技术辅助地理教学

地理信息技术是现代地理学的重要分支学科，也是现代地理学研究的重要手段。以GIS、GPS和RS技术为核心的地理信息技术，使现代地理学在地理信息的获取、分析、处理和应用方面产生了深刻的变化，促进了现代地理学体系的形成和现代地理学研究方法和研究手段的现代化。大学的地理专业普遍开设了地理信息系统课程，新的高中地理课程标准也把地理信息技术应用作为高中地理的必修和选修的教学内容。这些既体现了地理教学在内容上的全面性，也体现了地理教学的时代性。同时，学习和应用地理信息技术也是地理课程教学改革的重要组成部分。

地理信息技术不仅是地理学习的对象，也是地理教学的重要辅助手段。用地理信息技术辅助地理教学，既是信息技术应用于地理教学、促进教学质量和教学水平提高的重要体现，也是培养学生地理信息意识、提高地理信息素养的重要体现。

地理信息技术为计算机辅助地理教学提供了新的有效的工具。地理信息技术与地理问题的研究和地理规律的应用紧密联系，通过地理信息的获取、分析、加工处理获得地理要素的空间分布特征和时间演变，从而发现地理要素的空间分布规律和相应的时间演变规律。因为地理信息技术是专门针对地理学科应用的信息技术，其相应的软件提供了多种空间定量分析的工具和模型，所以，在地理教学中使用地理信息技术来辅助地理教学，在表示地理对象、地理要素的分布和演变方面更科学、更准确、更直接、更简单、更方便。例如，用卫星云图可以直观地反映高云、中云、低云的空间分布和天气系统的位置及其演变，用卫星云图制作的实时动画，科学性强，真实可信；使用地理信息系统软件可以方便地生成单个地理要素的空间分布的图像或专题地图，以及这些地理对象的空间分布随时间的变化，也能方便地组合不同要素的空间分布和时间变化，便于对比研究和综合分析，而且可以灵活地添加或删除图注、图例、图标等信息。

使用地理信息技术辅助地理教学能较好地运用建构主义的学习理论，有助于信息技术与地理教学的有效整合。用地理信息技术辅助教学，可让学生自己采集相关的地理信息数据，建立相关的数据库，并通过地理信息系统软件的地图分析来建构自己的知识体系，在制图和空间分析中发现地理事物之间的相关性。可以将地理信息技术有效地整合到地理教学中来，提高学生收集和处理地理信息的能力、地理空间的思维能力和知识创新的能力。

地理信息系统（GIS）是对地理数据进行输入、管理、分析、查询和输出的计算机系统。用地理信息系统辅助地理教学是地理信息技术在地理教学中应用的主要内容。因为地理信息系统是根据地理对象的空间数据和属性数据来可视化地反映地理对象的空间分布和空间位置关系的，只要改变数据库中的相应的数据，地理对象的空间分布和空间位置关系也会随之改变，因而具有很大的灵活性。用地理信息系统辅助地理教学不但能适应区域地理等地理教学内容知识更新快的特点，还能为学生探究地理对象的空间分布特征和变化规律提供条件，用地理信息系统制作的课件也具有很好的开放性、灵活性。建立在空间数据库基础上的地理信息系统技术，更具有强大的查询功能，使学生能以不同比例尺查看空间信息内容，既能获得全局性的信息，也能查看局部的细节性的空间信息，从而更好地把握事物的空间位置和相互关系。

大部分地理信息系统软件有自带的基础数据库，用这些软件制作相应的地理课件省时省力。软件所提供的专业绘图工具如各种地图符号、填充颜色和纹理效果，以及多种类型的地图模板，能制作出规范、优美、具有专业水平的地图。由地理信息系统软件生成的地图是矢量图形，所占用的存储空间少，能任意放大和缩小而不影响显示效果。用地理信息系统软件生成的地图能分层显示和无背景地叠加显示地图信息，既灵活又方便。

用地理信息技术软件也可以生成一般计算机辅助地理教学需要的底图和各种专题地图。地理信息技术应用课程的教学必将极大地提高教师和学生的信息技术水平，提高地理教学的水平和质量。

遥感（RS）技术是获取地理信息的重要手段。用遥感技术获取的图像来辅助地理教学具有非常好的教学功能和教学效果。

卫星遥感图像是以人造地球卫星作为遥感平台对地球和低层大气进行光学和电子观测获得的图像。卫星遥感图像与地图不同，它不是用符号表示地理事物，而是按照光学摄影或光电扫描成像原理形成的影像，用色调的变化表现地物的综合性。相对地图来讲，卫星遥感图像具有直观可视性强、立体感好、信息量大等优势和特征。在地理课件中使用的卫星遥感图像通常有黑白图像和彩色合成的图像，是在人造地球卫星获取的原始图像被地面站接收后，经过图像压缩、存储、增强、处理、量化、空间滤波以及图像模式识别等处理后的图像。这种经过处理的图像，具有许多生动而丰富的细节和直观明了的效果，目标物体特征突出，易于识别辨认。彩色合成图像应用价值更大，因为它不仅清晰地保留了黑白影像的特征，而且使得地物影像得到彩色增强，特征更加醒目易读。

常用的卫星遥感图像有一般卫星影像图、行政区划卫星影像图、立体卫星影像图（加DEM）、专题遥感影像图、正射遥感影像图。这些卫星遥感图像可广泛运用在自然地理、区域地理和专题地理的教学中，对于了解区域地貌类型、资源状况、城市分布等具有很大的帮助。

卫星遥感图像具有空间尺度大、覆盖地域范围广的特点。应用卫星遥感图像辅助教学，可帮助学生从整体上比较直观地把握区域的特征、地理事物的空间分布规律。如海陆的分界线、山脉与河流的走向、中国地势的三级阶梯及其地貌特征、森林覆盖的范围与界限等。而且，卫星遥感图像可以开阔学习者的视野，培养多尺度多渠道观察、认识和把握研究对象的思维方法。

卫星遥感图像具有更新快、成像周期短的特点。通过卫星连续获取的同一区域范围内的地表影像，可以追踪地理事物的发展演变，从而使学生能更好地认识和掌握地理过程。如通过多张连续获取的卫星云图，可以获知云层的发展变化、云的运动方向和速度以及大气环流的变化，还可以追踪热带气旋、台风的发生、发展和演变。例如非洲乞力马扎罗山的基博（Kibo）峰的卫星遥感图像显示了基博（Kibo）峰上冰雪覆盖的变化，反映出气候的变暖和永久冰川的消退。

卫星遥感图像是从很高的太空中获取的,往往具有非常壮观的美感特征。如从卫星上获取的有关整个地球的高清晰图像、巨大的台风眼及其涡旋云系图像、美国圣海伦斯火山爆发的图像等,都能给观看者产生强烈的视觉冲击,并留下深刻的印象。陆地卫星影像和地表高程数据相结合生成的三维立体图像,显示出乞力马扎罗山的壮阔。

从空中获取的地表的卫星遥感图像有时在图中可形成新奇美丽的图案,正如各种形似或神似的旅游景点,也能给观看者以美的享受,如陆地卫星影像记录的坦桑尼亚境内鲁菲吉河源头河段恰似一条长尾巨龙,放大后的影像显示汇入主河的水系将河边土地侵蚀,恰似龙鳞,而鲁菲吉河中段的斯蒂格勒峡谷的枯水河床和丰水河道描绘出恰似猴面包树的形体。

卫星遥感可获取全球任何地区、任何地点的图像,这其中包括崇山峻岭、林海雪原、戈壁荒漠、极地与海洋等人迹罕至的地区的图像。这些地区独特的自然地理特征也能形成神奇的、令人心驰神往的图像。

卫星遥感图像也具有一定的情感教育功能。如通过观看夜间全球的卫星遥感图像,从图中灯光的分布感知地球上不同地区经济发展的差异和贫富差距;通过热带雨林地区森林植被的覆盖变化,感知地球环境的破坏;通过东南亚海啸的卫星遥感图像,感知大自然破坏力的巨大和无情;通过家乡的卫星遥感图像,增强热爱家乡、建设家乡的情感。

全球卫星定位系统(GPS)作为地理信息技术的重要组成部分,在地理坐标、高度的确定以及地理定位、地理位置变化的追踪等方面有着广泛的应用。在地理教学中使用GPS技术不但能够解决与地图绘制、地形判定、地理定位等相关的地理内容的教学问题,而且能够有效地培养学生的空间位置感、空间想象力,加深对地理学科的理解,还能够培养学生用信息技术获取地理信息的能力,了解地理问题的现代研究方法,增强研究性学习的能力。

数字地球是一个集“3S”技术为一体的、融入海量地理数据的、能多分辨率和三维立体表达的虚拟地球。

数字地球技术实际上是众多现代信息技术的集成。数字地球技术几乎囊括了计算机技术、网络技术、多媒体技术、大容量信息存储技术、数据库技术、虚拟现实技术、地理信息技术的所有方面,并在这些技术的基础上将各种与地球有关的信息集成到虚拟的地球系统中,使人们能随时随地地查询、获取和应用各种信息。

数字地球将改变人类社会的生产和生活方式。出现了数字农业、数字城市、数字旅游、数字图书馆、数字社会等。数字地球系统将大大促进生产规模的扩大、生产效率的提高、生产方式的转变,也会促进社会管理方式、思维方式和生活方式的变化。

数字地球也将促进地理学的研究和发展,改变现有的地理教育、教学方式和教育、教学观念。数字地球的教学功能主要有:

(1) 数字地球是地理教学的资源库和图书馆。数字地球具有与地球相关的各学科、各领域的海量信息,并且通过卫星遥感、GPS等地理信息技术不断获取新的信息,全球各地的数字地球用户也在数字地球系统中不断更新和添加信息。数字地球以其丰富的信息、系统的管理和高效的服务成为地理教学取之不尽、用之不竭的资源库与图书馆。教师可以获取与地理教学有关的丰富的教学资源,开展多媒体辅助教学,增加教学容量,开阔学生眼界。

（2）数字地球是地理教学的地球仪和实验室。数字地球是一个多尺度的、数字化和立体表达的虚拟地球。数字地球是方便地理教学的地球仪。利用数字地球软件，可以在电脑屏幕上任意放大、缩小和旋转数字地球，以查询和观察不同尺度的地理区域，可以以不同的方式显示地球上的对象，加深我们对地球的认识和理解。数字化的地球仪也有助于学生学习地理坐标、陆地与海洋、地形等方面的知识。数字地球是地理教学的实验室。可以通过数字地球模拟“龙卷风”“海气交换”“天体运行”“地壳运动”“恐龙生态环境”“城市建设与改造”等地理过程，并以虚拟现实的方式呈现出来，加深对地理过程的理解。

（3）数字地球是地理研究性学习的工具和平台。利用数字地球所集成的地理信息技术，可以广泛开展地理问题的研究性学习。从查找研究资料，到建立问题研究模型，再到地理空间分析和研究结论的表达，数字地球能提供研究性学习所需的全部功能。

（4）数字地球是地理信息技术教学的理想软件。数字地球是地理信息技术的集中体现，包括 3S 技术和网络技术。通过数字地球不仅可以学习与应用遥感技术、地理信息系统技术和 GPS 全球卫星定位技术，而且可以学习这些技术的集成应用，增强对地理信息技术的综合性、系统性的认识，为全面认识地理信息技术的强大功能提供途径。

三、地理学科信息化教学实践案例

1　标准地图的下载与使用

国家地理信息公共服务平台标准地图服务版块（http://bzdt.ch.mnr.gov.cn/）提供标准地图下载（图 1-3-1）。标准地图依据中国和世界各国国界线画法标准编制而成，可用于新闻宣传用图、书刊报纸插图、广告展示背景图、工艺品设计底图等，也可作为编制公开版地图的参考底图。社会公众可以免费浏览、下载标准地图，直接使用标准地图时需要标注审图号。

标准地图有 JPG、EPS 两种数据格式，地图幅面分为 64 开、32 开、16 开、8 开、4 开、对开等。需要编辑 EPS 格式地图时，建议使用 Adobe Illustrator 软件。对地图内容编辑（包括放大、缩小和裁切）改动的，公开使用前需要送自然资源主管部门审核。目前发布的标准地图包括中国地图 269 幅、世界地图 79 幅、专题地图 11 幅。

标准地图版块的中国地图项包括中国全图、中国全图（英文版）、中国主要河流湖泊分布图、分省（市、区）地图；世界地图项包括世界地图、世界地图（英文版）、各州地图；主题地图包括增补藏南地区地名分布图、G20 国家、长江经济带区域、京津冀都市圈、粤港澳大湾区、长江三角洲地区地图；参考地图项包括红色地图、分国地图、人文地图、地方共享地图、城市地图集地图；自制地图项包括中国地图［1∶6 000 万（64 开）］、世界地图［1∶1.8 亿（32 开）；1∶1 亿（8 开）］。

自助制图提供简单的工具，用户可制作统计地图，或者根据需要选取地图要素，编辑要素的颜色，增加点、线、面标记与文字，制作出个性化地图，输出地图图片。为尽可能方便公众制作出符合规定的地图，系统在部分地图要素之间设置了联动选取规则。

该功能需要用户注册后方可使用。目前发布的自助底图包括中国地图 2 幅、世界地图 2 幅。自助制图生成的地图，公开使用前需要送自然资源主管部门审核。

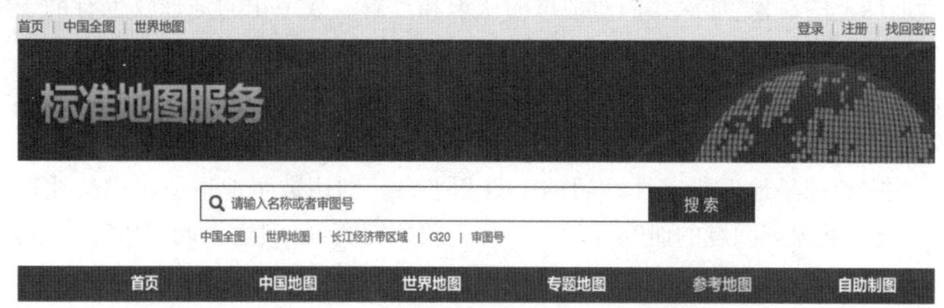

图 1-3-1　自然资源部标准地图服务网站

2 Wordmap 插件

Wordmap 是蒋小润制作的一款用于 Word 软件的中学地理教学用地图插件。下载并安装 Wordmap。打开 Word，找到文件中的“选项”，选择“自定义功能区”，选中右侧的“加载项”，按“确定”按钮，在 Word 的工具栏中显示“加载项”。

在文件菜单中选择“选项”，打开“Word 选项”对话框（图 1-3-2），选择“加载项”，在右侧的“管理”后的列表框中选择“Word 加载项”，点击“转到”按钮，打开 Wordmap 安装文件夹，找到其中的 tool. dot 文件，加载到 Word 中成为加载项（图 1-3-3）。

图 1-3-2　添加加载项对话框

图 1-3-3　添加 tool. dot 加载项

也可以在安装时自定义安装的位置，安装后在自定义的安装目录下找到 tool. dot 文件并在 Word 中打开该模板文件。在 Word 中选择“加载项”，可以看到 Wordmap 的加载项，显示为“世界地图”（图 1-3-4）。点击“世界地图”的下拉按钮，可以看到与地理教学相关的地图，选择其中的地图模板，可在 Word 中生成相应的地图对象。

图 1-3-4　Wordmap 的世界地图加载项

【Word 地图工具使用方法】

（1）如何插入所需图片

双击“Word 地图工具”，启动 Word，这时可以看到在界面的上方有一个“地图世界”的菜单。当需要插入地理图片时，点击“地图世界”，在菜单中找到所要的图名，单击，这时在文档中会出现你所要的图片。用鼠标调整大小和位置即可。

(2) 如何在图片上加入文字或注记

① 有的图上已有注记,这时只要用鼠标点击,就可以编辑图上文字。

② 如果没有文字或无法更改图上文字时,可以使用文字框,在图上添加文字。

③ 点击图下的文字框后,鼠标变成"十"字形,在图上相应的位置画出大小适当的文字框。

④ 在文字框中输入文字并调整字体和字号。

⑤ 调整文字框的颜色。

⑥ 移动文字到适当的位置。

(3) 调整图片与文字的关系

用鼠标选中图片后,点击右键,在出现的快捷菜单中选择"设置图片格式";在出现的界面中选择"版式"标签,在出现的几种版式中选择类型。

① 嵌入型:将对象置于文档内文字中的插入点处。对象与文字处于同一层。

② 四周型:将文字环绕在所选对象的边界框四周。

③ 紧密型:将文字紧密环绕在图像自身的边缘(而不是对象边界框)的周围。单击"紧密型",再单击"确定"按钮后,可通过单击"图片"工具栏上的"文字环绕"按钮,再单击"编辑环绕顶点"命令,来调整虚线环绕边框。拖动虚线或尺寸控点,可重新设定环绕边框的形状。

(4) 地图的填充

① 在菜单中找到"中国地图",点击后出现一幅中国地图。

② 选中该图,点击鼠标右键,选择"组合"→"取消组合"。

③ 在图外点击一下,按住"Shift",用鼠标点击需要填充相同图例的省区。

④ 点击下部菜单中的"填充颜色"→"填充效果"→"图案"。

⑤ 在出现的各种图案中选择所要的类型后,点击"确定"。

⑥ 重复以上步骤,填充其他省区。

⑦ 修改图例。

⑧ 把画好的中国地图重新组合起来。

(5) 通过列表框中的地区名称选择填充地区

要制作一幅欧盟东扩示意图,我们要用不同的图例表示出原有欧盟国家和新入盟的国家。具体制作过程是:

① 选择欧洲图。用鼠标选择"地图世界"→"世界地图"→"各洲地图"→"欧洲"→"欧洲图(可填充)",用鼠标点击后,出现一个欧洲地图。图上有一个提示文字框,用鼠标选中后把它删除。

② 用鼠标选中欧洲图并单击右键,选择"组合"→"取消组合"。这时欧洲地图被分解成数量很大的对象群。

③ 用鼠标在图外单击,取消选择。然后在下面的"绘图"菜单中点击"选中多个对象",这时出现一个反映对象名称的对话框,用鼠标单击原欧盟国家(法国、德国、意大利、荷兰、

比利时、卢森堡、丹麦、爱尔兰、英国、希腊、西班牙、葡萄牙、奥地利、芬兰、瑞典)，单击“确定”。

④ 设置图例。点击下部“绘图”工具栏上的“填充颜色”→“填充效果”→“图案”，在出现的各种图案中选择所要的类型后，点击“确定”。

⑤ 重复上述步骤，填充后入盟的 10 个国家(波兰、匈牙利、捷克、斯洛伐克、斯洛文尼亚、爱沙尼亚、拉脱维亚、立陶宛、塞浦路斯和马耳他)。

⑥ 把绘制好的地图组合起来，再加上图名、图例，一幅欧盟东扩示意图就完成了。

第二章 信息化教学方法与技术

第一节 信息化教学环境与资源

一、信息化教学环境

信息化教学环境是支持信息化教学的设施、设备和相关教学资源、教学管理软硬件的总和。信息化教学环境主要包括两个方面:一是教学支持环境,即互联网、校园网、网络机房、多媒体教室、智慧教室等基础设施,计算机及其操作系统、计算机外围设备、手机等移动终端设备,电子白板、智慧黑板、数字电视等显示设备,以及支持网络教学的网络教学平台,各类管理和控制软件;二是信息化教学资源环境,如数字图书馆、网络学习资源中心、教学资源库、电子阅览室等资源数据库系统。

信息化教学环境按照功能又可分为信息化教学基础设施和信息化教学设备两个方面。学校的信息化教学基础设施主要包括校园网(数字校园、智慧校园)和网络机房、多媒体教室、智慧教室、教师发展中心、数字图书馆等设施。信息化教学设备包括计算机及其相关终端设备,手机和 iPad 等移动通信设备,投影机与幕布、交互式电子白板等投影显示设备,数字网络电视机等可投屏显示的设备,可存储信息化教学资源的各类存储设备(包括云存储设备)等。信息化教学资源可存储在上述信息化教学基础设施和设备之中。

1 网络多媒体教室

多媒体教室是使用最广泛的信息化教学环境。在多媒体教室通常配置多媒体控制台、多媒体计算机、投影机、幕布、扩音机、话筒等设备,有的还配置调音台、实物投影仪等媒体设备。一般多媒体教室也同时配备传统的黑板等教学设备。目前,大多数多媒体教室已经联网,成为网络多媒体教室。多媒体教室主要通过多媒体控制台控制相关设备的使用和运行,基本实现自动化控制或远程控制,有些需要刷卡使用,或者通过账户登录后才可以使用。多媒体教室通常主要用于演示教学,特别是多媒体课件的教学展示。

多媒体演示教室主要供教师使用,媒体起辅助教师教学的作用,充当教师上课的教具。多媒体演示教室的教学功能:便于教师利用多种媒体辅助教学活动;教师能利用多种媒体组合优化教学过程，突破教学重点、难点，提高教学质量与效率；使课堂图文并茂，能有效激发学生的学习欲望，易于学生对知识内容的理解。多功能型多媒体演示教室便于观摩示范教学，而且还能够扩大教学规模，能用于开展新型教学模式的教学实验与研究以及多媒体学术报告、专题讲座等活动。其中的学习反应信息测试分析系统，能用于课堂教学效果的研究和分析。

2 微格教学系统（微格教室）

微格教学即微型化教学，通常又称为“微型教学”。美国斯坦福大学艾伦教授称微格教学系统为“一种缩小了的可控制的教学环境，它使准备成为或已经是教师的人有可能集中掌握某一特定的教学技能和教学内容”。它是借助现代教育技术设备——摄像机、录像机、全场录音系统、视音频遥控系统、视音频切换机等，对师范生进行某项专门训练，使学生掌握某种技能技巧的小规模教学活动。目前的微格教学系统基本实现信息化、数字化，配备计算机、投影仪、电子白板等设备，具有多媒体教室的基本功能。

微格教学的一般过程如下：(1)受训人员作为“模拟教师”，部分真实学生或受训者的同学作为“模拟学生”，组成“微型课堂”。(2)确定要培训的技能和训练目标，组织观摩微格教学片或进行现场教学示范，并组织学习讨论。(3)把教学技能分解成若干个环节，学习者根据技能训练目标选择片段性课程内容，进行教学设计并编写微格教案。(4)在微格教室内利用10分钟左右的时间进行模拟教学实践，主要训练、掌握目标规定的某项教学技能。

3 交互式电子白板系统

交互式电子白板是由感应式电子白板屏幕、计算机、短焦距投影机和电子白板软件等构成的信息化多媒体教学系统。将感应式电子白板连接到计算机，并利用投影机将计算机上的内容投影到电子白板屏幕上，在专门的电子白板软件的支持下，可以构造一个大屏幕、交互式的协作会议或教学环境。短焦距投影机通常位于电子白板的上方。感应式电子白板相当于触摸式计算机显示屏幕，使用者通过特定的工具或手指与电子白板软件进行交互。

4 语音教室

语音教室由现代化教学设备装备起来，按照功能的不同，分为听音（AP）型、听说（AA）型、听说对比（AAC）型和视听对比（AVC）型四种。

5 虚拟仿真教学系统

仿真技术，或称为模拟技术，就是用一个系统模仿另一个真实系统的技术。虚拟仿真实际上是一种可创建和体验虚拟世界（Virtual World）的计算机系统。此种虚拟世界由计算机生成，可以是现实世界的再现，亦可以是构想中的世界，用户可借助视觉、听觉及触觉等多种传感通道与虚拟世界进行自然的交互。它是以仿真的方式给用户创造一个实时反映实体对象变化与相互作用的三维虚拟世界，并通过头盔显示器（HMD）、数据手套等辅助传感设备，给用户提供一个观测与该虚拟世界交互的三维界面，使用户可直接参与并探索仿真对象在所处环境中的作用与变化，产生沉浸感。VR 技术是计算机技术、计算机图形学、计算机视觉、视觉生理学、视觉心理学、仿真技术、微电子技术、多媒体技术、信息技术、立体显示技术、传感与测量技术、软件工程、语音识别与合成技术、人机接口技术、网络技术及人工智能技术等多种高新技术集成之结晶。其逼真性和实时交互性为系统仿真技术提供有力的支撑。

6 网络教学平台

广义的网络教学平台包括支持网络教学的硬件设施和软件系统。狭义的网络教学支持平台是指建立在互联网的基础之上，为网络教学提供全面支持服务的软件系统的总称。一个完整的基于 Web 教学的支撑平台应该由三个系统组成：网络教学平台在原来教学系统的基础上，从对教学过程（课件的制作与发布、教学组织、教学交互、学习支持和教学评价）的全面支持，到教学的组织管理（用户与课程的管理），再到与网络教学资源库及其管理系统的整合，集成了网络教学需要的主要子系统，构建了一个比较完整的网上教学支撑环境。

网络教学平台可划分为：点播式教学平台、交互式教学平台和社会化教学平台。点播式教学平台以课件和网络教学资源为中心，提供相关课程教学资源的快速传递，学生可以随时随地点播音频、视频课件，查阅电子教案等教学内容，完成在线作业等。交互式教学平台如视频会议系统、虚拟教室系统、聊天工具、BSS 讨论系统、内部电子邮件系统等以网络即时通信为基础，在提供网络教学资源的同时，能够给学生提供学习导航、在线离线课程、答疑辅导、讨论、在线自测等服务，提高师生之间的互动水平以及学生的学习效果。其主要特点是以学生为中心，加强了教学平台的交互功能，强调为学生提供及时有效的服务。社会化教学平台基于智能化搜索引擎、RSS 聚合、Blog、Wiki 以及其他社会性软件等，建立起属于自己的学习网络，包括资源网络和伙伴网络，并处于不断的增进和优化状态。其主要特点是社会化，体现集体智慧的分享与创造，强调学习社会化。

随着计算机网络、通信与电视的三网融合和 5G 等移动通信、移动多媒体技术的发展，智能手机逐步普及与广泛应用，各类手机 APP 应用软件不断丰富与发展，手机已经成为信息化教学的一类重要设备。各类基于手机和移动设备的教学资源非常丰富。手机与电脑、电视等设备的连接和教学资源的传输交换也非常方便。

目前，信息化教学环境具有技术智能化、设备多样性、应用集成性、资源丰富性等特点。

二、信息化教学资源

信息化教学资源是信息化教学过程中可利用的各类数字化资源的集合，包括通用软件、学科软件、数字教育资源和网络教学平台等资源。信息化教学资源主要指数字教育资

源,数字教育资源是对教学素材、多媒体课件、主题学习资源包、电子书、专题网站等各类与教育教学内容相关的数字资源的统称。

信息化教学需要建设和应用信息化教学资源。建设和应用信息化教学资源需要具备信息化教学资源的收集、整理、制作和应用的技能,包括:了解常用信息化教学资源的类型,掌握常用信息化教学资源(包括通用教学资源和学科专业教学资源)的查找、获取、加工处理、制作方法、途径和技巧(包括对信息化工具软件的使用方法),掌握其他相关信息化教学资源的利用方法(包括数字图书馆资源、网络课程资源、专业教学软件资源、课件与教学案例资源、专题学习网站资源);掌握多媒体课件、微课的设计与制作方法。

1 多媒体教学资源

多媒体教学资源是信息化教学中的最基本的教学资源。多媒体教学资源是根据多媒体的形式分类的教学资源,包括文本、图形图像、声音、视频、动画等各类媒体单独或组合形成的教学资源。

2 多媒体课件

多媒体课件是信息化教学中最重要的教学软件资源。大多数信息化教学需要借助于多媒体课件来进行。所谓课件(Courseware),就是内容特定的教学软件。多媒体课件是集成了多媒体教学资源的课件,具有多媒体的多样性、集成性、交互性等特点。通常的课件都是一个完整的教学软件,具有一定的界面和导航控制。商业化的课件往往都经过打包处理,构成一个相对封闭的系统,在没有源程序的情况下无法对其进行修改,因而课件只能按照原有的设计方式和内容运行。而使用课件的教师或学生是千差万别的,课件需要根据不同的使用情况加以改变。一般情况下的课件特指 PPT 课件。实际上课件的类型比较多,除 PPT 课件外,还有视频、动画和可执行文件等类型的课件。

3 电子书(电子教材)

电子书通常是教学内容相关的电子材料的合成形式。从格式上来说,有纯文本格式的电子书、图文并茂的 PDF 格式的电子书等形式,还有专门格式的配音画的有声电子书等。从内容上来说,电子书包括教材、教案、课程标准、教辅、期刊、参考文献等。

4 微课

"微课"是由相对完整的课堂教学视频片段组成的教学资源,微课包含与该教学主题相关的教学设计、素材课件、教学反思、练习测试及学生反馈、教师点评等辅助性教学资源,它们以一定的组织关系和呈现方式共同"营造"了一个半结构化、主题式的资源单元应用"小环境"。"微课"既有别于传统单一资源类型的教学课例、教学课件、教学设计、教学反思等教学资源,又是在其基础上继承和发展起来的一种新型教学资源。微课的特征有:①主持人讲授性。主持人可以出镜,也可只呈现画外音。②流媒体播放性。以视频、动画等基于网络的流媒体播放。③教学时间较短。5~10 分钟为宜,最少的 1~2 分钟,最长不宜超过 20

分钟。④教学内容较少。突出某个学科知识点或技能点。⑤资源容量较小。适于基于移动设备的移动学习。⑥精致的教学设计。完全的、精心的信息化教学设计。⑦经典示范案例。真实的、具体的、典型案例化的教与学情景。⑧自主学习为主。供学习者自主学习的课程,是一对一的学习。⑨制作简便实用。采用多种途径和设备制作,以实用为宗旨。⑩配备相关材料。微课需要配备相关的练习、资源及评价方法。

5 课程网站

课程网站是按照课程教学的需要在网上或网络平台上建设的课程资源网站。课程网站提供了与课程相关的丰富教学资源,包括直接的课程内容教学资源、课程管理教学资源(课程教学大纲、教案、课件、练习、习题、参考资料等)。课程网站包括由教师个人建设的课程网站和由学校、教育管理机构、教育培训机构等单位建设的网站。许多课程网站拥有自己的网络教学平台,网络教学平台提供课程建设的模板、工具以及课程教学的工具和课程管理的工具。

6 电子图书馆(数据库)

电子图书馆是以电子形式储存、检索文献信息,从而为公众提供服务的图书馆。电子图书馆主要收藏电子出版物,这种出版物是利用大容量电子存储技术生成的,和印刷型出版物不同,它不用纸张为载体,体积很小,价格低廉,信息存取方便。读者只能通过计算机或终端来使用这些电子出版物,如通过显示屏幕来阅读一次文献、二次文献、三次文献和视频数据等。电子图书馆除了本身馆藏的电子出版物外,还可以通过计算机网络使用其他图书馆和信息检索服务系统的电子出版物,图书馆已由个体的概念转化为群体的概念。学校的电子图书馆通常都拥有丰富的各类图书、参考文献、教学案例数据库资源。

三、信息化教学环境与资源的教学应用

应用案例1 希沃白板

希沃白板是一款由广州视睿电子科技有限公司研发的希沃(Seewo)品牌下针对信息化教学而设计的互动教学平台,支持PC、Web、Android、iOS、Harmony OS等应用环境。希沃白板以生成式教学理念为核心,能提供云课件、学科工具、教学资源等备课与授课功能。

【云课件】在希沃白板中创作的课件,均存储在云端,方便教师对课件的实时存储和调用。

【时间胶囊】时间胶囊是对教学过程的常态化记录和回溯,是对当下“微课”的一次技术革新,不需任何环境部署,一键即可帮老师记录下教学过程,同时,时间胶囊的传播、存储成

本不到“传统微课视频”的 1/10。登录希沃白板→开始授课→录音，即可录制时间胶囊；登录希沃信鸽→教师个人空间→教学→教学时间胶囊，即可查看时间胶囊。

【课堂活动】课堂活动是以游戏化的方式呈现知识点的。希沃白板提供 5 类课堂活动：趣味分类、超级分类、选词填空、知识配对、分组竞争。

【思维导图】希沃白板的思维导图类型包括逻辑图、鱼骨图、组织架构图，通过知识点的结构化表达，进而让学习过程变得可视化，有助于提升学生的学习效果。

【学科资源】希沃白板提供了覆盖大部分学科学段的备、授课工具，具体包括：汉字、拼音、古诗词、几何、函数、公式、英汉词典、化学方程式、星球、乐器等专属学科工具。语文古诗文资源覆盖小学、初中、高中必修部分，本功能向老师们提供了有声朗读、原文翻译以及作者百科。超过 2 100 个视频课程资源，涵盖完整的小学、初中、高中学段，满足教师备、授课及教辅的全面需求。超过 30 万道题的精选题库可细致定位章节知识点，通过题库随时在线搜索题目。仿真实验资源涵盖初高中物理学科，实验种类包括电学、力学、电磁学、光学、热学共计超过 300 种实验模板。实验器材任意组装，自由设置参数，能够实现上万种物理实验的操作和演示。针对中小学数学开发的数学画板可自由改变参数值，更直观地展示勾股定理、动点连续变化、数形结合等抽象问题，帮助学生快速理解。

【远程教学】教师通过希沃白板账号即可直接链接远程课堂，进行自由排课选课。线上高品质实时直播课堂，结合交互式互动课件，有效支撑老师的协作教研、满足教育资源均衡的需求。

【移动授课】使用希沃白板 APP 结合希沃白板电脑端，便可以实现移动授课。

【翻页批注】在移动授课过程中，可通过手机端的翻页按钮对电脑端课件进行翻页操作，同时也可使用【批注】按钮在手机上对课件进行批注，实时同步到大屏课件上。

【投屏】在移动授课过程中，支持对手机屏幕进行投屏，实时将手机屏幕同步到大屏幕上。

应用案例 2　超星慕课

超星慕课是一个 MOOC 网站，提供 MOOC 课程的建设和发布以及学习空间。

注册成为超星慕课用户后登录系统［注册的账号建议使用手机号或电子邮箱（图 2-1-1）］，显示系统首页（图 2-1-2），在其左侧选择“课程”，显示“我教的课/我学的课”列表，可以点击“创建课程”，在弹出的页面中输入要创建的课程名称、教师、说明等信息，点击“下一步”按钮，出现设置课程封面页面，选择或上传作为课程封面的图片后，点击“保存”按钮，在其后弹出的页面中选择创建课程教学单元的方式（不自动生成课程单元，按周、课时数自动生成课程单元），进入课程内容编辑界面（图 2-1-3）。首先编辑课程单元目录，然后编辑每一单元的课时目录（图 2-1-4）。

用户登录

超星慕课 选择单位

****

••••••••••• 忘记密码?

4213 4213 看不清

登录

图 2-1-1　超星慕课平台登录界面

图 2-1-2　超星慕课平台用户首页

图 2-1-3 超星慕课平台课程编辑

图 2-1-4 超星慕课课程封面

应用案例 3 电子教材与多媒体课件

(1) 点击微信公众号“初中生学习方法”和“高中生学习方法”，回复“电子课本”即可获得全套各学科各版本的电子教材，并将其转到网盘中。

(2) 通过“第一 PPT”网站免费下载相关学科的多媒体课件。

在浏览器中搜索“第一 PPT”网站，从“PPT 课件下载”栏目找到相应学科的课件标题，如“地理课件”，在其网页列表中找到需要的对应教材版本及其学段、年级、学期，然后根据其教学单元选择相应的课件(一般会有多个课件)，在课件页面找到“下载地址”，然后点击按钮“点击进入第一 PPT 素材下载页面”，在打开的页面中选择“第一 PPT 素材下载(网通电信双线)”，即可下载该课件。

应用案例4　教案、学案、课程教学视频等教学资源

（1）注册并登录“国家智慧教育公共服务平台”的“国家中小学智慧教育平台”中的“课程教学”栏目，可在线观看所有课程的教学视频（视频课程，包括学习任务单和课后练习），在“课程教学”的“备课资源”中也可借鉴和学习课程教学的教学设计（教案）、课件（PDF版本）、学案、多媒体素材和作业等教学资源（图2–1–5）。

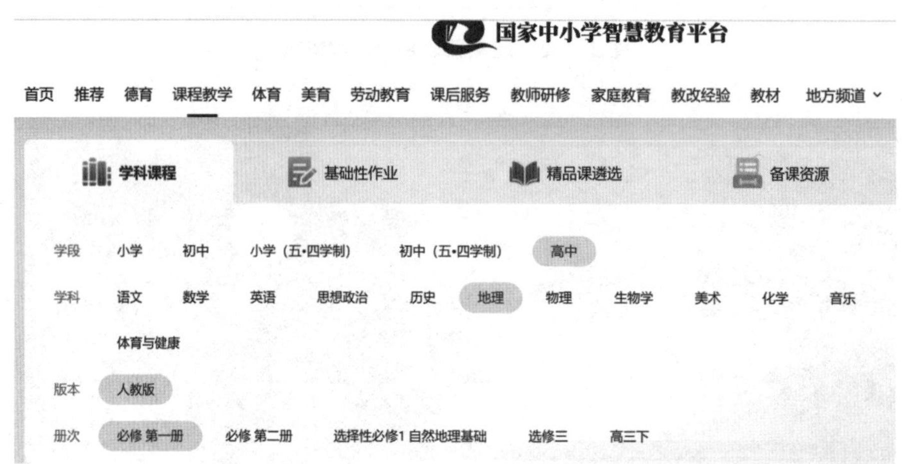

图2–1–5　国家中小学智慧教育平台网站“课程教学”栏目

（2）打开吾课网，微信扫码关注公众号后，可下载当前学期的多媒体课件（图2–1–6）。

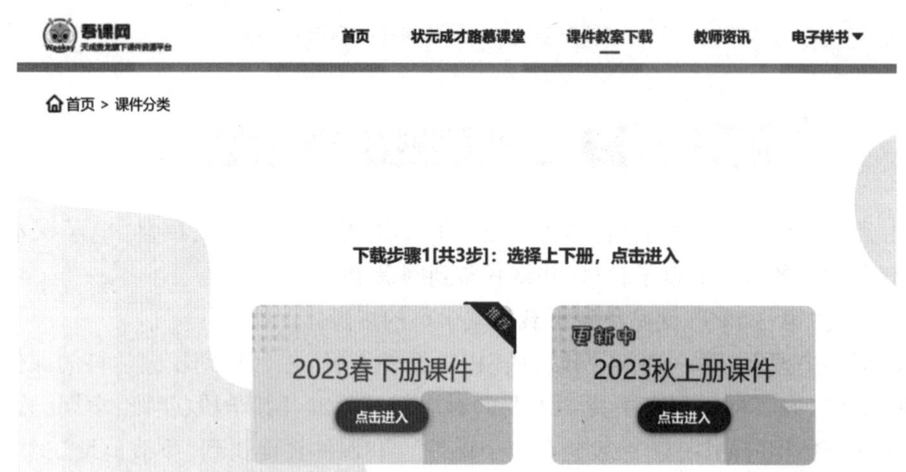

图2–1–6　吾课网的课件教案下载界面

（3）注册并打开深圳教育云资源平台（图2–1–7），从中免费下载教案、课件和教学视频资源。

图 2-1-7　深圳教育云资源平台

第二节　信息化教学模式与信息化教学设计

一、信息化教学模式

教学模式是在一定教学思想或教学理论指导下建立起来的较为稳定的教学活动结构框架和活动程序。信息化教学模式是在继承传统教学模式的基础上，在现代教育技术理论指导下对信息技术环境条件下新的教学模式探索与建构的过程。在信息化教学环境下，不仅是教学环境条件的变化，技术的进步也推动了教学观念、教学方法和教学方式的变化，教学活动的结构和活动的程序也会发生相应的变化。

信息化教学模式是指在现代教学理论、现代学习理论和现代教育技术理论指导下，以信息技术和信息化教学资源的应用为主要特征的教学活动结构和教学活动程序的集合。现代教学和学习理论以建构主义学习理论为代表，其学习环境包含情景、协作、会话和意义建构四个要素。信息化教学模式要求根据现代化教学环境中信息的传递方式和学生对知识信息加工的心理过程，充分利用现代教育技术手段的支持，调动尽可能多的教学媒体、信息资源，构建一个良好的学习环境，在教师的组织和指导下，充分发挥学生的主动性、积极性、创造性，使学生能够真正成为知识信息的主动建构者，达到良好的教学效果。

信息化的教学模式可以描述为：以学生为中心，以产出为导向，学习者在教师创设的信息化教学情景中利用信息化教学平台和信息化教学资源，并借助于信息化教学方法充分发挥自身的主动性和积极性，对当前所学的知识进行意义建构并用所学解决实际问题。

与传统教学相比，教师和学生在教学中的地位也发生了相应的变化。在信息化教学中,教师由知识的传授者、灌输者转变为学生主动获取信息的帮助者、促进者;学生由外部刺激的被动接受者和知识的灌输对象转变为信息加工的主体、知识意义的主动建构者。在信息化环境下,学生能够比较方便地获得过去需要教师讲解和传授的知识,教师的任务主要转变为教学情景的创设者,教学内容的加工、处理者,教学方法的设计者,教学过程的管理者,学生学习的指导者和帮助者,学习效果的评价者。

信息化教学模式的特点:①以信息技术为支撑,教学资源极为丰富,教学手段与方式更为方便、灵活、高效;②以建构主义教学理论为指导,以学生为中心,以产出导向为基本理念;③强调教学情景的创设与营造,强调教学过程中的交流与协作(合作学习,教学相长),注重教学效果的及时评价与反馈;④受时空限制小,教学形式多样化。

信息化教学模式:基于资源的主题教学模式、基于项目的教学模式、基于问题的教学模式、WebQuest 教学模式、基于网络协作学习的教学模式、基于案例学习的教学模式、情境化教学模式、基于概念地图的教学模式、基于电子学档的教学模式和基于多元智能的个性化教学模式。

主要的信息化教学模式:①多媒体教学模式;②网络教学模式;③线上线下混合教学模式。

1 多媒体教学模式

通常所说的多媒体教学是特指运用多媒体计算机并借助于预先制作的多媒体教学软件来开展的教学活动过程。它又可以称为计算机辅助教学(computer assisted instruction,即CAI)。多媒体教学通过计算机实现多种媒体组合,具有交互性、集成性、可控性等特点。与传统教学相比,多媒体教学具有明显的优势:

(1) 直观性和动态性。能突破视觉的限制,多角度地观察对象,并能够突出要点,有助于概念的理解和方法的掌握,有利于过程的演示和理解,能有效地突破教学难点。

(2) 多样性和集成性。提供多样的教学媒体形式,包括组合媒体形式,并能有机集成和应用,图文声像并茂,多角度调动学生的情绪、注意力和兴趣。

(3) 可重复性和交互性。教学媒体的呈现是可重复的,学生有更多的参与,学习更为主动,并通过创造反思的环境,有利于学生形成新的认知结构,有利于突破教学中的难点和克服遗忘。

(4) 实践性和探索性。通过多媒体教学系统可以构建模拟实验,实验实现了对普通实验的扩充,并通过对真实情景的再现和模拟,培养学生的探索、创造能力。

(5) 丰富性和高效性。能提供大容量的教学信息,提高了教学效率。

多媒体教学模式是目前使用较多的主流的信息化教学模式。该模式主要利用多媒体教室、多媒体机房等多媒体设施及其设备开展演示型教学或交互性教学。演示型教学主要是利用多媒体课件和教育信息载体开展的教学;交互性教学主要是利用交互电子白板及其相关教学资源开展的教学。目前,在原有演示型多媒体课件基础上加入交互性插件工具的教学平台也得到了一定的应用,演示性的信息化教学也逐渐向交互性的信息化教学转变。有些多媒体教学也可以利用一部分网络资源和网络技术开展教学。

2 网络教学模式

网络教学模式主要是指利用网络教学平台开展的教学。网络教学模式具有以下的特点：

(1) 网络教学资源的多样化和利用的高效化。互联网上不仅提供了丰富多样的教学资源，而且获取和应用也非常方便、高效和及时，这就为网络教学提供了丰富多样、方便应用的教学资源。师生通过联网的学校办公室、图书馆甚至在家中即可迅速地得到世界上最新、最全的教学媒体、参考资料，聆听名师、专家的授课，与专家学者交流研讨。

(2) 网络教学方法的多元化。在网络信息技术支持下的网络教学可以采用多元化的教学方法：①协作讨论法。网络教学不但保证了教学双方随时、随地的学习与交流，而且还实现了学生与学生之间的交互协作，从而使他们通过对某一问题的共同讨论、取长补短，最终实现全面的认识。教师则主要在学生讨论交流的基础上，对一些难点或不同观点进行重点讲解、启发和答疑，指导学生得出正确的结论。②模拟教学法。由于网络教学中应用了大量的虚拟现实技术，能够将教学中抽象的原理等难以表达的过程生动形象地再现出来，使得枯燥乏味的知识同有意义的实例相结合，方便了学生将所学的知识运用于实际生活中。③情境教学法。网络教学将图、文、声、画等技术融为一体的特点，为学生创造了生动形象的教学气氛，激发了学习兴趣与热情，使学生的思维、情感和行为融合起来，起到了潜移默化的作用。④自主学习法。由于网络教学是建立在学生主动参与、自主控制基础上的一种教学关系，因此它为学生创造性地提供了多途径、多方式学习知识的开放式教学环境。

(3) 网络教学表达方式的多样化。网络提供文本与超文本、具体与抽象的知识和信息，通过模拟与虚拟等技术手段表达与真实情况相一致或利用现实条件所无法表达的事实与经验，并通过多媒体以非线性方式进行揭示与传递，从而发展了创造性思维，培养了创新能力。

(4) 网络教学范围的扩大化。可以借助网络社交软件工具，如电子邮件(Email)、QQ群、微信群、网络会议等一系列双向信息交流工具，随时与同行或同学进行讨论交流，不仅速度快，而且费用低廉，完全打破了空间和时间的障碍。

(5) 网络教学方式的丰富化。传统的课堂班级式教学，是集体化的教学方式，无法适应人的个性和特点，学生始终处于被动的学习环境中。网络教学方式则是集体化和个体化二者的有机结合。利用网络学生可参加各种类型的专题讨论组，对感兴趣的问题进行自由讨论和发言，发挥各自的特点，相互争论，相互帮助，相互提示或进行分工合作，最终通过讨论得到一致的答案，这就使得课堂学习、小组讨论和协作学习等教学方式更好地发挥作用。

(6) 网络教学手段的现代化。开展网络教学，充分使用网络技术、多媒体技术及计算机技术等现代信息技术是基础，因而网络教学在吸收与克服传统教学手段诸如幻灯、投影等媒体长处与不足的同时，将现代诸多媒体特点融为一体，有效地利用各种媒体手段，确保了教学手段的现代化。

(7) 网络教学环境的个性化。网络环境的多样性，为个性化教学提供了广泛的发展空间，教学双方可根据自己的需要进行教和学，从而使个性化教育成为可能。

现阶段的网络教学包括利用各种网络平台的实时在线教学和非实时的在线学习等模式。实时在线教学就是通过网络将不同地点的教师和学生聚集在网络空间里开展的实时教学活动,这是目前比较主流的网络教学模式,如通过腾讯会议开展的在线教学。非实时的在线教学模式主要是通过网络教学平台提供的网络教学资源和学习工具等开展的教学,教师和学生并不要求同时在线,如 MOOC 课程教学模式、精品视频公开课在线教学模式。MOOC 是大规模在线开放式网络课程(massive open online courses)的缩写和简称。2012 年,美国的 Coursera、edX 和 Udacity 三大 MOOC 平台推出后,世界各国也纷纷推出了自己的 MOOC 平台,例如中国的学堂在线、网易公开课、超星慕课等。

3 线上线下混合教学模式

混合式教学是将在线教学和传统教学的优势结合起来的一种"线上"+"线下"混合的教学。国内最早正式倡导混合式教学模式的是北京师范大学的何克抗教授。他认为,混合式教学模式把传统教学方式的优势和网络化教学的优势结合起来,既发挥教师引导、启发、监控教学过程的主导作用,又充分体现学生作为学习过程主体的主动性、积极性与创造性。通过两种教学组织形式的有机结合,可以把学习者的学习由浅到深地引向深度学习。开展混合教学的最终目的不是去使用在线平台,不是去建设数字化的教学资源,也不是去开展花样翻新的教学活动,而是有效提升绝大部分学生学习的深度。

"混合式"教学,具有如下几个方面的特征。①这种教学从外在表现形式上是采用"线上"和"线下"两种途径开展教学的。②"线上"的教学不是整个教学活动的辅助或者锦上添花,而是教学的必备活动。③"线下"的教学不是传统课堂教学活动的照搬,而是基于"线上"的前期学习成果而开展的更加深入的教学活动。④这种"混合"是狭义的混合,特指"线上"+"线下",不涉及教学理论、教学策略、教学方法、教学组织形式等其他内容,因为教学本身都是具有广义的"混合"特征的。⑤混合式教学改革没有统一的模式,但是有统一的追求,那就是要充分发挥"线上"和"线下"两种教学的优势改造我们的传统教学,改变我们在课堂教学过程中过分使用讲授方式而导致学生学习主动性不高、认知参与度不足、不同学生的学习结果差异过大等问题。⑥混合式教学改革一定会重构传统课堂教学,因为这种教学把传统教学的时间和空间都进行了扩展,"教"和"学"不一定都要在同一时间同一地点发生,在线教学平台的核心价值就是拓展了教和学的时间和空间。

线上线下混合教学模式有以下几种具体形式。

(1) 互补型模式。线上教学以知识技能学习为主,线下开展互动活动、问题解决等。互补型模式体现了线上和线下不同培养目标和教学内容的互补。这种模式下,教师可以提前准备好自己录制的相关知识技能讲解的微视频、学习资源,让学生利用课前观看、学习、练习,课堂上主要组织学生运用相关内容进行互动合作、交流展示、动手实践、项目任务等学习活动,培养学生问题解决、合作交流等能力品格。互补型模式既保证了知识技能讲解的精准性,又保证了学习活动的充分性、深入性和有效性,充分发挥了线上和线下各自的独特优势,更加有助于促进教育质量的全面提升,实现"五育并举"。当然,这种模式对学生的自学能力,对教师制作或选择优质视频资源、组织线下高质量学习活动能力的要求很高。

(2) 翻转型模式。翻转课堂(Flipped Classroom)是一种先学后教的教学模式,即学生先在网上学习教师预先录制或指定的视频资料或网络课程(MOOC),获得初步知识,再在课堂上与教师就不懂的问题或有疑惑的问题进行研讨,旨在最大限度地提高学生自主学习的积极性和学习效果。其基本思路是:把传统的学习过程翻转过来,让学习者在课外时间完成针对知识点和概念的自主学习,课堂则变成教师与学生之间互动的场所,主要用于解答疑惑、汇报讨论,从而达到更好的教学效果。线上提供各种学习资源,让学生进行自学,线下进行个别化辅导。翻转型模式实际上体现了"先学后教"的思想,这种模式建议教师提前准备好各种学习资源,这些学习资源不仅仅指向知识技能的学习,也包括各种项目任务的完成等,这些先依靠学生自主学习完成相应的任务,教师根据学生完成情况和进度,线下进行一对一的诊断和指导。翻转型模式下,教师线上设计的学习资源要非常丰富,体现各种教育目标。这种模式可以充分发挥一对一指导学习的针对性、反馈及时等优势,但对教师各类线上学习资源准备、评价诊断和个别化辅导能力要求非常高。

(3) 合作型模式。线上为相关内容配备最优秀教师,线下教师进行指导评价。合作型模式实际体现了不同教师能力之间的互补,发挥每位教师最擅长的优势。比如同样是物理老师,有些特别擅长力学,有些特别擅长电学,有些特别擅长物理实验,有些特别擅长讲评课,有些特别擅长复习课……那么一个区域或者一所学校就可以根据每位教师擅长的领域,请他们在教研团队的指导下,预先拍摄准备好的相关学习内容,供区域或本校所有学生在线学习。不承担相关内容视频拍摄任务的教师就可以一边学习在线视频或资源,一边在擅长某一领域的教师的指导下督促、指导本班学生完成其他不适合线上学习的学习任务,同时做好评价诊断、个别化辅导等工作。显然合作型模式几乎兼具了互补型模式、翻转型模式的优势,不仅可以充分发挥每一个教师的所长,而且还可以发挥线上和线下的独特优势,取得 1+1>2 的效果。

二、信息化教学设计

信息化教学是在信息化环境中将信息资源、信息方法和信息技术整合到教学之中的教学。信息化教学设计就是研究在现有信息技术条件下,如何创设有效的信息化教学环境,运用信息化教学方法将信息技术和信息资源整合到教学各个环节之中,发挥信息技术的优势,优化教学过程,促进教学目标达成的方案。

信息化教学设计是由上海师范大学黎加厚教授提出的。所谓信息化教学设计就是运用系统方法,以学为中心,充分利用现代信息技术和信息资源,科学地安排教学过程的各个环节和要素,以实现教学过程的优化。应用信息技术构建信息化环境,获取、利用信息资源,支持学生的自主探究学习,培养学生的信息素养,提高学生的学习兴趣,从而优化教学效果。

教学设计主要环节包括:学习需要分析、学习内容分析、学习者分析、学习环境分析、确定学习目标、设计教学策略、选择教学媒体或资源和学习效果评价。信息化教学设计主要环节包括:单元教学目标分析、教学任务与问题设计、信息资源查找与设计、教学过程设计、学生作品范例设计、评价量规设计、单元实施方案设计和评价修改。

1 信息化教学设计与传统教学设计的区别

(1) 教学内容的不同。虽然教材没有改变,但传统的教学内容就只是单纯的课本知识。利用了信息手段后,可对教材进行加工。利用多媒体技术将过去静态的、二维的教材转变为由声音、文字、动画、图像构成的动态的、三维甚至四维教材。网络教学的运用,又将教学内容从书本扩展到社会的方方面面。这样,丰富和扩展了书本的知识,学生在规定的教学时间内可以学得更多、更快、更好。(2) 教学过程的不同。在传统的教学设计下,教学过程基本上就是老师讲,学生听。整个课堂由教师主导,学生很少或没有自己思考的时间,学生只是被动地接受。在信息化教学设计中,教学过程由传统的知识归纳、逻辑演绎式的讲解式教学过程转变为创设情境、协作学习、自主学习、讨论学习等新的教学过程。课堂真正由学生主导,给了学生更多的学习机会。(3) 学生学习方式的不同。在信息化的教学设计中,学生由被动地接受知识,转变为主动地学习知识,通过信息技术,利用各种学习资源,去主动建构知识。学生不仅要学习知识,还要掌握"如何学"的能力。学生必须有独立学习能力、创造能力、创新能力、自主学习能力、自我管理能力、协作能力、协调能力等。学生将成为知识的探索者和学习过程中真正的认知主体。而在传统的教学设计中,学生只是忠实的听众,缺少发挥自己主动性学习的机会。(4) 教师角色的不同。在信息化教学设计中,教师由传统的知识讲解者、传递者、灌输者变成了学生学习的指导者、帮助者、促进者。教师不再是唯一的知识源,教师不能再把传递知识作为自己的主要任务和目的,而是要把精力放在如何教学生"学"的方法上,为建构学生的知识体系创设有利的情境,使学生"学会学习"。教师指导学生懂得"从哪里"和"怎么样"获取自己所需要的知识,掌握获得知识的工具和根据认识的需要处理信息的方法。

信息化教学设计是信息化环境下的教学设计,需要运用系统方法,以学生为中心,充分、合理地利用现代信息技术和信息资源,对教学目标、教学内容、教学方法、教学策略、教学评价等教学环节进行具体策划,创设教学系统的过程或程序,以更好地促进学习者的学习。

信息化教学设计是指对信息化环境中的教学活动所进行的设计。与传统的教学设计相比,信息化教学设计更加重视学习者的主体作用,通过自主学习——基于资源的、协作(合作)的、研究(探究)的、问题解决的方式,充分利用信息技术和信息资源,科学地安排教学过程中的各个要素,为学习者提供良好的信息化条件,以促进教学绩效的提高。

信息化教学设计充分应用现代信息技术和信息资源,为学习者提供良好的信息化学习条件,以实现教学过程最优化。与传统的教学设计相比,信息化教学设计注重教学资源环境的设计,注重"自主、探究、合作"学习方式的设计,注重问题的设计。它所构建的是一种真正非线性的、开放的、自由的、信息化的教学设计。

在信息化教学设计中要充分认识信息技术在教学中应用的层次性。合理和有效地应用信息技术和信息资源。

(1) 信息技术作为演示工具:这是信息技术用于学科教学的最初表现形式,是信息技术和课程整合的最低层次,目前大多数高等教育都采用这种方式。

(2) 信息技术作为交流工具:是指将信息技术以辅助教学交流的方式引入教学,主要完成师生之间情感与信息交流的作用。教师可根据教学的需要或学生的兴趣,开设一些讨论专题或聊天室,并赋予学生自由开辟专题和聊天室的权利,使他们在课后有机会对课程的形式、教师的优缺点、无法解决的问题等进行充分的交流。另外,教师和学生还可以通过这些通信工具与外界交流,获取知识。

(3) 信息技术作为个别辅导工具:目前有大量的练习型软件和计算机辅助测验软件,让学生在练习和测验中巩固所学的知识,决定下一步学习的方向,实现了个别辅导式教学。个别辅导中计算机软件实现了教师职能的部分代替,如出题、评定等,因此,教学行为对技术有较强的依赖性。此外,它还能在一定程度上注意学生的个体差异,提高学生学习的投入度。

(4) 信息技术提供资源环境:用信息技术提供资源环境就是要突破"书本是知识主要来源"的限制,用各种相关资源来丰富封闭的、孤立的课堂教学,极大扩充教学知识量,使学生不再只是学习课本上的内容,而是能开阔思路,了解到百家思想。

(5) 作为情境探究和发现学习工具:一定的社会行为总是伴随行为发生所依赖的情境。如果要求学习者理解这种社会行为,最好的方法是创设同样的情境,让学生具有真实的情境体验,在特定的情境中理解事物本身。根据一定的课程学习内容,利用工具将需要呈现的课程学习内容以多媒体、超文本、友好交互等方式进行集成、加工处理,转化为数字化学习资源,根据教学的需要,创设一定的情境,并让学习者在这些情境中进行探究、发现,有助于加强学习者对学习内容的理解和学习能力的提高。

(6) 信息技术作为信息加工与知识构建工具:主要培养学生的信息加工、信息分析能力和思维的流畅表达能力,强调学生在对大量信息进行快速提取的过程中,对信息进行重整、加工和再应用。将信息技术作为知识构建工具可达到对大量知识的内化,在内化的过程中还可以开展通信和交流,提高学生在信息技术环境下的思考、表达和信息交流能力,以及对信息的应用能力。

(7) 信息技术作为协作工具:计算机网络技术为信息技术与课程整合、实现协作式学习提供了良好的技术基础和支持环境。计算机网络环境大大扩充了协作的范围,减少了协作的非必要性精力的支出,学生可以借助网络通信工具,实现相互之间的交流,参加各种类型的对话、协商、讨论活动,培养独立思考、求异思维、创新能力和团队合作精神。基本的协作模式有四种:竞争、协同、伙伴和角色扮演。不同类型的协作学习对技术的要求程度不同。

(8) 信息技术作为研发工具:虽然我们强调对学生进行信息加工、处理以及协作能力的培养,但最重要的还是要培养学生的探索能力、自己发现问题和解决问题的能力,以及创造性思维能力,这才是教育的最终目标。在实现这种目标的教学过程中,信息技术扮演着"研发工具"的角色。

2 信息化教学设计的主要特点

(1) 信息化教学设计注重培养学生的创新精神和实践能力。信息化教学设计的理论基础是建构主义和人本主义学习理论,明确"以学生为主体""以学为中心",充分利用各种信息资源(尤其是网络上的全球信息资源)来支持学生的"学"。

(2) 信息化教学设计不限于课堂教学形式和学科知识系统,而是将教学目标组合成新的教学活动单元,以"问题驱动""问题解决"作为学习与研究活动的主线,以学为中心,倡导三种新型学习模式:探究式学习、资源型学习和协作化学习;注重培养学生的三种能力:信息能力、批判性思考能力和问题解决与创新能力;把学生对知识的意义建构作为整个学习过程的评价标准。

(3) 信息化教学设计要求教师转变自己的角色:教师的教学设计和教学任务要基于学生学习的水平,对教学目标、课程标准、教学资源、活动过程、评价量规、个别指导等进行设计和组织实施,而不是教师才华的表演和知识的广播,教师还要不断更新、拓展自己的知识和见识。

(4) 信息化教学设计要求教师和学生都要具备相应的信息意识和素养,掌握好一定的信息技术。

(5) 信息化教学设计是多媒体组合教学设计的拓展,信息化教学设计包含多媒体组合教学设计,二者不是对立关系而是包容关系。因为信息化环境本身就包含了多种媒体及其优化组合,此外随着科技的发展,人工智能技术也逐渐成为信息化教学环境不可缺少的一部分,信息化教学环境肯定包含教学传递的成分,只不过,在学习环境中这些教学传递活动的启动者和控制者不再是教师而是学生自己。

基于上述特点,信息化教学设计要求:

(1) 强调以"学习者"为中心。信息化教学设计的关键理论基础是建构主义学习理论。信息化教学设计的主要任务是运用信息技术,提供丰富的信息资源,创建一个以学生为中心的开放式的学习环境,让学生在这样的环境中进行建构性的学习,在这种情况下学生是学习活动的主体。信息化教学设计尊重每个学生的个体差异性,强调学生进行自主设计式的学习,不同学生可以根据自己的兴趣和能力,选择适合自己的学习内容和学习方式,在相应时间和空间里进行同质的学习,以达到最好的学习效果。

(2) 基于开放的教学模式和教学环境。进行信息化教学设计时,要采用开放的系统思维方式,基于开放的教学模式和教学环境,思考整个教学过程,以克服传统教学设计相对封闭、线性思维的特征,让学生在开放的学习环境下,按照自己的学习需求,利用丰富的信息资源进行自主化的学习,探索和解决问题,改变以往封闭、被动、填鸭式的教学方式。

(3) 以问题、任务为驱动。问题或任务是学习目标的情境化体现,教师要以教学课程的大概念为背景,围绕一个完整的问题或任务设计、安排教学,让学生成为问题(任务)情境中的角色,促使学生学习相关的知识,激发学生创新思考,以培养学生解决问题和完成任务的能力。

(4) 反馈调节与学习评价的及时性。信息化教学设计要求对教学过程实施迅速、及时

的评价。教师根据收集到的“实时”信息,对学生的学习做出迅速的评价和反馈,学生通过反馈结果及时了解自己的学习情况并做出相应的学习策略调整,以达到对学习过程的监控和调节。同时,通过采用网络化教学评价系统,可促使学生养成自我反思和自我评价的良好习惯,提高学生学习评价和反馈调节的效率。

(5) 要求师生具备相应的信息化素养。信息化教学设计就是要充分利用信息技术和信息资源进行基于任务、基于合作、基于研究的学习。这就要求师生必须具备一定的信息技术素养,否则就会在“信息的海洋”中迷失。只有当师生的信息技术素养达到相应的水平,才能保证信息化教学设计被广泛应用且富有成效。

3 信息化教学设计的基本原则

(1) 强调“协作学习”,其中包括学生之间、师生之间的协作,也包括教师间的协作,如实施跨学科、跨年级的基于资源的学习等。

(2) 充分利用各种信息资源来支持学习。

(3) 以学为中心,注重学习者学习能力的培养,教师作为学习的促进者,要监控、引导、评价学习进程。

(4) 以“任务驱动”和“问题解决”作为研究和学习活动的主线,在相关的具体意义情境中,确定和教授学习策略与技能。

(5) 强调针对学习过程与资源的评价。

基于上述原则,信息化教学设计须做到以下几个方面:

(1) 教师熟悉现有的信息化教学环境,能够充分利用现有信息技术条件营造与教学目标、教学内容和教学对象相适应的教学情境,提供丰富和优秀的信息化教学资源、信息化学习工具,促进学生应用信息技术手段和信息化方法,开展自主学习、合作学习和解决问题。

(2) 充分利用各种信息资源和信息化工具(硬件和信息化教学平台)来支持教师的教和学生的学。信息化教学资源要根据教学的需要进行一定的筛选、优化、评估、整合,通常需要制作多媒体课件、微课等。教师和学生要适应信息化工具(硬件和教学平台)通常需要经过一定的培训和指导,掌握使用的基本方法和技巧。

(3) 充分重视教学环境的营造和情境的创设。要充分利用信息技术的优势,营造出利于学生学习的较为真实的教学环境和氛围,借助信息技术创设教学情境,以多媒体技术、虚拟现实技术等形成指向明确、引人入胜的视觉和听觉环境,提升学习者的兴趣,促进学生产生与教学内容和主题相关的积极思维和联想。

(4) 重视信息技术条件下教学方式和教学方法的转变,充分利用多媒体的交互性,促进教学过程中的师生交互、学生与计算机的交互。坚持以学为中心,注重学习者学习能力的培养。

(5) 以“任务驱动”和“问题解决”作为学习和研究活动的主线,在相关的有具体意义的情境中确定和教授学习策略与技能。教学活动的组织与展开通常可以围绕某一问题或主题(知识点),这些内容通常来自现实学习和生活中的一些具体事例。学习活动具有明确的任务性、目的性,学生知道为什么而做,教师工作的重点须放在如何有效地引导学生方面。

学生通过对问题和主题的主动探索活动,体验学习的快乐,培养学习兴趣。鼓励合作学习。

(6) 重视合作学习,注重“协作学习”和“同伴学习”。在设计中,让学生以小组或其他协作形式展开学习,在学习过程中互相帮助,共同完成某一项任务和目标,实现“问题解决”。每个学习者在中间承担一定的任务,担当一定的角色,学习活动过程成为“学习者身份和意义的双重建构”。学生之间相互协作,共享他人的知识和背景,共同实现组织目标。

(7) 强调针对学习过程和学习资源的评价。信息化教学设计是一个连续的、动态的过程,在学习过程中,教师通过不断的研究和质量评估,收集数据,使用过程性评价达到改进设计的目的。同时,由于信息化学习资源种类繁多,为了有效地利用信息化学习资源,也必须对资源进行优化选择。

4 信息化教学设计需要解决的主要问题

(1) 本节课(或知识点)的教学为什么要采用信息技术?(明确使用的目的和意义)

(2) 现有的信息技术条件如何?在具体教学过程中需要采用哪些可行的信息技术?信息技术如何与学科教学内容进行整合?(设计应用方法:具体教学内容及其技术应用细节——用什么技术实现)

(3) 本节课的教学有哪些信息化教学资源?信息化教学资源如何选择和应用?

(4) 采用信息化教学方法实现了哪些教学效果(总结和反思信息化教学的效果、优势和不足)?

5 信息化教学设计的核心

将信息技术合理地融入专业课的教学中,围绕教学内容恰当地、合理地选择教学媒体、资源、技术。精心设计教学内容,注重信息技术及数字资源的整合运用,解决重、难点问题,完成特定的教学任务,达到帮助学生理解知识和掌握技能,实现教学效果的最优化。

6 信息化教学设计的基本架构

(1) 课前引导预习的设计要求:①教师分析教学内容,完成助学资料的创作。②选择最方便的沟通渠道,发布预习资料。③针对学生、教学方法、教学内容来制定教学策略。④设计问题,引导学生完成思考,明确教学目标。⑤分析学生提问,找出共性的问题。⑥解决学生的提问。

(2) 课初通过课堂任务的下达,引导学生了解教学目标的设计要求:①结合预习中的共性问题,展示教师解答。②布置学习内容,通过信息化手段分发教学资料。③充分利用多媒体信息化教学手段,直观、快速展示说明问题。

(3) 课中控制节奏,实施教学设计方案,设计合理情境,让学生参与:①对课堂任务完成规划分析(教师工作)。②课堂任务实施,教师给出引导、辅助,强调学生主体。③教师及时发现学习问题,分析给出解决方案。

(4) 课尾开展任务评估,利用10分钟左右的时间,完成课上的任务评价:①学生的自我评价环节。②学生相互评价。③教师给出总结性评价(选择发表意见的学生,有目的性

给出)。

(5) 课后进行拓展:①通过完成作业进行能力拓展。②利用沟通互动渠道,讨论学习成果的应用,找出新问题。反思:①教师自我反思教学课程。②学生总结反思学习成果。

信息化环境下的教学设计,就是运用系统方法,以学生为中心,充分、合理地利用现代信息技术和信息资源,对教学目标、教学内容、教学方法、教学策略、教学评价等教学环节进行具体策划,创设教学系统的过程或程序,以更好地促进学习者的学习。

7 信息化教学设计的主要内容

(1) 教学目标。教学目标是衡量教学质量的尺度,明确具体的教学目标对教、学双方都有积极的促进作用。制订教学目标要根据教学内容的课程标准和教学改革的要求,从培育学生核心素养出发,促进学生全面发展。

(2) 教学模式。教学模式并不是固定的,根据不同课程的教学特点和教师的教学风格,可以采用不同的教学模式。信息化教学的常用模式有:

① 多媒体教学模式。这种模式下教师使用多媒体课件,利用计算机、投影等设备辅助其课堂教学,该模式适用于理论讲授、专题讲座等,有利于充分发挥教师的主导作用。

② 网络教室模式。这种模式通过网络形成一个教学交互系统,除具备大屏幕投影外,教、学人员都应有一台计算机,该模式适用于有交互操作的教学内容,在计算机操作和网络化模拟操作中应用较多。

③ 网上自主学习模式。这种模式下,学生利用网络信息资源(如:多媒体课件、网络课程等)进行自主学习,是信息化环境下课堂教学的延伸与拓展,该模式主要适用于课堂教学的巩固与提高,前提是具有丰富的教学资源和相应的教学环境。

④ 网上协作学习模式。这种模式通过网络实现学生与计算机、教师与学生、学生与学生之间的协作和交互,该模式既发挥了教师的主导作用,又体现了学生的主体作用,可调动教、学两个方面的积极性,获得良好的教学效果,但必须有相应的网络教学平台作支撑。

⑤ 研究性学习模式。采用这种模式时,教师提出问题,同时提供大量的网络资源或其他信息资源,让学生充分利用这些资源进行研究并得出相应的结论,该模式注重培养学生的探索和研究能力,可充分激发学生的学习兴趣。

(3) 教学媒体与资源。选择教学媒体,设计教学资源是教学设计的重要环节,教学情境的创设、教学内容的展示、助教和助学活动的开展等都需要通过教学媒体与资源来实现。

教学媒体的选择,就是根据教学内容和教学目标,选择储存和体现教学信息的载体。媒体直接介入教学活动过程,用来传递教学信息,可使学习者的感官受到最直接的刺激。媒体在教学中的作用主要是呈现事实、创设情境、提供示范、解析原理等。

(4) 助教型教学资源的设计。目前,在教学中,助教型教学资源的应用主要形式是电子讲稿。它是传统板书教学的补充与拓展,使用得当有利于增强教学内容的感染力和表现力,增加教学的信息量,激发学生的学习兴趣,提高教学效果和质量。

(5) 助学型教学资源的设计。助学型教学资源是为适应学生自主学习和协作学习需要而设计的,它是助教型教学资源的补充与完善,它的主要形式是多媒体课件。设计助学型教学资源时，必须突出自主学习功能，以解决某一特定问题为主要目标，选择那些适于多媒体表现的内容，采用模块化结构，将教学资源设计成学生自主学习的导航器，并使其具有良好的交互性及人性化的界面。

(6) 互动教学活动。互动式教学是指教师和学生在教学中为了达到一定的目标，相互影响、相互作用、共同推动教学的过程。现代教育理论倡导学生与学生之间的互动，媒体与学生之间的互动，更强调教师与学生之间的互动。教与学是紧密联系的两个方面，教学工作只有当教师与学生共同参与，形成双向信息交流与互动时，才能取得良好的效果。通常可采用的互动教学活动有教学对话、分组讨论、角色扮演等。

(7) 教学评价。教学评价是教学过程的重要组成部分，它以教学目标为依据，采取科学的评价标准，运用有效的技术手段，对教学活动的过程及其结果进行测量，并给予价值判断。教学评价应贯穿于教学活动的始终，利用教学评价系统，采用多元化的评价方法（如学生自评、学生互评、教师互评等）进行评价，以便为教学提供及时的反馈信息，让教师随时了解教学开展的情况并及时调整教学方法与策略。

8 信息化教学设计的评价标准

(1) 是否有利于提高学生的学习效果。①学习目标是否明确，表达是否清楚。②是否所有学习目标都符合相关的教学大纲要求。③教学设计中是否考虑到学生的个体差异，以适合不同的学习者。④教学设计是否能激发学生的兴趣，符合学生的年龄特征，并有利于学生的学习及高级思维能力的培养，是否有利于学生在信息处理能力方面的培养。

(2) 信息技术与教学的整合是否合理。①技术的应用与学生的学习之间是否有明显的关联。②技术是否是使教学计划成功的必不可少的一部分。把计算机作为研究、发布和交流的工具是否有助于教学计划的实施。

(3) 教学计划的实施是否简单易行。①教学计划是否可以根据具体教学情况的差异很容易地进行修改，以便应用到不同的班级。②教师是否可以比较轻松地应用教学计划中所涉及的技术，并获得相应的软硬件支持。

(4) 是否能够有效评价学生的学习。教学设计中是否包括一些评价工具，用于合乎实际的评价和评估。

混合式教学的教学设计

1. 信息化教学设计的主要环节

混合式教学的信息化教学设计一般包括前期分析、设计、实施和评估四个环节。

2. 信息化教学设计的工作流程

(1) 梳理知识点：打破章节界限，将逻辑相关的知识点进行整合，然后根据前序和后续课程的关系，明确学生要掌握的知识点。

(2) 确定网络学时：分清以教师讲授为主的知识点和以学生自主学习为主的知识点，并根据以学生自主学习为主的知识点的难易程度和数量设置网络学时。

(3) 编写教学目标:编写知识点的教学目标,明确知识的类别和认知过程要求。

(4) 编写测评方式:根据知识类别和认知过程要求,编写能够检验学生是否达到教学目标的测评方式。

(5) 拟定教学策略,编排教学活动:根据教学目标和测评方式,选择恰当的教学媒体,采用恰当的教学方法,拟定恰当的教学策略,其中重点突出基于网络的线上教学和课堂教学两种方式的融合,并编排课堂教学活动的流程。

(6) 形成完整的教学方案:以教学设计为基础,参照学校提供的教学方案模板,最后形成以知识点为基本单元的详细的教学方案。

3. 信息化教学设计的基本要求

(1) 设计不同要素的整合与优化。在混合式教学模式中,学习环境、媒体、教师、教学策略、学生等一系列要素无疑是重要的,但更重要的是这些要素的合理整合,从而带给学生一个整体的学习体验,它是整个信息化教学设计中的核心部分。

第一,关于教学媒体方面,混合式教学与传统教学的核心区别之一就在于教学媒体选择和教学策略设计的不同,传统教学媒体的选择主要考虑如何更加有助于教师教学内容的呈现;而混合式教学中教学媒体的选择更多地偏重于哪些媒体形式能够更好地支持学生的学习。在传统课堂教学中,媒体是辅助教师教学的演示工具,而在混合式教学中,媒体的角色发生了转变。李克东教授指出,混合式学习的研究本质是对信息传递通道的研究,关键是对媒体的选择与组合,在混合式教学过程中,媒体更多的是一个信息获取的渠道而不只是工具。

第二,线上与线下学习的比例问题,应该如何合理控制“混合程度”才能使教学变得更有效也是需要思考的问题。有学者指出,MOOC 只能“教书”,不能“育人”,线上虽然可以做到师生、生生互动,但却无法达到师生面对面交流的效果,这也是线上教学无法完全取代传统课堂教学的一大原因。应该综合多方面的因素,选择合适的混合模式,合理分配比例,力求达到“最大化效益”。

(2) 设计完整的教师指导方案。首先,不同于以往的“备课”式教学,混合式教学内容并不都包括在课本当中,线上课程一般都需要学生提前预习。学生对基础知识点及相关概念自学后带着问题来进行线下的学习,这时学生对学习内容已有了自己的思考。教师的职责是引导学生进行小组合作与讨论,并及时答疑,因此相比而言,混合式教学中,教师需要下更多的功夫去钻研教学内容以应对学生的问题。在采用混合式教学模式之初,很多教师会发现,自己还未从以往根据 PPT 内容一气呵成的传统讲授模式中走出来,面对线下已自学过基础理论知识、带着不同疑问来上课的学生,教师常常因准备不充分而担心不能很好地解答学生的问题。其次,线上的课程一般要求学生在上课之前完成自主学习,因此教师在课程内容的选择上要有一定的把握,内容不仅要创新、足够吸引学生的兴趣,还要做到循序渐进,让学生有一个逐步接受的过渡过程,这样学生的学习才不至于半途而废。最后,教师应通过学生线上的学习情况等充分了解学生的基本情况和学习状况,不仅要做好线上的答疑及考核,还要兼顾线下课堂的指导与评价工作。因此,教师能力的不足或者心理准备不充分均会导致其无法稳步推进整个课程教学的进程。

(3) 设计有效的教学评价方案。由于教学形式的多样性,混合式教学模式的教学评价一直以来都是人们讨论的热点,近些年已探索出一些有效的评价方式。如在某些理工科课程教学中,课程结束时教师要求学生根据自己的理解编写该课程内容的逻辑关系图,学生既可以根据自己的理解与想法呈现结果,也可以与其他同学一起讨论完成,教师根据情况酌情打分。在知识点的整理过程中,学生不仅巩固了知识,而且还培养了自己的逻辑思维和整体意识,在与同学的交流过程中也培养了团队意识,教师的评价相对来说也更加公平,是一个一举多得的评价方法。此外,可建立助教团队做好在线平台的督学与答疑,并协助教师鼓励学生参与线下课堂讨论,以增强学习者的学习体验和学习效果。如一些人文社科类的课程,由主讲教师和助教共同完成,采用访谈或者问答的形式展开讲授内容,每个章节都会有相应的习题与讨论,助教参与讨论与答疑等。随着信息技术的不断发展,出现了由计算机提供支撑的一些评价系统。如哈尔滨工业大学研制的编程题考试自动评分系统,可以开展期中和期末的机上考试,不仅能够考查学生的程序运行结果,还能对过程中的一些错误进行分析并给出合理的评分,非常接近教师人工的评分结果。这与 Coursera 等采用单纯的在线测试,以及 Udacity 和 edX 采用在线测试与培训考试中心结合的方式有相似性,通过对学生学习过程数据的采集和分析,对学生的学习情况及时反馈评价意见,能真实地检验学生的学习效果。

线上线下混合式智慧教学案例

本案例选择超星泛雅在线教学平台中的“现代教育技术概论”“教育传播学”(理论为主的课程)以及“二维动画设计”和“教育技术专业实践”(实践为主的课程)为例。以“现代教育技术概论”课程为例说明 TS 教学模式(理论课程的替代性教学策略),以“二维动画设计”课程为例探索 PS 模式(实践课程的替代性教学策略),以“教育传播学”课程为例探索 TG 模式(理论课程的生成性教学策略),以“教育技术专业实践”课程为例探索 PG 模式(实践课程的生成性教学策略)。

1. 线上线下混合式智慧教学 TS 模式(理论课程的替代性教学策略)

“现代教育技术概论”课程是师范生公共必修课,主要是理论性教学内容,教材篇幅 24 万字,教学时间 12 学时,教学周期 6 周,每周 2 学时;有慕课可用。根据这些实际情况,为这门课程选择的教学策略是以替代性的为主。在线学习任务分配到 6 周,学生在线完成;智慧课堂教学开展 4 次,师生集中进行。线上线下混合式智慧教学 TS 模式可分课前、课中、课后三个阶段概括。课前:教师告知学生在线学习任务安排;学生在线浏览视频、完成测验、讨论留言;教师查看数据、研判学情、精准备课。课中:师生在智慧教室精讲精练、及时反馈、交流释疑。课后:学生完成作业、同伴互评,教师抽查。教学流程如图 2-2-1 所示。

对这门课程所包含的密集的理论性知识内容,本研究让学生首先通过浏览在线课程教学视频、完成在线作业、参与在线主题讨论的方式学习,在这个过程中学生出现的各种错误,教师在智慧课堂教学过程中有针对性地帮助解决,这是在混合式教学情境中线上线下综合应用替代性教学策略。

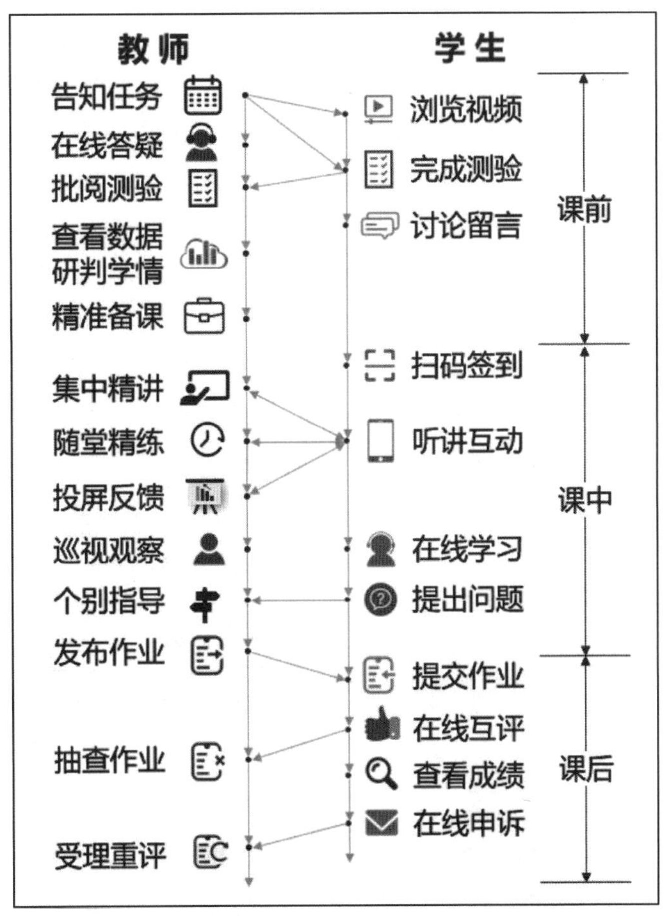

图 2-2-1　线上线下混合式智慧教学 TS 模式教学流程

在以替代性教学策略为主的教学活动中，作业是学生外化知识、应用知识的主要情境，也是教师检查学生是否掌握知识的重要方法。在以“现代教育技术概论”课程为例探索线上线下混合式智慧教学 TS 模式的过程中，教师在作业环节设置同伴互评方法：每名学生被在线教学平台随机分配批阅 3 名学生的作业，每名学生的作业被在线教学平台随机分配给 3 名同伴批阅。这样做的目的一方面是给学生增加一次温习功课的机会，另一方面，更重要的是创造一个培养学生高阶思维能力的情境。学生浏览视频、翻阅教材时，内部认知活动主要是识记、理解；完成作业、参与讨论时，内部认知活动主要是分析、应用；给同伴评价作业时，学生必须先将书本知识、参考答案进一步内化为评价标准，然后对同伴的回答做出价值判断，这时的内部认知活动主要是综合、评价。实施作业互评的过程中，学生比较容易忘评、误评，需要教师加强监督管理。图 2-2-1 中的教师抽查作业、学生在线申诉、教师受理重评等环节就是为了处理这些情况。

2. 线上线下混合式智慧教学 PS 模式（实践课程的替代性教学策略）

“二维动画设计”是教育技术学专业的选修课，课程以实践性的内容为主，教材篇幅 38 万字，教学时间 32 学时，教学周期 16 周，每周 2 学时；有慕课可用。根据这些实际情况，这门课程选择的教学策略是以替代性的为主。在线学习任务分配到16周，学生自主完成；智慧课堂教学开展11次，师生集中进行。线上线下混合式智慧教学PS模式可分课前、课中、课后三个阶段概括。课前：教师告知学生在线学习任务安排；学生在线浏览视频、实操练习、提交习作；教师批阅习作、在线展示优秀习作。课中：在智慧教室，教师让优秀习作作者演示作品，全班欣赏，教师点评；再在学生中巡视观察，接受学生提问，个别指导；然后以学定教，大屏演示讲解共性问题。课后：教师查看数据、研判学情，发出学习预警、推送拓展任务，在线指导学生个性化学习。教学流程如图2-2-2所示。

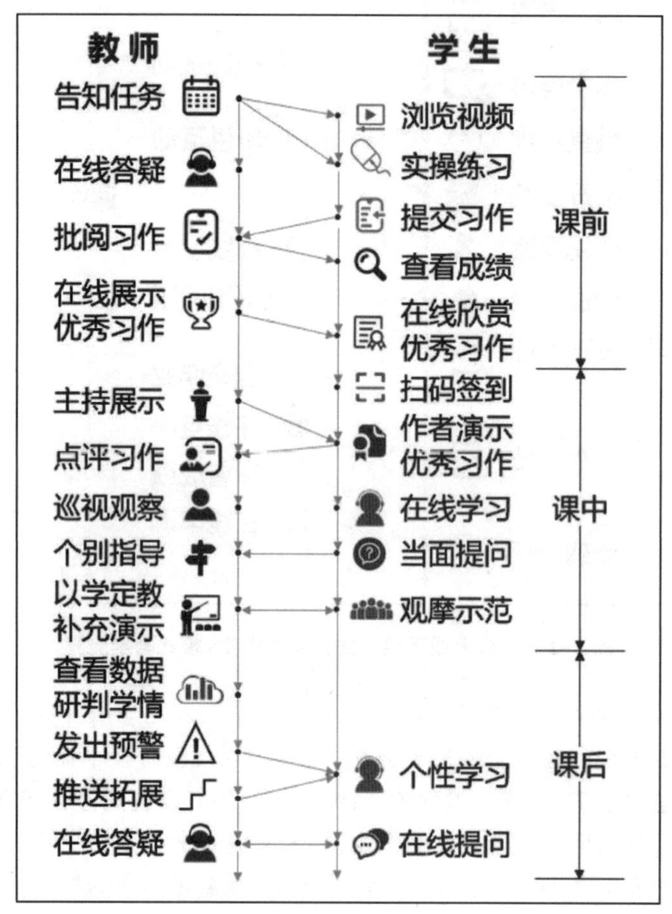

图2-2-2 线上线下混合式智慧教学PS模式教学流程

"二维动画设计"课程内容包括基本绘图技术、高级绘图技术、基本动画技术、高级动画技术、AS编程等，针对这些内容，研究者都是让学生先看在线课程视频中的演示与讲解，每看一集视频之后立即自主实操练习。实操练习分两个层次，一是模仿，二是创新。模仿是指操练与视频中的演示完全相同的内容，创新是指用相同的绘图或动画技术表达自拟的主题。习作是学生学习过程的输出，教师主要根据学生的习作判断学生掌握的情况，然后用线上线下混合式展示的方法来分享优秀习作，激励学生持续努力，直至完成整门课程的学习。课堂教学时间除了演示分享优秀习作以外，教师最主要的活动是到集中在线自主学习的学生中巡视观察，主动指出学生的问题，或接受学生的提问，及时进行个别指导。教师从批阅习作、倾听分享、答疑互动中捕捉共性问题，必要时在课堂上集中演示讲解。课堂之外的时间，教师通过在线教学平台学习行为大数据报表研判学情，对学习进度显著落后、习作质量显著低劣等表现出懈怠和困难的学生给予提醒、劝告、帮助，对学习进度超前、习作质量好等表现出兴趣和天赋的学生推送拓展任务、提出拔高要求，之后教师在线答疑、远程演示或远程协助，开展在线个别指导。鉴于课程的特殊性，在课外时间，教师也接受学生预约到工作室当面提问。

3. 线上线下混合式智慧教学 TG 模式（理论课程的生成性教学策略）

"教育传播学"是教育技术学专业必修课，课程以理论性的内容为主，教材篇幅 35 万字，教学时间 32 学时，教学周期 16 周，每周 2 学时；有慕课可用。根据这些实际情况，这门课程选择的教学策略是以生成性的为主。在线学习任务分配到 16 周，学生自主完成；智慧课堂教学开展 11 次，师生集中进行。线上线下混合式智慧教学 TG 模式可分课前、课中、课后三个阶段概括。课前：教师告知学生在线学习任务安排，学生在线浏览教学视频、在主题讨论区留言发表观点；课中：在智慧教室，教师集中串讲、发布随堂练习，学生听讲并参与互动答题，看教师投屏反馈；然后教师主持主题讨论，先让学生围绕主题分组讨论，然后全班分享，之后教师根据学生课前网上、课中台上针对主题的发言内容，表扬出色的观点，补充空白的区域；最后学生自主学习，教师巡视观察，主动与学生个别交流，或接受学生的提问，及时给予个性化指导。课后：学生在线完成单元测验，教师及时批阅反馈，学生在线质疑，教师在线解惑。教学流程如图 2-2-3 所示。

"教育传播学"课程目标有两个：一是掌握传播学的基本知识、基本理论；二是应用传播学原理理解、处理文化传播、教育教学中的相关问题。对目标一的内容，以慕课视频、课堂串讲为主要方式完成新授；对目标二的内容，以在线主题讨论、课堂合作分享为主要方式帮助学生完成意义构建。生成性教学策略主要应用于实现课程目标二。全课程讨论主题有 25 个，分布于各章节中，每周进入主题讨论环节时，学生要结合已学的传播学知识、教育学知识，以及过去十几年来接受教育的经历和生活经验深入思考，课前在线留言发表自己的见解，教师在主题讨论区查看、参与、评价学生的主题讨论，课中教师组织学生分组进一步各抒己见，然后各组派代表到全班分享，之后教师补充总结。课中主题讨论环节的分组方案、组内交流、分享投屏、多主体评价等由学习通（学习通系本研究所采用的在线教学平台的移动客户端 APP 的名称）"分组任务"来支持。25 个讨论主题都是开放性问题，师生的共识是在课前和课中两轮讨论的基础上达成的。学生（包括往届）的主题讨论留言都成为课程目标二的学习资源。每个单元测验的试题都涵盖课程目标一和课程目标二。

4. 线上线下混合式智慧教学 PG 模式（实践课程的生成性教学策略）

"教育技术专业实践"是教育技术学专业必修课，课程以实践性的内容为主，教学时间 64 学时，教学周期 4 周，该课程没有统一的慕课视频和面授教学，所采用的主要教学方法是个别指导，开课单位为每名学生确定一位指导教师，要求每名学生独立完成一个实践项目。根据这些实际情况，这门课程选择的教学策略以生成性为主。学习任务分配到 4 周，学生自主实践为主，教师个别指导为辅；智慧课堂教学开展 1 次，师生集中进行。线上线下混合式

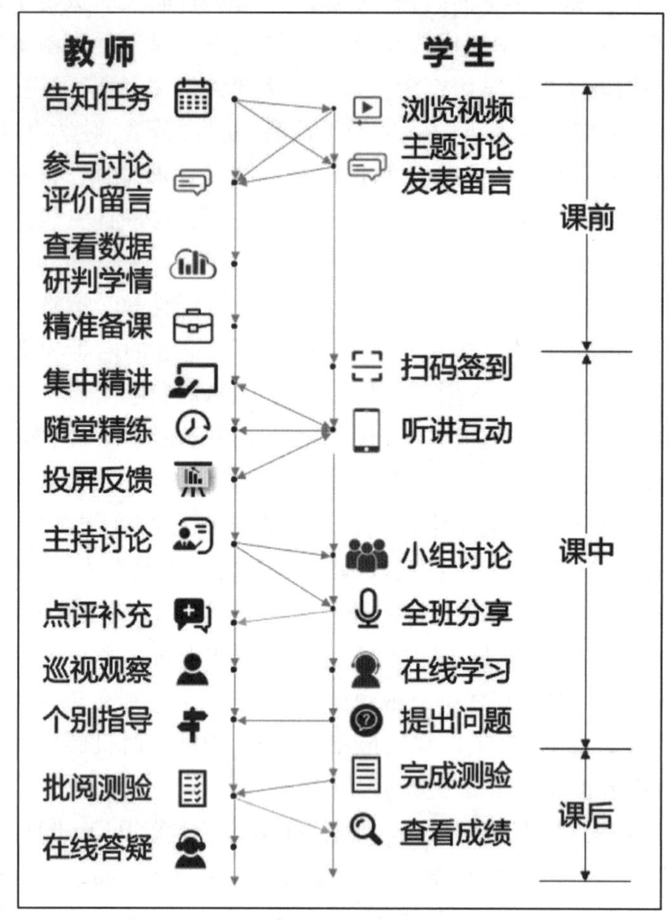

图 2-2-3　线上线下混合式智慧教学 TG 模式教学流程

智慧教学 PG 模式可分课前、课中、课后三个阶段概括。课前：教师在第一、二、三周通过在线教学平台依次发布作业一（申报实践项目）、作业二（项目中期检查）、作业三（上传项目成果），学生依次完成，教师依次批阅并个别指导。课中：每位学生上台对自己的实践作品进行展示、陈述、答辩，教师团队用学习通评分，现场大屏亮分。课后：教师发布作业四（实践结项报告），学生在线提交，教师在线批阅。教学流程如图 2-2-4 所示。

实施"教育技术专业实践"课程教学的过程，首先是师生双选，开课单位为每名学生确定一位指导教师（一位教师可指导 1~5 名学生），然后师生商议确定实践项目选题（学生每人一题，可以是多媒体课件设计开发、教育网站设计开发、教育 APP 设计开发等，学生在先修的各门课程中已经学过完成项目所需的基本知识、基本技能，本课程是对"一技之长"的一次专门演练和检查），之后各位学生做自己的项目，可以查阅资料，也可以向同学和教师请教，不过每位学生要做出自己的实践作品。指导教师因学生需要随时在线下或线上给予指导、帮助，课程周期过半时指导教师进行中期检查。这门课程的课中环节是"专业实践展播"，与毕业论文答辩的场景类似，经指导教师评价合格的实践作品才能进入展播环节，3~5 位专业教师组成专业实践作品展播答辩委员会，学生上台展示、陈述自己的实践作品，评委提出 1~3 个问题,学生立即回答,然后各位评委用学习通评分,现场亮分。展播结束三天之内,学生在线提交统一格式的专业实践结项报告,结项报告分实践过程、创新之处、不足、展望等几个部分,指导教师在线评阅、在线反馈。

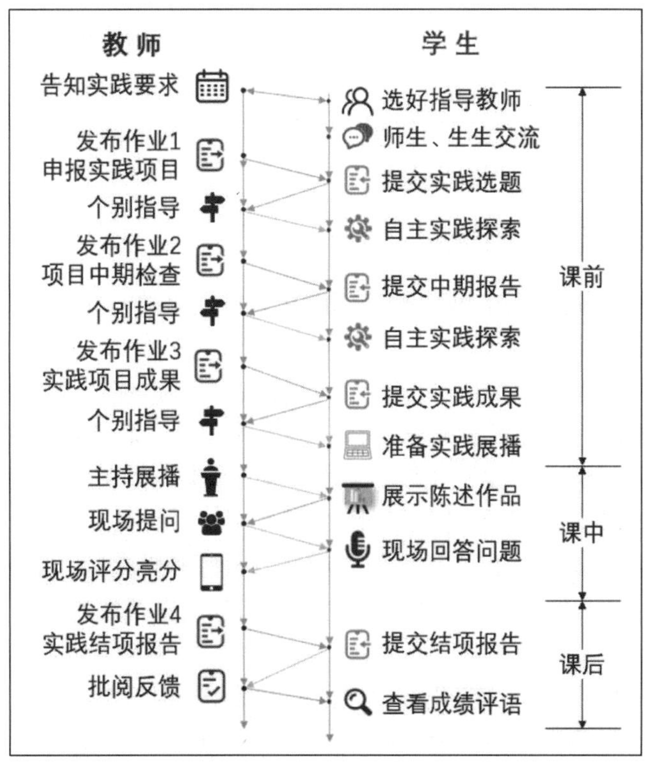

图 2-2-4　线上线下混合式智慧教学 PG 模式教学流程

第三节　信息化教学评价与研究

一、信息化教学评价

1 信息化教学评价的概念

信息化教学评价是指根据信息化教学的理念,运用信息化方法和技术手段对教学过程、教学方法和教学效果等进行评价的活动。

信息化教学评价是基于信息化教学理念的评价,以学生的学习过程、学生的发展为中心,提倡评价方式的多样化、评价主体的多元化、评价标准的多向性,重视学生的多元智能的发展、个性差异以及学生的学习能力、问题解决能力、创新能力等能力的培养。

信息化教学评价是信息化的教学评价，以现代信息技术为评价手段。主要运用信息化方法和技术手段对教学过程、教学方法和教学效果等进行评价。信息技术不仅促进了教学过程、教学方法的改革，也促进了教学评价的改革。信息技术的发展使得作为评价基础的评价数据的收集、统计分析变得方便和高效化，也使得教学评价的方式方法更加多样和灵活，也提高了教学评价的客观性、公正性、及时性和有效性，结果性评价、过程性评价、综合性评价都能在信息技术的支持下得以实现，出现了在线考试系统、电子档案袋平台等信息化评价方式，弥补了传统教学评价的缺点。

2 信息化教学评价的特点

(1) 评价理念的先进性。信息化教学评价基于信息化教学的理念，以学生为中心，以教学促进学生发展为目标进行评价。

(2) 评价方式的技术性。信息化教学评价以信息技术为支撑，利用数据库技术、网络技术、教学管理信息系统、在线考试系统、云计算平台、大数据等一系列信息技术开展教学评价。

(3) 评价内容的全面性。信息化教学评价不仅评价教与学的结果，也能评价教与学的过程，并能运用大数据技术开展综合性评价。

(4) 评价主体的多元化。信息技术的应用使得教师和学生都能较为平等地参与教学评价，教学管理人员和其他利益相关方也能通过网络和信息系统有效地参与教学评价，实现评价主体的多元化。

(5) 评价方法的多样性。信息化教学评价可以采用即时反馈的过程性评价、电子档案袋综合性评价、基于在线考试系统的结果性评价等多样化的评价方法。

(6) 评价结果的有效性。基于网络和信息技术的教学评价减少了人为的干扰，评价结果相对较为客观、公正，有效性得到提升。

(7) 评价反馈的及时性。应用信息化教学评价，基于自动化和智能化的评价系统，能够及时生成评价结果及其统计分析报告，在一定程度上实现评价结果的及时反馈。

3 信息化教学评价的原则

(1) 目标性原则。在开展教学前，要预先提供范例、制定量规等方式使学生明确教学目标要求。

(2) 过程性原则。信息化教学评价应关注学生在教学过程中表现出来的各项能力，如理解、合作、创新、交流和评价等能力。评价的重点应该是如何使学生的能力得到发展和提高，而不是判断学生的能力高低。

(3) 及时性原则。信息化教学应及时对学生的学习行为和结果进行评价和反馈，目的是衡量学生的表现与教学目标的差距，及时调整教学的策略，或者引导学生改变学习方法及学习的方向。

(4) 多样性原则。不仅评价的主体要多样，评价的方法、评价的内容和评价的技术也要多样。

4 信息化教学评价的基本方法

(1) 基于电子档案袋的信息化教学评价方法

电子档案袋又称为电子学档，是学习者运用信息技术记录和展示其在学习过程中关于学习的目的、活动、成果、付出、进步以及对学习过程和结果进行反思的一种集合体。主要指学习者利用信息化手段呈现学习过程，包括在学习过程中对学习和知识的管理、评价、讨论、反思和设计等。

电子档案袋以学习者为中心，记录和管理学习者学习过程、成长经历的工具，是为了促进学生成长而设计和制作的。

电子档案袋评价方法的实施过程如下：

① 准备阶段。首先明确电子档案袋的评价目标与学习目标的关系，根据评价目标确定好电子档案袋评价的主题、所要搜集的作品类型和数量等。制定使用计划、评价标准和方法等。

② 实施阶段。教师和学生利用电子档案袋搜集学生在学习过程中关于学习目标、学习计划、学习作品、学习评价、学习反思、成长状况等方面的资料，记录学生的学习过程的成长情况。

③ 总结反思阶段。在一定阶段的学习完成后，对电子档案袋的使用情况和学生的学习状况进行总结反思，发现学习和成长中的问题和不足。

④ 反馈调解阶段。将教师评价及学生间的评价结果反馈给被评价的学生，学生根据反馈信息，制定相应的改进措施，调节学习的目标、策略等。

(2) 基于网络和移动终端的教学系统评价方法(“微助教”)

在手机微信中通过搜索“微助教”公众号，关注该公众号，进行注册，即开通了微助教学生版。如果需要使用教师版的功能，在进入微助教公众号后，在微助教服务号的列表中点击“我的课堂”，弹出“开通教师功能”页面，点击“马上开通”按钮，开通教师版功能。开通后可将邮箱与账号绑定(用邮箱注册账号、设置密码)。完成后显示：验证邮件已经发送至您的邮箱。打开邮箱，找到验证邮件，点击其中的“确认电子邮件”按钮，打开微助教 PC 端界面(图 2-3-1)。点击其中的“登录”按钮，用已经注册的账号和密码登录微助教(可以选择扫码登录)。登录后需要填写必要的信息(姓名、学校名称等)后开始使用。

点击“添加课堂”，弹出对话框，在其中输入课程名称及开课学期。可以重新选择或上传课堂封面图片。成功添加课堂后，会自动生成课堂编号(如 DH865)，该课堂编号可作为学生加入课堂的依据。同时，在添加课堂后，系统自动生成三个模块：教学(包括加入课堂、课件、签到、答题、课堂反馈、讨论、点答、互评)；本课堂资源库；管理(包括学生管理、分组管理、成绩管理、课堂设置、资料要求、高级设置)。

点击“加入课堂”可生成供学生加入课堂的二维码[同时显示课堂名称和编号(图 2-3-2)，二维码为过程性编码，下同]。点击“课件”，打开上传课件页面，点击“前往编辑题库”可以编辑章节名称列表，然后在指定的章节中上传课件(页面右侧有说明，点击指定位置，打开选择文件窗口，或将文件拖放到指定位置，文件支持常用格式，文件大小不得超过 50 MB)。

图 2-3-1 “微助教”的界面组成

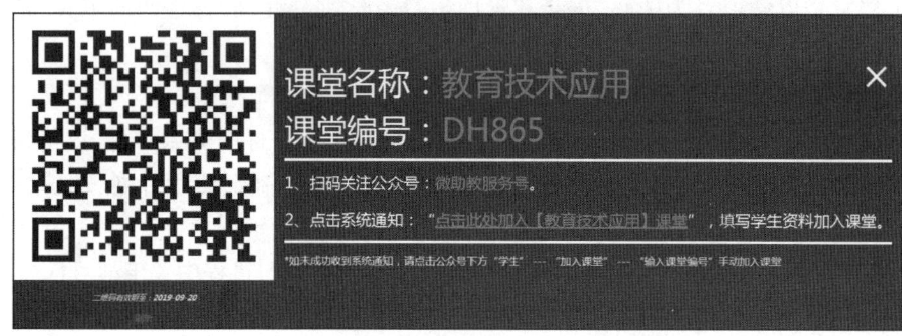

图 2-3-2 “微助教”的课程编号及二维码

点击“答题”,在弹出的页面中点击“添加新题”可以编辑练习、测验或考试试题,试题题型包括单选题、多选题、是非题、填空题、简答题(图 2-3-3)。

图 2-3-3 “微助教”的添加试题对话框

在题目编辑窗口，可选择试题类型、设置答题的预估时间，可输入或复制题干、选项并根据需要进行编辑，可设置正确答案作为评分的依据。完成后单击“保存题目”按钮，将题目加入课堂资源中。

完成所有题目输入后，可以选择试题进行组卷。

添加题目后可以在答题模块中选择“开启题目”供学生答题。学生在手机微信“微助教服务号”中选择进入课堂进行答题，然后提交答案即可。

学生提交答案后，教师端可显示学生答题情况的统计（包括提交正确答案的学生、答案的分布情况、显示各学生的答案），可以将学生的答案导出。还可以查看未答题学生名单。

点击“签到”，在弹出的页面中可以选择三种签到方式（二维码签到、开启 GPS 定位签到、普通签到），微助教默认的签到时间是 300 秒。教师端显示出勤人数和请假、缺席或迟到人数信息。

点击“点答”，在弹出的页面中可以选择（指定）特定的学生进行答题。

点击“讨论”，在弹出的页面中可以选择创建新讨论题目，在对话框中输入讨论题目，然后选择“确认创建讨论”或“确认创建讨论并开启”。开启讨论后，学生可就该讨论题进行讨论。

（3）基于在线考试系统的信息化教学评价方法（“考试酷”）

“考试酷”是一个零安装、零维护和零成本的在线考试系统（图 2-3-4）。“考试酷”专为各类学校和培训机构提供考试系统，包括自测练习、组织统一考试、开展知识竞赛、布置课外作业或假期作业、智能组卷、答卷评阅与成绩管理等众多功能；也可用于政府机构、企事业单位内部的入职考试、员工考核、内部培训考试等。

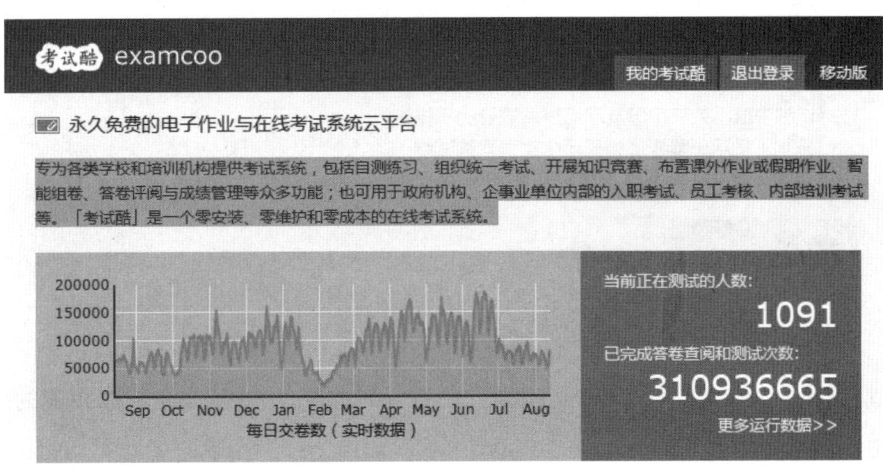

图 2-3-4 “考试酷”的界面

注册并登录“考试酷”后的界面（图 2-3-5）如下：包括管理科目、录入试卷、组织班级考试等功能。

① 录入试卷（图 2-3-6）。

【管理科目】主要用于设置与自身相关的学科科目，便于后续试卷录入和组织班级考试。

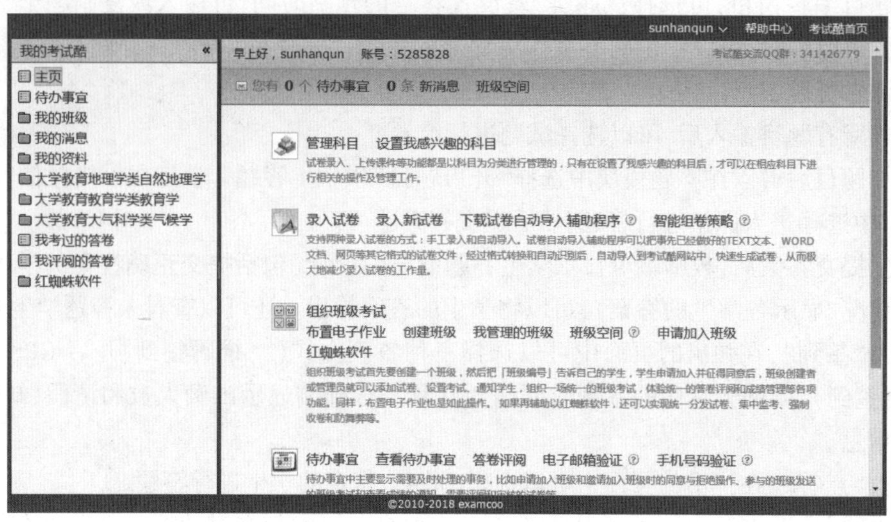

图 2-3-5 “考试酷”的“我的考试酷”界面

【录入试卷】录入试卷是考试的基本准备。只有以教师身份或考试主管的身份登录系统才能录入试卷。录入试卷首先要设置试卷显示宽度和字体。设置后点击“录入新试卷”按钮。然后再录入试卷编辑窗口,先录入试卷名称,设置答题时间(分钟)。

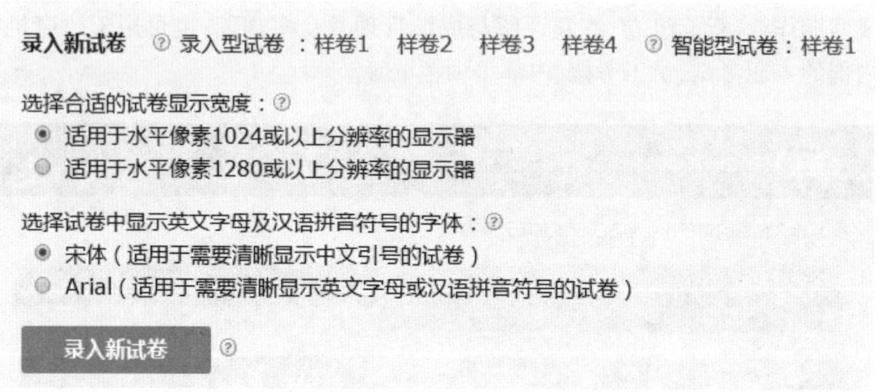

图 2-3-6 录入试卷

通过“文本行”输入题型文本内容(如:一、选择题),然后根据题型选择相应的按钮,并按顺序录入相应的内容。

a. 录入选择题。单选题和多选题的录入方法一样,唯一的差别是单选题仅允许选择一个参考答案,而多选题允许选择多个参考答案。以单选题作为示例,过程如下:

首先将鼠标光标放在要插入试题的位置;点击“单选题”工具栏按钮,“考试酷”会自动插入单选题试题模板。首先录入试题的题干内容、录入试题的选项并设置好试题的参考答案,然后填写好该试题的“分数”,这样就录入好了一道单选题。

自动插入的单选题试题模板只有一个 A 选项,只要在该选项上按键盘 Enter(回车)键,就可以在其后插入一个新的选项,例如 B、C、D 等选项(单选题或多选题最多可以插入 A~Z 共 26 个选项)。

如果希望将某个选项的文字内容换行显示,按键盘"Ctrl+Enter"组合键即可;一道完整的单选题或多选题,必须具有题干、选项、参考答案和分数 4 个基本元素。

b. 录入判断题。首先将鼠标光标放在要插入试题的位置;点击"判断题"工具栏按钮,"考试酷"会自动插入判断题试题模板。首先录入试题的题干内容并设置好试题的参考答案,然后填写好该试题的"分数",这样就录入好了一道判断题。

一道完整的判断题,必须具有题干、参考答案和分数 3 个基本元素。

c. 录入填空题。首先将鼠标光标放在要插入试题的位置;点击"填空题"工具栏按钮;考试酷会自动插入填空题试题模板。首先录入试题的题干内容、插入至少一个填空区并设置好参考答案,然后填写好该试题的"分数",这样就录入好了一道填空题。

填空题必须插入 1 个或多个填空区,并设置好参考答案;插入填空区时,先将鼠标光标放在插入位置,再在工具栏上点击"插入/编辑填空区"按钮;填空区的参考答案中用三条竖线"|||"表示"或"逻辑,例如,"a|||b"表示 a 或者 b 都是正确答案。

一道完整的填空题,必须具有题干、填空区和分数 3 个基本元素。

d. 录入文字题。在"考试酷"里,将名词解释、简答题、计算题、分析题、问答题等这类以"问"和"答"的形式呈现的题型,都以"文字题"来实现。录入文字题,首先将鼠标光标放在要插入试题的位置,点击"文字题"工具栏按钮,"考试酷"会自动插入文字题试题模板。首先录入试题的题干内容、录入或不录入答案区高度、设置好参考答案,然后填写好该试题的"分数",这样就录入好了一道文字题。这里的"答案区高度",指的是用于考生作答的答题区的高度(以行数表示)。如果不输入任何值,则表示答题区高度会跟随考生作答的文字内容的多少而自动扩展。

② 布置作业、组织考试。

布置作业、组织考试前首先要创建班级。在主页的组织班级考试栏目中,点击"创建班级"进入创建班级设置页面,在其中输入班级名称、接纳新成员的方式(需要管理员同意才能加入该班;允许任何人加入该班;不允许任何人加入该班)和班级简介(可以不填),然后点击"创建班级"后弹出"创建班级"信息框。其中包括班级编号和添加班级成员的方法和步骤:

第一步:把班级编号(327427)告诉自己的学生;

第二步:学生登录自己账号下的"我的考试酷",进入"我的班级"→"申请加入班级",输入该班级编号并申请加入;

第三步:班级管理员会在自己账号下的"我的考试酷"→"待办事宜"中收到学生加入班级的申请,只要逐一同意这些申请,就可以完成一个班级的全部创建过程。

最后,按"确定"按钮,即已经创建了一个新的班级。

创建班级后即可进入班级空间布置作业、组织考试。在主页的"组织班级考试"栏目中选择"班级空间",弹出可进入的班级空间列表,选择相应的班级进入其班级空间。在班级空间中有班级信息、成员列表、自测练习、电子作业、班级考试、课件分享、交流区等栏目。

可分别进入自测练习、电子作业、班级考试栏目,添加练习、作业、考试需要使用的试卷后向学生布置练习、作业或组织班级考试。

有两种方式可以为班级考试添加试卷,分别是:

点击页面的链接"添加班级考试用的试卷、组织统一的考试或竞赛"。在弹出的页面中有两种查找试卷的方式,分别是:

a. 按科目查找:查找感兴趣的科目下的试卷,或者点击"选择其他科目"链接,通过科目分类查找试卷。查找结果中列出了该科目下"我的试卷"和"对公众开放的试卷",如果确认试卷无误,点击"挑选该试卷"链接即可。

b. 精确查找:输入试卷编号,点击"查找"按钮,将会在查找结果中看到相应的试卷信息。如果确认试卷无误,点击"挑选该试卷"链接即可。

试卷录入者可以从"我的考试酷—相应科目—我录入的试卷"页面中"我私有的试卷"或"对公众开放的试卷"所列出的试卷列表中,选择相应的试卷,点击"操作"栏中的"添加到班级",在弹出的窗口中选择相应班级下的"用于班级考试"链接即可。

二、信息化教学研究

信息化教学研究是指在教学研究活动中应用信息化的技术方法、手段等促进教研活动开展,提高教研活动的质量,积累教研活动资源,提高教研活动质量。信息化教学研究实质上就是教学研究的信息化。

教学研究的信息化可以被理解为充分利用信息技术,开发利用信息资源,促进教研信息交流和资源共享,提高教研质量,推动教研改革的系统工程。教研信息化和现代信息技术的应用紧密相关,其目的是促进教研活动发生变革。教研信息化属于教育信息化和教学信息化的内容之一,教研信息化可以理解为在教研领域全面深入地运用现代信息技术促进教研改革和教育发展的过程。

1 信息化教学研究的特征

(1) 教研平台的网络化。教研信息化以现代信息技术的应用为本质特征,目前主要以网络为基础平台,网络化的教研平台不仅可以集成大量的教研资源,使得资源的存储、传播速度极大地加快,而且突破了时间和空间限制,使信息的交流变得更加灵活方便,有利于建立起更加民主、自由平等的合作互动关系;支持按需教研、适时教研及弹性教研。

(2) 教研活动的自主化、虚拟化、合作化。信息化教研活动突破了时间和空间的限制,使得人人教研成为可能,加强了教师参与教研的自主性和独立性,教研者在非面对面的情况下脱离物理空间及时间限制进行多种方式的集体交流,具有虚拟特征和合作化特征。

(3) 教研方式的多样化。在信息化条件下,教研活动不再局限于现场教学观摩、研讨等形式,除了学校或教研管理部门组织的网络教研外,教师也可以通过移动网络、社交平台软件(微信、QQ 等)自发组织教研活动,以及参加民间机构的教研活动。

(4) 教研内容的信息化。在信息化教学逐步普及的今天,信息化教学正越来越多地成为教学研究的内容。教研活动研究信息化教学的模式、信息化教学的组织、信息技术的教学应用方法、信息化教学的效果、信息化教学评价等。

(5) 教研资源和成果的数字化、共享化。教研信息化活动的资源不限于传统的文本资源,还包括各种数字化的多媒体资源,如图片、声音、动画、视频等多种形式;信息化教研网络的形成和发展,打破了过去教研资源种种形式的封闭和垄断,使教研资源的共享化程度大大提高,有利于缩小校际、区域之间、城乡之间的差距,有利于教研资源的充分利用。教研活动的成果也能及时地以数字化、网络共享的形式(通过博客、QQ 空间、微信群等)出现。

(6) 教研管理的自动化。通过利用现代信息技术建立的信息化教研管理系统,能够方便管理者对教研活动进行全面的管理,如进行教研活动的组织、教研任务分配、教研问题诊断、教研活动评价等。在信息化的教研管理中,组织者可以随时根据教研进程和教研问题,为教研者分配合理的教研任务,提供相关的教研方法等方面的咨询意见;通过建立包含教研活动记录、教研活动成果展示、教研评价信息等内容的教研电子档案,可以促进教研管理的自动化。

2 信息化教学研究方法

【信息化教学研究案例 1】浏览中国教研网,观看"研直播"平台栏目中的第十届长三角论坛(分论坛三)信息化与教研转型,观看"信息化与教研转型"的专家报告(图 2-3-7)。总结专家观点,说明信息化教学研究的方法、特点和发展趋势。节目网址:(http://live.yanxiu.com/lv/page/program/8c3055e05f52815e/view)。

图 2-3-7　中国教研网教研专家报告

【信息化教学研究案例 2】在网上观看"地理核心素养的培养与教学方式研究"活动视频(图 2-3-8)。

根据观看的教研活动视频,回答下列问题:

(1) 说明地理学科信息化教研活动的组织与管理方法。

（2）对视频中的课例《中国杂交水稻的非洲之旅》进行信息化教学研究，说明该课例的教学目标及其达成情况。

（3）用信息化方法与手段评价课例的教学设计、教学方法、教学方式和教学效果。

（4）谈谈你对本次教研活动的认识。

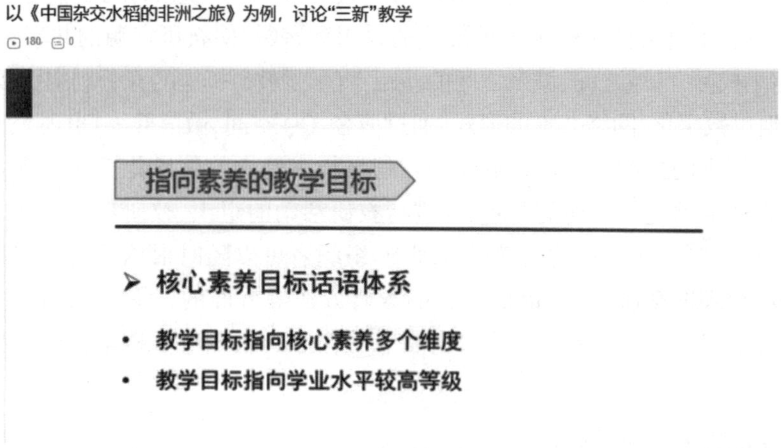

以《中国杂交水稻的非洲之旅》为例，讨论“三新”教学

180 0

指向素养的教学目标

➢ 核心素养目标话语体系

- 教学目标指向核心素养多个维度
- 教学目标指向学业水平较高等级

图 2–3–8　地理核心素养的培养与教学方式研究

【信息化教学研究案例 3】在手机微信中搜索并关注“星韵地理网”公众号。查找并浏览“地理研讨会”的内容，说明微信公众号在信息化教研活动中的作用。星韵地理网公众号的研讨会栏目如图 2–3–9 所示。

【星韵地理研讨会】

星韵地理网　星韵地理网

2018-07-01 12:44

图 2–3–9　星韵地理网公众号的研讨会栏目

【信息化教学研究案例 4】在学校图书馆网站查找论文《依托微信公众号促进教研组的发展——以“海宁中学地理组”为例》(图 2–3–10)，下载并研读论文，总结依托微信公众号开展教研活动的方法。

图 2-3-10　微信公众号中的论文摘要

三、信息化教学的专业化应用

针对不同专业的信息化教学的特殊需求,教师需要了解和掌握与专业相关的信息化教学软件的应用方法。下面以地理科学专业为例,介绍一款地理信息化教学的软件及其使用方法。

虚拟天文馆 Stellarium

Stellarium 是一个桌面虚拟天文馆软件。它可以用于地理专业课程中学习宇宙星空、太阳系、地球运动、月相变化、日月食等天文知识,学生可以根据所处的时间和地点,计算天空中太阳、月球、行星和恒星的位置,并将其显示出来。它还可以绘制星座、虚拟天文现象(如流星雨、日食和月食等)。可从 Stellarium 的官方网站下载并安装最新版的 Stellarium。

【设置地点】安装并启动 Stellarium 软件后,首先需要设置使用者的地理位置(默认的地点是法国的巴黎)。将鼠标移到界面的左侧显示隐藏的工具栏,选择设置地点按钮(第一个按钮),打开设置窗口,在左上角的地图上点击观测地点所在的位置,或者在“地点/城市”输入框中直接输入地点名称后,会在“经纬度和海拔高度”输入框中显示对应的数值,将该地点设置为默认值(加入列表),使得 Stellarium 的星空与使用者所在星空一致。

【设置日期时间】软件的日期时间为电脑系统的日期时间,可以根据需要重新设置日期和时间,以重现过去或预测未来发生的天文事件。

【**选择天体**】在左侧的工具栏选择需要观察的天体。例如,选择月球并显示(图 2-3-11)。可用鼠标的滚轮放大或缩小显示的天体。

图 2-3-11　选择并显示月球

使用鼠标和键盘可以转动 Stellarium 天幕。使用上下翻页键可以放大和缩小 Stellarium 天幕。用鼠标左键可以选择天体,右键可以放弃选择。鼠标中键或者空格键则可以将选中的天体调整到屏幕中央。

通过设置日期和选择天体等操作,在下方的工具栏中设置合适的播放速度,可以再现过去发生或预测将要发生的天文事件和天文现象,如日食、月食、流星雨等,并演示这些事件的发生过程,详细观察这些天文现象,进行研究性学习。

第四节　数字化教学的标准与规范

一、教师数字素养标准

2023 年 2 月,教育部发布了《教师数字素养》行业标准(JY/T 0646—2022)。教师数字素养(digital literacy of teachers)是指教师适当利用数字技术获取、加工、使用、管理和评价数字信息和资源,发现、分析和解决教育教学问题,优化、创新和变革教育教学活动而具有的意识、能力和责任。这里的数字技术资源(digital technology resources)是在教育教学中使用的通用软件、学科软件、数字教育资源、智慧教育平台、智能分析评价工具、智能教室等数字教育产品的统称。

教师数字素养包括 5 个一级指标(维度)、13 个二级指标(维度)和 33 个三级指标(维度)。一级维度包括:数字化意识、数字技术知识与技能、数字化应用、数字社会责任,以及专业发展。每个一级维度由若干二级维度组成,每个二级维度由若干三级维度组成。

1 数字化意识

数字化意识是客观存在的数字化相关活动在教师头脑中的能动反映,包括数字化认识、数字化意愿,以及数字化意志。

数字化认识是教师对数字技术在经济社会及教育发展中价值的理解,以及在教育教学中可能产生新问题的认识,包括理解数字技术在经济社会及教育发展中的价值,以及认识数字技术发展给教育教学带来的机遇与挑战。

数字化意愿是教师对数字技术资源及其应用于教育教学的态度,包括主动学习和使用数字技术资源的意愿,以及开展教育数字化实践、探索、创新的能动性。

数字化意志是教师在面对教育数字化问题时,具有积极克服困难和解决问题的信念,包括战胜教育数字化实践中遇到的困难和挑战的信心与决心。

2 数字技术知识与技能

数字技术知识与技能是教师在日常教育教学活动中应了解的数字技术知识与需要掌握的数字技术技能,包括数字技术知识及数字技术技能。

数字技术知识是教师应了解的常见数字技术知识,包括常见数字技术的概念、基本原理。

数字技术技能是教师应掌握的数字技术资源应用技能,包括数字技术资源的选择策略及使用方法。

3 数字化应用

数字化应用是教师应用数字技术资源开展教育教学活动的能力,包括数字化教学设计、数字化教学实施、数字化学业评价,以及数字化协同育人。

数字化教学设计是教师选用数字技术资源开展学习情况分析、设计教学活动和创设学习环境的能力,包括开展学习情况分析,获取、管理与制作数字教育资源,设计数字化教学活动,以及创设混合学习环境。

数字化教学实施是教师应用数字技术资源实施教学的能力,包括利用数字技术资源支持教学活动组织与管理,优化教学流程,以及开展个别化指导。

数字化学业评价是教师应用数字技术资源开展学生学业评价的能力,包括选择和运用评价数据采集工具,应用数据分析模型进行学业数据分析,以及实现学业数据可视化与解释。

数字化协同育人是教师应用数字技术资源促进学校、家庭和社会协同育人的能力,包括学生数字素养培养,利用数字技术资源开展德育、心理健康教育,以及家校协同共育。

4 数字社会责任

数字社会责任是教师在数字化活动中的道德修养和行为规范方面的责任,包括法治道德规范及数字安全保护。

法治道德规范是教师应遵守的与数字化活动相关的法律法规和道德伦理规范，包括依法规范上网，合理使用数字产品和服务，以及维护积极健康的网络环境。

数字安全保护是教师在数字化活动中应具备的数据安全保护和网络安全防护的能力，包括保护个人信息和隐私，维护工作数据安全，以及注重网络安全防护。

5 专业发展

专业发展是教师利用数字技术资源促进自身及共同体专业发展的能力，包括数字化学习与研修，以及数字化教学研究与创新。

数字化学习与研修是教师利用数字技术资源进行知识技能教学的能力以及教学实践反思与改进的能力，包括利用数字技术资源持续学习，利用数字技术资源支持反思与改进，以及参与或主持网络研修。

数字化教学研究与创新是教师围绕数字化教学相关问题开展教学研究，以及利用数字技术资源实现教学创新的能力，包括开展数字化教学研究，以及创新教学模式与学习方式。

二、数字化教学基本规范（依据《江苏高校数字化教学基本规范》）

1 数字化教学资源

数字化教学技术与资源要保障落实立德树人根本任务，符合相关部委或行业协会的标准规范，确保科学性和适用性，为教学提供全方位支持服务。

（1）基本要求

① 数字教育资源的媒体素材类包括文本资源、图形图像资源、音频资源、视频资源、动画资源、演示文稿资源、虚拟仿真资源等；集成资源类包括在线课程、在线试题试卷、数字教材、在线作业等。资源内容要符合我国法律法规要求，尊重各民族的风俗和生活习惯，标题反映主题内容，文件格式宜支持国产技术、国产软件。

② 技术与资源的内容、制作与应用能够科学融入思想政治教育，弘扬社会主义核心价值观。

③ 资源内容具有科学性，符合教学大纲和课程标准，遵循知识的内在逻辑和学生的认知规律，有利于激发学生的学习动机和提高学习兴趣。

④ 技术和资源无危害国家安全、涉密及其他不宜公开传播的内容，遵守版权法律法规，不侵犯他人知识产权。

（2）标准规范

① 数字化教学技术、工具、媒体、设备和网络等的使用以及文字、图片、音频、视频的处理要符合国家部委或行业协会的标准和规范。

② 数字化教学资源内容准确，结构清晰，画面美观，表现生动，便于师生使用。

③ 数字化教学资源能够反映学科和行业发展的新知识、新技术、新标准和新成果，围绕学科或学科群进行体系化建设，能及时更新资源内容，不断提高资源质量，年更新率保持在30％以上。

2 数字化教学实施

教师要不断提升数字化教学素养，遵循教学规律，应用信息技术开展教学实践和教学研究活动，深化教学改革，促进学生发展。

（1）教学素养

① 教师要具备利用数字技术获取、加工、使用、管理、评价数字信息和资源，发现、分析和解决教育教学问题，优化、创新和变革教育教学活动的意识、能力及责任。

② 教师能够坚持正确的政治方向和价值取向，积极探索数字化教学与“三全育人”的结合点，以信息技术助力学生德、智、体、美、劳全面发展。

③ 教师能够设计制作演示文稿、微课、在线课程等多种形式的数字化教学资源，能够恰当选择和熟练运用信息技术和数字化教学资源开展教学，所教授的课程60％以上配有数字化教学资源。

④ 教师能够利用信息技术开展跨专业、跨学科、跨校协同教学研究，每学期至少参与1个基层教学组织的教研活动，促进自身专业发展。

（2）教学实践

① 教师能够在教学过程中遵循教育伦理规范，能够应用数字资源和工具开展数字化学情分析、数字化教学设计、数字化教学实施、数字化学业评价、数字化协同育人等教育教学活动，充分发挥信息技术的作用，创新数字化教学方式，促进教学深层次改革。

② 教师能够利用信息技术创建体验式、沉浸式、交互式数字化学习场景，组织学生开展信息技术支持的自主学习、协作学习、探究学习等学习活动，为学生创造信息技术赋能学习的环境和条件。70％以上的课程要能有效应用数字化教学技术与条件。

③ 教师能够应用数字工具对学生学习特征和行为进行分析，伴随式采集和分析教学数据，准确开展教学评价，不断完善和创新教学。

④ 教师及教学团队能够按照教学大纲要求，实施完整的在线教学活动，并及时更新课程内容，做好在线服务，确保上线课程质量，每位教师至少参与建设一门在线开放课程。

3 数字化学习培养

通过信息化教学的实施，促使学生不断提升数字化学习素养，掌握信息技术、数字化学习和数字安全等知识与技能，提高学习效果。

（1）学习素养

① 在教学活动中，能够培养学生评估信息、数据等学习资源的准确性、可信度和有效性。

② 促使学生掌握信息技术的基本概念与使用方法，学习使用新工具和新技术，不断提升学生数字化学习素养，具备选择和使用信息技术探索知识的能力。

③ 帮助学生理解并尊重知识产权,能够管理个人数据,保护个人隐私与信息安全。

④ 学生在数字化学习中诚信守诺,严禁出借个人学习账号,严禁通过非法软件或委托第三方提供的人工或技术服务等方式获取学习记录和考试成绩的“刷课”“替课”“刷考”“替考”行为,严禁以任何形式传播课程考试内容及答案。

(2) 学习方法

① 确保学生以正确、安全、合法、合规的方式使用信息技术,在校期间能够系统学习在线开放课程。

② 培育学生科学地运用信息技术制定学习目标和学习策略,自主反思学习过程,不断提高学习效果。

③ 鼓励学生使用信息技术与工具积极探究学习中的问题,能够使用多种工具和方法对数字资源进行检索、组织和加工,并能利用信息技术解决问题。

4 数字化教学环境

学校要不断完善数字化教学设施、资源、平台等技术与条件,建成安全、稳定、可靠、可扩展的数字化教学环境。

(1) 教学条件

① 学校网络出口带宽能充分满足教学使用需求,能够实现校园网核心链路和设备冗余和备份,全面支持 IPv6 部署和平稳运行。根据教学数字化进程推进校园 5G 高速专网建设。

② 学校整体学习环境能够实现有线和无线双接入,实现无线校园全覆盖,满足泛在化教学和学习需求。无线网络接入支持 Wi-Fi6 标准。

③ 学校教学、科研、实训等场景 70%能够满足录播、教学互动、远程教学、在线测评等教学需要。

④ 高校要能够按照相关安全等级保护标准要求完善物理环境、网络环境、信息系统、信息终端、数据、内容等安全管理。支持使用国产正版软件。

(2) 教学平台

① 学校拥有一个以上满足教学需要和安全保障的在线教学(包括直播类教学)平台,利用好国家和省智慧教育平台等优质平台与资源,能为师生提供优质的数字化教学支持,实现课堂内外的师生互动及同步教学。

② 学校建有内容丰富、便捷高效的在线课程与资源平台,为师生提供更加友好的个性化体验和服务,平台资源年使用率在 70%以上。

③ 学校建设的数字化教学相关平台应具有身份管理、消息服务、日历服务、音视频服务、教学活动、教学管理等多种功能,须向学校在线开放课程教学管理与服务平台提供开放用户身份数据、课程访问数据、学习行为数据以及相关运行数据。

5 数字化教学管理

学校要落实教育部等五部门《关于加强普通高等学校在线开放课程教学管理的若干意见》(教高〔2022〕1 号)和相关直播在线教学管理等要求,运用信息技术支撑教学全过程管

理，实现教学管理信息全面整合与开放共享，提高教学管理效能。

(1) 教学支持

① 学校建立校院(系)两级数字化教学管理负责人制度，设有数字化教育教学专家团队，为数字化教学提供研究、指导、评估等服务。

② 学校拥有能为师生提供教学设计、数字化资源建设、平台维护、学习分析等支持服务的专业化支撑队伍，每年接受 1 次以上相关培训和教育，不断提升数字化教学管理能力和水平。

③ 学校设立数字化教学专项经费，作为学校教学运行经费的一部分，能够严格按照国家相关法律法规、制度和相关规定管理和使用经费，确保专款专用。

④ 学校完善数字化教学支持和管理制度，规范数字化教学支持、课程选用、教学、评价、督导和学分认定等要求。

⑤ 学校要定期组织各类培训，促进教师了解并应用信息技术工具平台和数字化教学方式方法等。

(2) 教学管理

① 学校数字化教学治理组织架构清晰，能够对教学实施全方位、全过程管理。

② 学校建立以学生综合能力发展为导向的数字化教与学评价体系，能够采用基于智能技术的评价方法，开展结果性评价、过程性评价、增值评价和综合评价。

③ 学校要建立准确完整的教学管理基础数据，包含学科专业建设信息、教学质量监测数据、教师基本信息等，明确数据规范、数据源及负责部门，能够保证基础数据质量，并及时更新和有效利用。

④ 学校要强化教学资源选用管理，实行严格的意识形态审查、内容审查和质量监督，确保正确的政治方向和价值导向，符合科学性、适用性要求。不得选用内容陈旧、服务质量差的在线教学资源。

⑤ 学校要利用信息技术严格考核评价管理，强化学习过程监控，严格考试考核，在重要考试中利用技术手段强化考试监督。

第三章 多媒体课件的设计、制作与评价

课件是计算机辅助教学的软件基础。课件既是教学内容的载体，也是教学内容呈现方式、教学方法、教学手段乃至教学理念、教学思想的体现。课件的质量和水平直接关系到计算机辅助教学能否有效地进行，关系到计算机辅助教学的效果。

教学的内容、方法、对象、目的以及教学的理念、教学环境等的差异决定了课件具有不同的类型。每一种类型的课件都需要在一定的教学理论的指导下，根据教学内容、教学对象的不同特点，综合运用教学设计、程序设计、艺术设计等多种设计方法和技术来设计和制作。经过精心设计和制作的课件，是计算机辅助教学能够取得成功的重要保证。

课件的设计和制作是一项复杂的创造性劳动，既要考虑到课件是一种计算机软件，要符合软件设计和制作的规范，并能适合于计算机辅助教学环境的需要，保证课件能够顺利地运行，更要考虑到课件是为教学服务的，要符合学科的科学性和教学性的要求，符合教学规律、学习规律的要求，还要考虑课件的艺术性，使课件具有整洁美观的界面、和谐一致的风格、生动活泼的形式，以提高计算机辅助教学的效果。

第一节　多媒体课件设计与制作的理论基础

多媒体课件是要应用于教学的软件，必然要遵循教学相关的理论的指导。现代学习理论、现代教学理论、现代教育技术理论和相关学科的教学理论都是信息化教学和多媒体课件设计、制作的理论基础。下面简要介绍这些理论的基本内容。

一、现代学习理论

1 行为主义学习理论

以美国心理学家桑代克、斯金纳等为代表的行为主义学派认为，学习过程是一种“刺激—反应”过程。学习者的行为是他们对环境刺激所做出的反应；所有行为都是习得的。因此，“临近”和强化在学习中具有重要价值。传播者（教师或计算机）的任务是：创设教学环境，安排刺激，观察学生的反应，对令人满意的反应予以强化鼓励，对令人不满意的反应予以补救或否定来纠正其反应。刺激要适当，观察要准确，而强化和补救要及时。

基于行为主义学习理论,教学不仅要创设与教学内容有关的教学环境,提供重复的适当刺激和及时的反馈刺激,而且要提供因人而异的刺激,改善学生的行为,达到教学目标。

2 认知主义学习理论

以瑞士心理学家皮亚杰和美国心理学家布鲁纳为代表的认知与发展学派认为:知识的获得不是对外界信息的简单接受,而是学习者对信息的主动选择和理解。环境只是提供潜在的刺激。在学习过程中,刺激之所以会产生反应,是由于学生内部有一个复杂的处理过程把其知识结构进行重新组织,形成新的知识结构。而这种变化与重新组织并不总是渐进的,当知识的积累达到一定条件时,可能发生突变,形成"顿悟"。

认知主义学习理论十分强调"不平衡"在学习中的作用,当学习者在试图加工新的刺激不成功时,旧的心理结构失去平衡,而学习者力图达到新的平衡,学习者的认知结构就会发生变化。新的认知结构是在原有认知结构的基础上建立的,始终受到原有认知结构的影响。因此,学习的迁移是极为重要的。

基于认知主义学习理论,在教学中,要根据学生已有的心理结构设计适当的教学情景,让学生自己操作各种材料(书籍、实验仪器与材料等),在解决问题的过程中掌握一般的原理,实现知识的迁移,从而改进旧的知识结构,形成更科学的新的知识结构。在教学中,要以直观的形式向学生提供学科内容结构,让学生了解教学内容之间的关系;学习的内容要适应学习者认知发展的水平,由简单到复杂,并以适当的矛盾冲突呈现教学内容。要使学习者理解所学的内容,提供及时的认知反馈,以确认学习者的正确认识和纠正错误的认识。

3 认知-行为主义学习理论

认知-行为主义学习理论就是融合了行为主义和认知主义学习理论的理论。以加涅为代表的认知-行为主义学习理论认为,学习是一个不断接受外界刺激,经学习者的内在构造作用,产生反应,并同化为学习者的内在认知结构的循环过程。学习具有从低到高、从易到难的层次性和阶段性。加涅等人还进一步提出了学习过程的 6 个层次和 8 种内在结构模式。

4 控制学习理论

以美国心理学家兰达为代表的控制论者则认为,应该从整个教学过程来系统地综合考虑,使用包括反馈控制的信息传播模型来分析学生的学习。首先是对学科论题的分析,指出熟悉它的思维过程,从而确定用于解决问题的基本算法;其次是分析学习者,找出他们所习惯的思维过程及心理特点,以设计出能保证有效教学的一种模型。他们提出"需求的多样性"概念,认为学习者与教学环境的关系是多种多样的,学习过程也必然是复杂多样的,关键是控制与调节,使不同的学习者按不同的方式进行学习。

5 建构主义学习理论

建构主义学习理论认为,学习是一种建构的过程。知识不是通过教师传授得到的,而是学习者与外部环境交互作用的结果。学习者在一定的学习情景下,借助他人(包括教师和学习伙伴)的帮助,利用必要的学习资料,通过意义建构的方式而获得知识。因此建构主义学习理论认为"情景"、"协作"、"会话"和"意义建构"是学习环境中的四大要素。

建构主义学习理论强调以学生为中心,不仅要求学生将外部刺激的被动接受者和知识的灌输对象转变为信息加工的主体、知识意义的主动建构者,而且要求教师及其设计制作的课件由知识的传授者、灌输者转变为学生主动建构意义的帮助者、促进者。

各种学习理论对多媒体计算机辅助教学都具有一定的指导意义。根据行为主义学习理论,多媒体计算机将教学信息以文字、图形、图像、音频、视频等不同的形式提供给学习者,强化了对学习者的刺激,提高了学习者的反应能力和水平。多媒体计算机辅助教学强大的交互能力能跟踪和评价学习者的学习情况并提供及时的帮助和指导。

根据认知主义学习理论,多媒体计算机将各种教学材料,以生动的声音、图像、文字及其组合的方式呈现给学习者,为所有不同水平、不同能力的学习者构建了各种特定的学习环境。学习者在与多媒体计算机的交互中不断"同化""调节"自身已有的认知结构,最后使自己的认知结构"平衡"到一个新的水平。多媒体计算机辅助教学强大的交互能力使学习者能积极主动地参与学习,更有效地达到认知结构新的"平衡"。

根据认知-行为学习理论,多媒体计算机既具有增强对学习者的外部刺激的能力,又有利于提高学习者的主动参与意识,是一种有效的教学形式。而根据控制学习理论,多媒体计算机既有发送、呈现信息的能力,又有控制、调节呈现发送内容和方法的能力,因而是一种极好的教学手段。

根据建构主义学习理论,在进行教学设计时,要遵循以下原则:①强调以学生为中心;②强调"情境"对意义建构的重要作用;③强调"协作学习"对意义建构的关键作用;④强调对学习环境(而非教学环境)的设计;⑤强调利用各种信息资源来支持"学"(而非"教");⑥强调学习过程的最终目的是完成意义建构(而非完成教学目标)。

多媒体计算机技术和网络技术可以作为建构主义学习环境下理想的认知工具。利用多媒体手段可以模拟真实的情境,学生在教学情境中能够更好地认识事物。用计算机设计出一个模拟的物理环境,让学生进行主动的探索:探索各物理量之间的关系,自己改变物理量,自己总结物理规律;用计算机设计出一个模拟的化学环境,让学习者自己探索各元素的化学性质,在教师的指导和同伴们的帮助下自己归纳出元素周期表。

二、现代教学理论

1 与学习理论对应的教学理论

与学习理论相对应,产生了行为主义教学理论(以斯金纳程序教学为代表)、认知主义教学理论(以布鲁纳认知结构教学理论为代表)和情感教学理论(以罗杰斯的非指导性教学为代表)等教学理论,并产生了范例教学、发现法、非指导性教学、暗示教学等教学模式。

2 首要教学原理

首要教学原理是美国著名教育心理学家和教育技术学家戴维·梅里尔教授提出的教学设计理论。首要教学原理又叫五星教学设计，即聚焦问题、激活旧知、示证新知、应用新知和融会贯通。戴维·梅里尔根据首要教学原理设计了波纹环状教学设计模式，这种模式包括六个步骤，即明确解决问题、设计问题序列、聚焦成分技能、适配教学策略、定型教学设计和安排教学评价。这一设计模式主要讨论了依据不同的知识类型——概念、程序和原理，采用四种基本的教学策略——讲解、提问、展示与操练来开展有效教学。教师要面向完整任务和聚焦解决问题开展教学，培养学习者解决高层次问题能力，努力实现意义学习与能力迁移。

首要教学原理强调教什么和如何教是密切相关的，不同的教学内容需要使用不同的教学策略。因此，梅里尔区分了五种技能，即是什么、有什么、哪一类、如何做和发生了什么。第一种，是什么，一般是指“事实、联系”。第二种，有什么，一般是指“名称、描述”，包括以下内容要素：整体说明、部分与整体关系、部分名称、部分的描述。第三种，哪一类，一般是指“定义、属性”，包括以下内容要素：类别名称、关键特征、一组实例。第四种，如何做，一般是指“步骤与顺序”，包括具体问题或任务、系列步骤、步骤的示证、每一个步骤的结果、完成所有步骤的结果。第五种，发生了什么，一般是指“条件与后果”，常常用“如果……那么”的句式表示，包括具体问题或任务、条件、条件产生的结果。梅里尔认为在这五类技能中能够成为课程主要目标的，往往是后三类，即哪一类、如何做和发生了什么。前面两种不是课程的主要目标，而是起辅助作用的，即“是什么”“有什么”，后面三类技能里几乎都包括这两种技能，以“如何做”为例，“如何做”会涉及“有几个步骤”和“每个步骤是什么”的技能。

不同的技能对应不同的教学策略。“是什么”一般运用呈现信息和尝试练习的教学策略，重点要帮助学习者更好地在长时记忆中建立信息之间的关联；“有什么”一般运用呈现信息、示证新知和应用新知的教学策略，这里的关键是要让学习者明确部分和整体之间的关系；“哪一类”一般运用呈现信息、示证新知、应用新知的教学策略，呈现信息的关键点在于讲清区分类别的关键特征，示证新知的关键点在于提供正例和反例，无论是正例还是反例，都应该是体现关键特征的，否则就是伪例。应用新知是要让学习者识别包含关键特征的例子，需要提供辅导和矫正性反馈。“如何做”一般运用呈现信息、示证新知、应用新知的教学策略，呈现信息的重点在于步骤及完成的结果，示证新知的重点是展示步骤，应用新知则让学习者逐步尝试自己做，体现从扶到放的过程。“发生了什么”一般采用呈现信息、示证新知、应用新知的教学策略，这里的呈现信息、示证新知关键在于引导学习者主动示证，就是自己猜测条件可否导致什么结果，而应用新知则需要学习者在全新的情境中辨别哪些条件是遇到过的，哪些没有，另外也可以通过追溯的路径，让学习者从结果来推测条件。

波纹环状教学模式。波纹环状教学设计模式将实施教学的情境比作一个池塘，投入池中的小石子就是学习者需要解决的问题。“石击水面”这一问题引发了教学设计过程。构成第一道波纹的教学产品是该问题的原型示证与应用。第二道波纹是同一类型问题形成的任务序列，构成第二道波纹的教学产品是序列中的每一个问题的示证或应用。第三道波纹是聚焦解决这类问题的成分技能，构成第三道波纹的教学产品是问题序列中所讲授的每种成分技能的示证或应用。第四道波纹是适配教学策略，包括在问题示证与应用中增加的结构化框架和同伴互动。第五道波纹是定型教学设计，包括界面、导航、补充教学材料的设计定型。第六道波纹是评估设计，包括数据收集、形成性评价和原型修正。

梅里尔根据首要教学原理设计了波纹环状教学设计模式，这种模式包括六个步骤，即明确解决问题、设计问题序列、聚焦成分技能、适配教学策略、定型教学设计和安排教学评价。

第一步，明确解决问题。传统的教学设计一般始于教学目标，教学目标常常是一种抽象的呈现，而没有教学内容本身。而波纹环状教学设计模式把实施教学的情境比作池塘，投入池中的这颗石子就是要解决的完整问题，我们称之为问题原型。问题原型主要包括三部分：第一部分是明确问题的初始和完成状态，让学习者明白自己的起点和终点；第二部分和第三部分都是学习的途径。其中，第二部分是示证，也就是告诉学习者后面我们会怎样指导他们学习；第三部分是应用，让学生明白他们需要做什么样的练习。

第二步，设计问题序列。问题序列是指一系列复杂性递增的连续性问题原型，体现学习从扶到放的过程。复杂性递增是指后一个问题比前一个问题需要多一至两个成分技能，成分技能是指条件和步骤。因此，这就需要收集各种问题细节刻画的样本，比如，以摄影为例，它的成分技能中的条件包括剪辑、三分法构图、布局、构图、线条，步骤包括造型、取景、修剪、编辑。根据这些成分技能，我们可以设计一个从易到难的问题序列。

第三步，聚焦成分技能的教学策略设计。如果第一步和第二步是关于"教什么"的话，那么第三步就是考虑"如何教"了。当我们有了问题序列后，就要考虑其中的成分技能具体怎么教。因为成分技能包括条件和步骤两部分，教学策略主要包括示证和应用两种。

第四步，适配教学策略，设计结构化框架和强化同伴互动。结构化框架是指激活、组织和利用学习者旧知来创设适合新知学习的心智模式，因为是将旧知结构化，所以称之为结构化框架。以摄影为例，好的照片具有画面简洁、明示布局、三分构图、巧用线条和合理构图这五个特点，这五个特点有个共同联系，就是要将观众视线引向某处。因此梅里尔用了漏斗这个隐喻来有效调动学习者旧知，为学习新知做好准备。如果说结构化框架是个人层面的，那么同伴互动则涉及人际层面，可以设计各种同伴活动用于首要教学原理的各个阶段，包括同伴分享用于激活旧知，同伴讨论用于示证新知，同伴合作用于应用新知，同伴评价用于融会贯通。

第五步，定型教学设计。定型教学设计是指整体规划一门课程，这里包括对课程的整体设计，为了增加课程的整体性和完整性，建议在课程开始时有一个整体性的概览，结束时有一个整体性的总结，在课程进行中有一条线索，有助于学习者的整体把握。

第六步，安排教学评价。波纹环状教学设计模式提倡持续性地进行评价，在课前、课中和课后都有相应的反馈机制。

3 最近发展区理论

苏联著名心理学家维果茨基的"最近发展区理论"，认为学生的发展有两种水平：一种

是学生的现有水平,指独立活动时所能达到的解决问题的水平;另一种是学生可能的发展水平,也就是通过教学所获得的潜力。两者之间的差异就是最近发展区。教学应着眼于学生的最近发展区,为学生提供带有难度的内容,调动学生的积极性,发挥其潜能,超越其最近发展区而达到下一发展阶段的水平,然后在此基础上进行下一个发展区的发展。

依据最近发展区理论,教学应根据最近发展区设定。教学过程只有建立在那些尚未成熟的心理机能上,才能产生潜在水平和现有水平之间的矛盾,而这种矛盾又可引起儿童心理机能间的矛盾,从而推动了儿童的发展。例如,初中一年级负数的教学,学生过去未认识负数,教师可以举一些具体的、具有相反意义的量。比如,可用温度计测温度的例子,在零摄氏度以上与在零摄氏度以下的时候的温度怎样表示,以吸引学生,使他们渴望找到表示这些量的数,从而解决他们想解决而未能解决的问题。这样的教学过程中的矛盾引起心理机能的矛盾,使学生很快掌握了负数的概念,并能运用其解决实际问题。

依据最近发展区教学也应采取适宜的手段。教师借助教学方法、手段,引导学生掌握新知识,形成技能、技巧。实现这一目的的关键在最近发展区域,因此,教学方法、手段应考虑最近发展区。

根据最近发展区教学必须遵循因材施教的原则。从学生整体而言,比如一个班的教学应面向大多数学生,使教学的深度为大多数学生经过努力后所能接受。这就得从大多数学生的实际出发,考虑他们整体的现有水平和潜在水平,正确处理教学中的难与易、快与慢、多与少的关系,使教学内容和进度符合学生整体的最近发展区。如遇到较难的章节时,教师可以添加一些为大多数学生所能接受的例题,不一定全部照搬课本,以便各有所获。对于个体学生来说,有的学生认知能力强,兴趣广泛,思维敏捷,记忆力强,他们不满足按部就班的学习,迫切希望教师传授给他们未知的知识,要求更有深度的广延。教师应根据他们的最近发展区的特点,实施针对性教学。

以素质教育为背景的我国当前教学改革倡导面向全体学生,使学生全面发展的现代发展式教学观。这一观点认为,教学的本质是激励学生的学习积极性,帮助学生全面发展。而维果茨基的最近发展区理论所倡导的教学观恰好与之暗合。维果茨基的最近发展区理论认为,学习与发展是一种社会和合作活动,它们是永远不能被教给某个人的。它适于学生在他们自己的头脑中构筑自己的理解。而正是在这一过程中,教师扮演着促进者和帮助者的角色,指导、激励、帮助学生全面发展。

4　程序教学原理

(1) 积极反应原理:学习者对学习内容做出积极的反应。

(2) 及时确认原理:对学习者的正确反应给予及时的确认。

(3) 小步子原理:小步子前进。

(4) 自定步速原理:根据自身的条件自定学习的速度。

(5) 测验原理:学习的结果需通过测验来检验。

5　媒体符合原理

(1) 教学内容决定媒体形式的原理:不同的教学内容需要不同的媒体形式来表现。具体性的教学内容要使其向抽象层次发展，才能提高认识层次；而抽象性的教学内容，又要以具体形象的媒体形式表现出来，才能让学生迅速理解。

(2) 媒体形式有利于教学对象认识发展的原理：教学对象在其发展的不同阶段具有不同的认识水平，教学媒体的选择既要符合教学对象的认识水平，又要促进教学对象的认识水平由低级向高级发展。

(3) 多媒体配合原理：不同媒体具有不同的教学效果，多媒体组合的教学效果大于各媒体教学效果之和。

(4) 大信息量媒体原理：不同形式的媒体包含不同的信息量，图形、图像、音频、视频比数字、文本包含更多的信息；不同特性媒体的组合可提高信息量。

6 交互作用原理

(1) 积极学习原理：学习不是被动地接受，交互学习使学习者积极主动地参与学习过程，有助于理解和把握知识的结构和联系，提高学习效率。

(2) 发现学习原理：学习也是发现和创造。交互学习能引发学习者的想象力和创造力。学习者通过对学习对象的改变、编辑和重塑等提高了思维能力和创造能力。

(3) 个性化学习原理：不同的学习者具有不同的兴趣、爱好、认识水平和学习需求。交互学习学习过程的控制权交给学习者，由学习者根据自身的条件和要求选择学习环境和学习形式，有利于因材施教。

三、现代教育技术理论

1 经验之塔理论

经验之塔理论是美国视听教育家戴尔在《视听教学法》中提出的关于视频媒体与学习经验关系的理论。戴尔认为学习经验包括具体经验和抽象经验，具体经验又可分为做的经验和观察的经验，各类经验可按层次构成“经验之塔”(图 3-1-1)。“塔”基的学习经验最具体，越向上越抽象。“塔”的具体或抽象的程度与学习的难易无关。各类学习经验是相互联系、相互渗透的。教学中应充分利用各种学习途径，使学习者的直接经验与间接经验产生有机联系。教学应从具体经验入手，逐步抽象，防止“言语主义”——概念到概念的做法。学习间接经验应尽可能以直接经验作为充实的基础。同时，也要适时引导学生向抽象思维发展。每个人的经历都受时空限制。位于“塔”腰的视听教学媒体能为学习者提供一种“替代经验”，有助于突破时空的限制，解决教学中具体经验和抽象经验的矛盾，弥补各种直接经验的不足。

2 多媒体学习理论

多媒体学习理论是美国当代著名教育心理学家、认知心理学家与实验心理学家理查

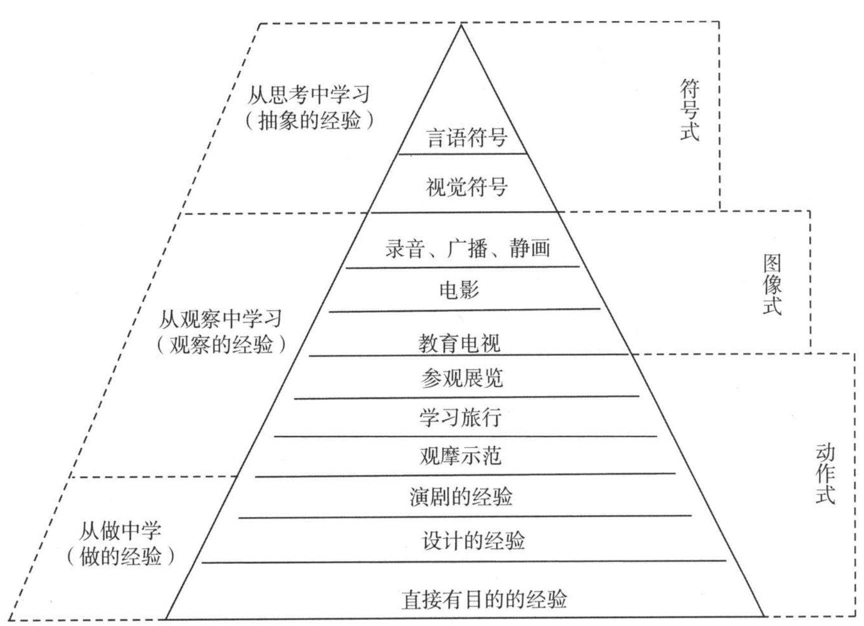

图 3-1-1　戴尔的“经验之塔”

德·E. 迈耶在《多媒体学习》中提出的多媒体学习理论，其中包括多媒体信息设计的七个原则和多媒体学习的一个认知理论。该理论建立在三个假设和多媒体学习的认知模型上。

多媒体学习理论的三个假设：①双通道假设，即人们进行认知加工时对视觉表征和听觉表征的材料都有相应的信息加工通道。②容量有限假设。人们进行认知加工时需要消耗的认知资源是有限的，每个信息加工通道上一次加工的信息数量也是有限的。③主动加工假设，是指人们为了对呈现的材料与他们的经验建立起一致的心理表征会主动参与认知加工。主动的认知加工过程包括形成注意、组织新进入的信息和将新进入的信息与其他知识整合。

多媒体学习的认知模型。多媒体学习认知模型也代表信息加工系统，该模型形象地反映了人类进行多媒体学习时的学习原理；以语词（语言和文字）和画面（图形图像、视频、动画等）呈现的多媒体材料，分别通过听觉通道和视觉通道进入到人的感觉记忆中心，进入到感觉记忆中心的视觉表象和听觉表象能做短暂停留，之后需要进行选择，视觉和听觉表象的选择是基于容量有限假设，在感觉记忆中心在相应的通道只能选择有限的信息进入到工作记忆中心。多媒体学习的主要过程发生在工作记忆中，在积极主动的意识状态下，工作记忆被用于暂时性地贮存知识和操作加工知识，工作记忆是以双通道为基础的。因此在完成相应通道中信息的信息模型建构后，还需要在两种通道之间建立关联，即将有关联的听觉表象和视觉表象进行转换，比如当听到“狗”这个词时，你可能在脑海中会浮想出一只狗的图像；最后需要提取长时记忆中的已有知识，将经过加工后的信息与已有知识进行整合，存储到长时记忆中去。

多媒体教学信息设计的七个原则：①多媒体认知原则。语词和画面组成的呈现方式比只有语词呈现的学习效果好。因为当语词和画面共同呈现时,学习者学习时将减少认知资源消耗,比较容易形成语言和图像的心理模型,并在二者之间建立联系。②空间临近原则。画面中相关联的语词和画面应在空间和时间上接近,即画面中与插图相关的文本不能离得太远,应在一个屏幕上插图的附近位置显示出来。③时间临近原则,即与某一多媒体元素相关联的其他元素在呈现时间上要接近(同时呈现或延迟出现的时间较短)。④通道配合原则。由动画和解说组成的信息呈现方式比由动画和屏幕文本组成的信息呈现方式能使学习者学得更好,这是因为当画面和语词材料都是以视觉形式呈现时,将会增加视觉通道的认知负荷,而听觉通道的认知负荷处于闲置状态,认知资源得不到有效的利用;当语词材料以声音的形式呈现时,人们可以在视觉通道加工图像信息,同时可以在听觉通道加工语词信息,认知资源得到了有效利用。⑤减少冗余原则。这里所说的冗余指信息的冗余。学习由动画加解说组成的呈现材料比学习由动画加解说再加屏幕文本组成的呈现材料能取得更好的效果。这里的解说和屏幕文本所呈现的是同样的语词信息,应减少不必要的冗余信息。⑥一致性原则。一致性原则是指不要添加与教学无关的内容。无关的信息会争夺工作记忆中的认知资源,分散学习者对重要信息的注意力,干扰信息的加工。⑦个体差异原则。多媒体设计效果对水平低的学习者要强于对知识水平高的学习者,对空间能力高的学习者要好于对空间能力低的学习者。

3 现代教育传播理论

现代教育传播理论认为,教学过程可以看作是由教育信息在传播者(教师或计算机等)和接受者(学生)所组成的一个信息传递系统中传播-反馈的过程。这一过程包含四个环节:传播的准备、传播的实施、传播作用于受众心理、根据传播的效果分析及时调整传播内容和进程。教育信息的传播有不同的模式,如大众传播模式、拉斯韦尔模式、罗杰斯-休梅克的创新模式、双向交互模式等。多媒体计算机辅助教学可以看成是利用计算机进行教学信息的编码、传输并接受反馈信息的一种教学形式。因此,多媒体计算机辅助教学必须遵循教育信息传播原理和理论。

四、学科教学理论——以地理学科为例

多媒体课件是为具体的学科教学服务的,多媒体课件的设计与制作必然要考虑学科教学的特点和要求。各学科的教学都有自身的特点。地理学跨文、理、工三个学科,兼有文、理、工三个学科的特点。现以地理学科为例说明如下:

1 地理学科的教学原则

地理学科的教学原则可概括为:①体现地理教育多功能的原则;②利用地理内容广泛性和生动性的原则;③以人地空间关系为主线的原则;④地理事实与原理并重的原则;⑤以综合思维和比较思维为主的原则;⑥坚持“启发式”和用图像分析的原则。

2 地理学科的教学方法

地理学科的教学方法,根据教师和学生在教学活动中的关系,可分为讲授法、谈话法、自学辅导法、讨论法、发现法等。根据地理教学内容的不同,可分为地理概念教学法、地理特征教学法、地理成因教学法、地理事实教学法、地理技能教学法等。

3 地理素材教学法

地理名称、地理图表(包括地图)和地理数据是地理教学中的常用素材。地名教学的首要方法是,从地名本身具有的内容和地名所指代的地域有关内容入手,增强趣味性和知识性,变枯燥的机械记忆为联想式的趣味记忆。为了增强地名记忆的效果,进行一些必要的填图、拼图练习是非常必要的。地图是地理教材的重要内容。地图既有直观具体性,又具有抽象概括性,所以,地图是地理教学中的重要手段,也是重要的思维工具。通过教师引导下的读图、析图,是培养学生地理自学能力的重要途径,也是进行启发式教学的重要途径。地理数据是地理科学性的重要体现,对地理数据的教学,一是用地理图表直观、形象地表示地理数据,二是经常进行地理数据的对比分析,三是地理数据的整理和统计,四是通过对地理数据的计算和综合分析进行发现规律的创造性教学。

4 地理逻辑思维方法

地理的教学内容以地域性空间结构为支撑,具有并列性综合的特征。因此,地理教学的逻辑思维方法,以地理综合分析法、地理比较法和地理推理法为主。

地理综合分析法就是要从地理的空间和地域的整体结构出发,具体分析各地理事象各部分之间的相互关系,分清影响地理特征的主要矛盾和矛盾的主要方面。

地理比较法是由地理知识的并列性决定的。不同的地理事象既具有相似形,又具有相异性。容易引起混淆的不同地理概念的比较,有助于分清地理概念的细微差别,不同区域地理特征的比较有助于掌握不同区域的地理特征。借助于地理图表的对比分析则具有形象直观的特点。

地理推理法是地理逻辑思维方法的基本形式。地理归纳法是从庞杂的地理事象中发现、掌握和记忆地理规律的科学方法,地理演绎法则是利用地理事象内部的固有联系,即规律性,研究、发现和掌握地理特征。地理类比推理法则是利用相似形规则,从已有的地理事象的联系出发,推知相似的未知地理事象的联系。

5 地理学习理论

(1) 地理学习的内部动机与外部动机理论。

(2) 地理学习的知觉特征理论:地理知觉对象的广泛性、间接性、抽象性理论。

(3) 地理学习中的记忆特征理论:地理学习的记忆量大、空间信息比重大、重复率低理论。

(4) 地理学习中的思维特征理论:地理事象在空间上的相互联系,较多地运用分析、比较和综合的方法，较多地联系生产和生活实际。

(5) 地理技能学习的特征理论：地图阅读和使用的技能、地理图表阅读和使用的技能、空间想象能力、综合分析和概括的技能，等等。

第二节　多媒体课件设计的内容与方法

一、课件设计的基本内容

课件设计是对课件的内容和内容的呈现方式、应用的教学理论和教学方法、课件程序的实现方法和步骤、课件应用的目的、对象和运行环境等各个方面进行的整体规划。课件设计的目的是保证课件符合科学性、教学性、程序性、艺术性等方面的要求。

课件设计的内容包括课件的教学设计、程序设计和艺术设计等几个方面。

课件的教学设计是课件的首要任务。课件是一种教学软件，课件的内容必须保证是与教学有关的信息，课件内容的形式、呈现方式必须符合教学媒体使用的规律和信息传播理论，课件的执行过程必须符合学生的认知规律和教学规律，课件采用的教学方法必须符合教学理论和学习理论的要求，有利于学生掌握知识、提高技能。

课件也是一种计算机应用软件，需要符合计算机应用软件的一般要求。软件的核心是程序，课件程序是实现课件目的的手段。课件程序运行所需要的环境条件（对计算机性能的要求、对操作系统的要求和对其他相关软件、插件的要求）、课件运行的稳定性和可靠性、课件的计算机资源的占用情况、运行的速度、界面的友好性和操作的简易性，是多媒体课件程序设计的基本内容。

课件的艺术性设计是在课件教学设计和程序设计基础上对课件的艺术加工。课件的艺术性设计主要是设计课件的表现形式和视听效果，如画面的布局、背景，文字的颜色、字体、字号，图形图像的颜色、对比度、亮度，音效和动画效果的使用等。

二、课件设计的基本步骤

一般地，课件的设计包括需求分析、系统设计、实际制作、评价与修改、完成五个基本环节。需求分析主要是对课件的使用对象、课件的教学内容、课件的运行环境、课件设计制作的条件的分析，说明课件制作的必要性和可行性。系统设计是在需求分析认为具有可行性的基础上，对教学目标、教学内容、教学结构、教学策略、程序流程等的系统设计，并编写设计脚本。实际制作是在设计脚本的基础上用编程语言或编程工具编写并制作多媒体课件，主要是多媒体素材的采集、编辑和制作，各种素材的编排、组合，交互的设置，教学过程的控

制等。评价与修改是将制作好的课件在一定范围内试用,对课件的使用效果做出评价,提出修改意见。完成是将已经修改过并通过一定机构评估的课件制成可供发行的软件,推广使用。

教师自己设计与制作课件一般也应按照上述几个步骤进行,但在具体实施时可以有所简化。例如,如果教师对教学内容、教学方法和步骤、所使用的素材已经比较熟悉,在设计和制作教学课件时,可不用编写设计脚本,在课件制作时可根据教学内容、教学媒体素材等情况,自行安排和调整。

三、课件设计的基本方法

(1) 分析教学内容,确定教学目标。

根据教学内容的深浅、难易等属性和学生接受能力的实际情况,对照课程标准的要求,结合教学经验,确定教学目标。新课程标准强调要以培养学生的学科核心素养为课程目标,落实立德树人、全面发展的教育方针的要求。

(2) 选择教学媒体,创设教学情景。

媒体的选择,就是根据教学内容和教学目标的要求,选择记录和储存教学信息的载体,直接介入教学活动过程,实现教学信息对学习者的感官刺激。

创设教学情景是指创设有利于学习者理解教学主题意义的情景。所创设的情景反映新旧知识的联系,有利于学习者对知识的重组和改造,促进学习者的联想和创新。

(3) 指导自主学习,组织协作活动。

运用启发式教学,充分发挥学习者学习的主动性和创造性,进行自我学习、自我探索。在学习者自学的基础上,通过小组讨论、辩论,进一步完成对主题的理解和深化。

(4) 确定教学要素关系,形成教学过程结构。

教学是由教师、学生、教学内容、教学媒体等要素构成的一个复杂的系统,要使得这个系统发挥最佳的效果,必须分析和研究各要素之间的联系,协调各要素之间的关系,形成合理的组织结构。因此,需要对教学结构进行有效的设计。

(5) 设计测量工具,进行学习评价。

以教学目标为依据,设计各种测量工具,检查学习者的学习效果。要充分考虑数字化转型背景下数字化、信息化、网络化测量工具的应用,能够及时有效地评价教学效果。

四、课件设计的基本要求

1 课件设计的教育性要求

课件是用来进行教学的,教育性是课件的根本属性。课件的设计要遵循教育教学的基本理论、基本原理和一般规律。

(1) 要有明确的教学目的，针对特定的教学对象，采用图、文、音、像并茂，生动活泼的教学形式，要突出重点、难点。

(2) 要运用教学设计的原理和方法对教学内容、教学过程进行教学设计，教学过程、教学方法和媒体形式的运用要符合学习者的心理特征、认知结构。

(3) 要突出启发性教学、学生自主学习，促进学生智力的发展和能力的提高。

2 课件设计的科学性要求

(1) 教学内容的科学性。课件是表现一定学科的概念、原理、过程、结果等的教学内容。课件的内容要符合学科的科学性要求，在概念、原理的表述上要准确，在过程的叙述和表现上要反映实际的过程、符合事物发展的规律和逻辑，在符号、公式、单位的表示上也要准确无误。

(2) 教学过程的科学性。课件的执行过程就是教学过程，因此，课件中设计的教学过程要和人们对事物的认识过程相符合，由感性到理性，由简到繁、由易到难，循序渐进。

(3) 内容结构的科学性。内容结构要系统完整，内容安排要层次分明、合乎逻辑，对内容的表述要真实、准确、规范。选材、例证要真实、可靠，具有代表性、典型性。

(4) 表达方式的科学性。要根据教学内容、教学对象的特点，采用多样化的表达方法，避免平铺直叙的表达方式。常用的表达方式有：分类比较、归纳演绎、分解综合、演示实验、模拟仿真等。

3 课件设计的技术性要求

课件设计制作技术水平的高低，对计算机辅助教学的效果有直接和间接的影响。技术性要求主要包括：

(1) 课件制作平台软件的选择。不同的课件制作平台对课件的类型、效果和应用环境要求不同，技术含量也不同。在选择制作平台时，应根据需要与可能，尽量选择交互性强、能灵活方便地实现教学功能要求的制作软件。

(2) 多媒体处理与应用技术。多媒体课件应综合应用多种媒体，并且为了满足制作软件的要求，能够对多媒体文件的格式进行必要的转换；或者能够利用控件、插件技术或多媒体编程技术，灵活地处理课件中使用的多媒体素材。

(3) 多媒体课件的优化技术。通过压缩、打包方法减少课件的体积，减少对系统资源的占用，并能稳定、流畅地运行。

(4) 程序运行与控制技术。多媒体课件在一定操作环境下运行，程序通过提供一定的操作界面进行人机交互，控制程序的运行，完成教学过程，达到教学目的。因此，作为计算机应用软件的课件，必须考虑它运行的软、硬件环境。为了课件的推广使用，对计算机硬件的要求不能太高，这些要求主要是对 CPU 主频、内存、显示分辨率、硬盘容量的要求。在软件方面，目前的多媒体课件一般要求在 Windows 98/2000/XP 等操作系统环境下运行。在程序的操作控制方面，多媒体课件要能提供简洁、方便、灵活的操作界面以及多样性的交互

手段。对课件的使用还要能提供及时的帮助和提示，对于用户的误操作要有纠错的能力，防止由于误操作导致的程序中断，甚至死机情况的发生。另外，还要考虑到程序的兼容性和程序可能产生的软、硬件冲突问题。

4 课件设计的艺术性要求

艺术的、美的东西总是给人艺术的、美的享受。艺术教育的作用就在于“寓教于乐”，陶冶人的情操，美化人的心灵，培养人的抽象思维能力，激发人的灵感和创造力。多媒体课件中的艺术性要求，就是要用符合美学原理的表现方法精心设计制作多媒体素材，进行多媒体组合教学，以丰富的情感、积极的态度感染和调动学习者的兴趣、爱好、情绪，以和谐、统一、完整、自然的手法，新颖、多样的方式表现教学内容，达到最优的教学效果。

（1）视觉效果艺术设计。视觉效果艺术设计包括构图、色彩、清晰度、稳定性等方面。

① 构图是对画面的结构、布局的整体设计。在计算机的显示屏幕上既要显示教学信息，又要显示控制界面和控制信息，合理的构图有利于教学内容的显示，也有利于程序的控制。构图的形式有水平构图、垂直构图、交叉构图等，要根据教学内容合理选用。不同内容的构图形式要有变化。构图画面长、宽要有恰当的比例（例如符合黄金分割法），画面中不同元素的位置、大小比例关系要协调，保持画面的均衡感。构图时要处理好前景、背景的对比关系。构图要简洁明快，要有明确的视点，突出主体内容。

② 色彩是对画面的颜色设置处理的一种技术效果。前景色、背景色、线条的颜色、字符的颜色，不同内容不同区域颜色的对比等都需要合理地设置，达到清新、明快的视觉效果。

③ 清晰度是画面表现细节的能力。清晰度一般和图形图像的分辨率有关。分辨率越高，清晰度越好。画面中元素本身的粗细、大小也是影响清晰度的重要因素。

④ 稳定性指动画、影像的帧同步水平。动画、影像的播放一般要达到25～30帧/秒才能满足人的视觉要求。有时为了某些特殊的要求，可采用快放或慢放。

需要引起注意的是，在多媒体的素材应用上，要选择分辨率高、画面清晰的图像，不要使用一般扫描仪扫描的模糊不清的图像；尽量选用3D图像，增强图像的三维立体效果；尽量选用三维全景图，增强图像的真实感、现场感和交互性。对课件中的图形应尽量直接绘制，以增强图形的清晰度、动态表现力，避免直接使用扫描的图像。对视频、动画素材也要尽量采用具有清晰画面的素材，有些模糊不清的压缩格式的视频应尽量少用。

（2）听觉效果艺术设计。听觉效果艺术设计就是对语音、音乐等音频效果的艺术设计。声音有自然的声音，也有人工合成的声音。多媒体课件中用到的声音主要有配乐、解说、音响三种。配乐一般作为背景音乐，应和教学内容相一致，起烘托渲染气氛、调节教学节奏的作用。配乐最好不要选择流行音乐，以免分散了学生对教学内容的注意力。解说一般是文字材料的朗读，图形图像、动画、影视的解释说明、对白等。因此解说要和文字材料、图形图像、动画、影视的内容相一致，及时、准确、生动地解释和说明相关内容。多媒体课件中的解说一般采用计算机录音的波形文件，为了保证播放的节奏，方便对声音的控制，对于大段的解说一般需要分成几个波形文件来存放。波形声音最好采用一定的压缩处理技术，例如压缩为MP3等。音响是为增强相关内容表达效果的一种声音处理技术。音响有自然界的各种声音、人的声音、各种器物发出的声音等，也有各种人工合成的模拟音响等。配合不同的内容采用相应的音响效果，有助于增强内容的表达效果。对各种操作行为设置不同的音响效果，则具有更强的提示作用。

五、课件设计的策略

1 脚本设计

脚本就像建筑设计图一样，是多媒体课件设计中的首要的和基础性的工作。它的主要任务就是选择教学内容、教学素材及其表现形式，建立多媒体课件的框架结构，确定程序的运行方式等。脚本设计分为文字脚本设计和制作脚本设计。文字脚本设计是对教学内容、教学结构和组织、教学方法等的设计。制作脚本设计是在文字脚本设计的基础上，研究如何根据计算机硬件和软件的特点与视听媒体的特征，将教学内容、教学方法、教学结构用恰当的方式、方法表现出来。

(1) 文字脚本设计

文字脚本是多媒体课件“教什么”“怎样教”“学什么”“怎样学”等内容的文字描述。它包括教学目标的分析、教学对象的分析、教学内容和教学重点难点的确定、教学方法策略的制定、教学媒体的选择、学习模式的选择等。

文字脚本一般应由有丰富教学经验的教师来编写。编写文字脚本的教师也应掌握多媒体计算机辅助教学的规律和特点。编写文字脚本时应做到目标明确，主题鲜明；内容生动，形象直观；结构完整，层次分明。

文字脚本不同于讲稿，它是在教案的基础上根据多媒体计算机辅助教学的规律和特征编写而成的。在结构上，文字脚本应包括课件名称、课件简介、教学对象、教学目标、教学内容、教学方法等。教学内容及其安排是文字脚本的主要方面和重点内容。从多媒体课件呈现教学内容的形式来说，有画面和声音两种。画面的内容即是文字、数字、图形图像、影像、动画等视觉信息，声音即是音乐、音响、解说等。画面和声音的配合构成了多媒体课件的基本单元。文字脚本可用框图来表示。

(2) 制作脚本设计

制作脚本是在文字脚本的基础上，根据多媒体和多媒体计算机表达教学内容的特点，从程序设计的角度确定具体教学内容的表现方法和实现的途径，设计课件的操作界面和交互手段，规定不同内容之间联系和切换的方法和途径，达到对课件的控制。

制作脚本一般由具有一定计算机程序设计经验的计算机专业人员编写，学习并掌握了相关多媒体编程语言或多媒体编辑工具软件的教师也可自己编写制作脚本。编写制作脚本时要做到总体构思，合理设置；灵活多样，方便可靠；具体直接，行之有效。

制作脚本是对多媒体课件的整体和每一部分内容的表示方法、操作与控制的方法的描述，其基本的结构应包括课件进入和退出的设计和控制，操作和控制界面的设计，交互手段的设计,不同内容、不同页面切换的设计,每一部分内容表现方式、方法的设计等。制作脚本的设计目前尚无统一的格式,一般需要根据所用的多媒体课件的编制工具来确定。

2 教学过程设计

教学过程设计是多媒体课件设计的重要内容。如何安排教学的顺序、如何设计教学的环节、如何使用先进的教学方法、如何控制教学的节奏,以充分发挥多媒体计算机辅助教学的优势和特长,是多媒体课件设计和制作能否成功的关键。

教学顺序的基本类型有:纵向发展式、横向展开式和层次分解式等几种。每一种教学顺序都是和特定的教学内容相联系的。在多媒体课件设计中,要根据教学内容和多媒体表现形式的要求合理地设计教学顺序。

教学环节包括教学目标的阐述、教学内容的呈现、教学重点难点的剖析、提问与练习、归纳与总结等。多媒体课件在教学环节的设计上应遵循教学的基本原则和一般规律,合理设计各教学环节。

教学方法是呈现教学内容、完成教学任务、达到教学目标所采取的方法,如设问法、对比法、归纳法、诱导启发法、交流讨论法等。在多媒体课件设计中恰当地运用相应的教学方法,可提高多媒体计算机辅助教学的效率。

教学节奏是根据教学内容、教学对象等对教学过程的调节和控制。教学节奏既要符合教学内容的深浅、难易程度和适应教学对象的接收和反应能力,也要符合不同媒体的表现方式。多媒体课件要使用多种不同的媒体来呈现教学内容,教学节奏的快慢与媒体的特点密切相关。在多媒体课件的设计中,应准确把握各种媒体的自然节奏,声音、动画的播放要符合人的视听习惯,场景、画面、内容的转换要自然和谐,形成符合教学对象学习心理特点的教学节奏。在不同段落、层次内容之间可适当设置对节奏的控制,根据具体情况调节教学节奏和进程。

3 教学表达设计

教学表达设计是指在教学的过程中,采用何种媒体,通过何种方式、方法来表现教学内容的设计。在多媒体课件的设计中,应根据教学内容和教学对象的特点和要求,选择一种和几种组合的媒体来表现教学内容。尽量用图形图像、视频、音频、动画及其组合形式。要掌握不同媒体的转换和组接的方法和规律,画面与画面的组接要自然过渡,并设计相应的过渡效果,声音与声音的组接要和谐统一,不要相互干扰,声音和画面的组接要相互配合。

4 界面与交互方式设计

计算机辅助教学的最大特点就是它的交互性。计算机辅助教学的交互性来自多媒体课件的交互界面。课件的交互界面提供了多样化的交互手段,教师或学习者可根据教学的目的和要求进行交互操作。

常用的交互方式有键盘输入方式、鼠标点击方式。键盘输入方式一般不需要专门的交互界面,直接用键盘就能实现交互操作。鼠标点击方式一般需要有专门的交互界面供鼠标点击,如按钮交互响应、菜单交互响应等,也可以不需要专门的交互界面,直接通过鼠标的点击实现交互,如热点交互响应、热对象交互响应等。

界面也是整个画面的一部分,也要占据一部分屏幕区域。因此界面的设计应和呈现实际教学内容的画面的设计有机地结合起来,统筹安排,合理布局。为了有效地呈现教学内容,也可暂时隐藏控制界面,或通过键盘来控制。对交互的反馈信息也要合理表达。界面的设置应新颖别致,界面的风格应前后一致,界面的操作方法要简单明确,不同界面中相同交互方式的操作应保持一致。

第三节　课件的评价标准

一、教育性标准

1 科学性标准

课件内容能准确反映客观规律,符合科学原理,名词、术语和符号的使用符合相应的规范。地理多媒体课件的科学性主要体现在,对地理名称、符号(特别是地图符号)、地理数据及其单位的准确表述和使用,对地理现象、地理过程、地理成因、地理规律的准确描述。

2 教学性标准

课件的运行符合教学的一般规律,教学目标明确,教学内容深浅、难易适当,具有系统性、连贯性,符合循序渐进的原则,教学方法先进,能激发学生的学习兴趣、积极性和创造性,有助于学生自主学习,符合因材施教的原则,能对教学效果进行及时、有效的反馈,帮助学习者及时调整学习内容和进度。

地理课件的教学性标准主要有:地理课件要符合地理教学多功能性、广泛性、空间结构性和综合性的基本原则,体现地理教学重视地图、图表教学、综合分析、比较教学、空间想象能力教学、理论联系实际教学和启发式教学的特点。地理课件的教学性标准还体现在地理教学信息的强度、对比度、丰度、层次性和针对性等。

二、技术性标准

课件能充分利用多媒体技术的优势和特点,具有较强的交互性、集成性和灵活性,课件的运行具有较好的稳定性,具有友好的人机交互界面等。

三、艺术性标准

教学信息的呈现层次分明、布局合理、重点突出、动静结合，教学信息和操作提示信息安排合理，色彩、音效等与教学内容具有一致性，程序运行的节奏符合教学过程的需要等。

教育部教育管理信息中心对多媒体课件的设计、制作和应用提出了具体的标准。其中，2016 年第十六届全国多媒体课件大赛的评分标准如表 3-3-1 所示（根据大赛组委会通知，个别地方有修改）。

表 3-3-1　第十六届全国多媒体课件大赛评分标准（2016 年版）

<table>
<tr><th rowspan="2">一级指标（分值）</th><th rowspan="2">二级指标（分值）</th><th rowspan="2">三级指标（分值）</th><th rowspan="2">指标说明</th><th colspan="2">评分范围</th></tr>
<tr><th>二级指标</th><th>一级指标</th></tr>
<tr><td rowspan="4">教学内容（20）</td><td rowspan="2">科学性、规范性（10）</td><td>科学性（5）</td><td>教学内容正确，具有时效性、前瞻性；无科学错误、政治性错误；无错误导向（0~5）</td><td rowspan="2">0~10</td><td rowspan="4">0~20</td></tr>
<tr><td>规范性（5）</td><td>文字、符号、单位和公式符合国家标准，符合出版规范，无侵犯著作权行为（0~5）</td></tr>
<tr><td rowspan="2">知识体系（10）</td><td>知识覆盖（5）</td><td>在课件标定范围内知识内容范围完整，知识体系结构合理（0~5）</td><td rowspan="2">0~10</td></tr>
<tr><td>逻辑结构（5）</td><td>逻辑结构清晰，层次性强，具有内聚性（0~5）</td></tr>
<tr><td rowspan="7">教学设计（40）</td><td rowspan="3">教学理念及设计（20）</td><td>教育理念（10）</td><td>充分发挥教师主导、学生主体的作用，注重培养学生解决问题、创新和批判能力（0~10）</td><td rowspan="3">0~20</td><td rowspan="7">0~40</td></tr>
<tr><td>目标设计（5）</td><td>教学目标清晰、定位准确、表述规范，适应于相应认知水平的学生（0~5）</td></tr>
<tr><td>内容设计（5）</td><td>重点难点突出，启发引导性强，符合认知规律，有利于激发学生主动学习（0~5）</td></tr>
<tr><td rowspan="4">教学策略与评价（20）</td><td>教学交互（5）</td><td>较好的人机交互，有教师和学生、学生和学生的交互、讨论（0~5）</td><td rowspan="4">0~20</td></tr>
<tr><td>活动设计（5）</td><td>根据学习内容设计研究性或探究性实践问题，培养学生创新精神与实践能力（0~5）</td></tr>
<tr><td>资源形式与引用（5）</td><td>有和教学内容配合的各种资料、学习辅助材料或资源链接，引用的资源形式新颖（0~5）</td></tr>
<tr><td>学习评价（5）</td><td>有对习题的评判或学生自主学习效果的评价（0~5）</td></tr>
</table>

续表

<table>
<tr><th rowspan="2">一级指标（分值）</th><th rowspan="2">二级指标（分值）</th><th rowspan="2">三级指标（分值）</th><th rowspan="2">指标说明</th><th colspan="2">评分范围</th></tr>
<tr><th>二级指标</th><th>一级指标</th></tr>
<tr><td rowspan="5">技术性（25）</td><td rowspan="2">运行状况（10）</td><td>运行环境（5）</td><td>运行可靠，没有“死机”现象，没有导航、链接错误，容错性好，尽可能兼容各种运行平台（0~5）</td><td rowspan="2">0~10</td><td rowspan="5">0~25</td></tr>
<tr><td>操作情况（5）</td><td>操作方便、灵活，交互性强，启动时间、链接转换时间短（0~5）</td></tr>
<tr><td rowspan="3">设计效果（15）</td><td>软件使用（5）</td><td>采用了和教学内容及设计相适应的软件，或自行设计了适合于课件制作的软件（0~5）</td><td rowspan="3">0~15</td></tr>
<tr><td>设计水平（5）</td><td>设计工作量大，软件应用有较高的技术水准，用户环境友好，使用可靠、安全，素材资源符合相关技术规范（0~5）</td></tr>
<tr><td>媒体应用（5）</td><td>合理使用多媒体技术，技术表现符合多媒体认知的基本原理（0~5）</td></tr>
<tr><td rowspan="4">艺术性（15）</td><td rowspan="2">界面设计（7）</td><td>界面效果（3）</td><td>界面布局合理、新颖、活泼、有创意，整体风格统一，导航清晰简捷（0~3）</td><td rowspan="2">0~7</td><td rowspan="4">0~15</td></tr>
<tr><td>美工效果（4）</td><td>色彩搭配协调，视觉效果好，符合视觉心理（0~4）</td></tr>
<tr><td rowspan="2">媒体效果（8）</td><td>媒体选择（4）</td><td>文字、图片、音频、视频、动画切合教学主题，和谐协调，配合适当（0~4）</td><td rowspan="2">0~8</td></tr>
<tr><td>媒体设计（4）</td><td>各种媒体制作精细、吸引力强，激发学习兴趣（0~4）</td></tr>
<tr><td rowspan="2">加分（2）</td><td colspan="2">应用效果（1）</td><td>已经得到广泛应用，取得了良好的应用效果，有较大的推广价值（0~1）</td><td>0~1</td><td rowspan="2">0~2</td></tr>
<tr><td colspan="2">现场答辩（1）</td><td>表述清晰、语言规范、材料充实、重点突出；快速准确回答问题，熟练演示课件（0~1）</td><td>0~1</td></tr>
</table>

表 3-3-1 表明，课件设计与制作的评价非常重视与学科教学内容和教学设计有关的教学性标准，在保证教学内容的科学性、规范性的前提下，教学设计在课件设计与制作中是非常重要的。课件是为教学服务的，课件的优劣很大程度上取决于教育、教学理念的先进与否，以及教学目标的确定、教学方法的选择和教学策略的应用。

第四章
多媒体素材的获取、处理与制作

第一节　多媒体素材的获取

多媒体从其基本表现形式来说可分为文本、图形、图像、音频、视频和动画等形式。多媒体素材的获取主要就是上述各基本类型素材的获取。获取素材包括两个方面:“在哪里有?”和“怎么下载?”。在多媒体课件制作中,我们需要知道多媒体素材在哪里有以及如何才能获取这些素材,特别是如何免费获取这些资源,以便将其应用于课件制作之中。

一、文本素材的获取

文本是文字、数字和符号的统称,是最常用也是最基本的多媒体素材。文本主要用于对知识的描述性表示,如阐述概念、定义、原理和问题,以及在用户界面中显示标题、菜单等内容。多媒体课件中的文本主要通过即时输入获得,课件制作软件一般都具有文本输入和编辑的功能。需要关注的是一些特殊形式的文本的输入,包括各类字母、符号的输入。

【文本获取案例 1】拼音符号的输入方法

方法 1:在 Word 中输入要加汉语拼音的汉字,旋转汉字后在“字体工具栏”中选择“拼音”按钮,打开拼音方案对话框,选择“单字”注音或组合注音方式,按“确定”按钮后,相应的汉字就自动加上汉语拼音了。

方法 2:汉语拼音输入的要点在于有音调的拼音字母的输入,其他拼音字母可以按照英文字母正常输入。如果安装了搜狗输入法或类似的输入法工具,在切换到搜狗输入法或其他相应的输入法后,按“V”和“8”可弹出快捷菜单,在快捷菜单列表项中可选择带声调的拼音符号。

【文本获取案例 2】不能直接复制和下载的网页文本的获取。

目前网络信息是非常丰富的,但网上的文本获取却变得不再方便,许多网页上的文本对复制和下载做了限制,需要付费才能复制和下载。要获取不能直接复制和下载的网页文本,可通过如下的方法:

方法 1:截图识别方法。可以用截图工具将网页文本截图,然后通过识别软件工具识别为可编辑的文本。例如,用迅捷文字识别软件可以把上传的图片识别成可编辑的文本,支持 JPG、PNG、GIF、BMP、DOC 等图片格式的识别,支持直接截图识别、单张图识别、批量识别,支持手写文字和 PDF 文字的识别,支持识别后转化成 Word 文档、Excel 文档、PDF 文档。

方法 2:稻壳阅读器阅读下载。稻壳阅读器(DaokeReader)是一款面向文库资源的阅读软件,具有体积小、占用资源少、程序启动及打开文档速度快等优点;能够阅读 PDF、XDF、XPS、EPUB、MOBI、AZW/AZW3、TXT、CAJ、OFD、DJVU、CBZ、CBR、CHM 等多种格式的文档,同时能够检索、阅读、下载在线文档资料,并实现全文复制、图片另存、一键打印、云端存储、安全加密等功能。

【文本获取案例 3】图书馆参考文献的获取

参考文献是学科教学和科学研究的基本资源,图书馆可提供电子格式的参考文献下载。电子参考文献一般以 PDF 格式和 CAJ 格式存储。电子参考文献可通过学校图书馆网站提供的查找、下载功能获取。获得的 PDF 格式和 CAJ 格式的参考文献可通过相应的 PDF 阅读器和 CAJ 阅读器阅读或转换为可编辑的文本,也可用于多媒体课件制作和信息化教学。

二、图形素材的获取

图形具有直观与抽象二重性,是教学信息表达和帮助教师教学的重要媒体,是多媒体课件中的教学媒体素材的重要形式。多媒体课件制作和信息化教学中使用的图形一般是矢量图形,可通过在相应的软件中即时绘制得到。简单的图形可以直接通过软件提供的绘图工具生成,复杂的图形和专业的图形可能需要借助简单图形的组合或用专门的工具软件来生成。可以利用一些图形资源或图形资源模板作为课件制作的图形素材。

【图形资源库】一般的应用软件都带有基本的图形工具和绘制图形的模板资源,课件编著软件本身也会提供一般图形资源的模板,供课件制作时调用。除此之外,也有一些专业的资源网站和图形制作软件能够提供非常实用的图形资源。

(1) 阿里巴巴矢量图库网站的图形资源 iconfont。该网站包含 ICON 图标库、ILLUS 矢量插画库、3D 插画库、LOTTIE 动效库、FONT 字体库等图形库资源,支持 AI/SVG/PNG/代码格式下载,支持按路径在线编辑图标颜色。该网站内含海量图形资源,支持海量搜索、模糊搜索、分类搜索,有图标集合、图标库分类,可下载 PNG/SVG 格式的插画,插画库模块分为公开库和非公开库。该网站的大部分图形资源可免费下载使用。

(2) SVG REPO 图库中的图形资源。SVG REPO 是一个收录大量 SVG 向量图和免费图标的网站,网站收录超过 30 万个图标图案。可以直接在网站搜索或是以关键词搜索方式找到需要的图标下载。通过 SVG REPO 机器学习后的搜索字段可以更准确地找出用户需要的图标图案,从网站快速下载 SVG 图片文件,无须注册或登入账号。

（3）VISIO 图库中的图形资源。VISIO 是 Office 软件系列中负责绘制基本图形、流程图和专业类图形的软件，其中自带了大量图形素材资源，包括基本图形、图标、流程图、进程图、日程表、业务矩阵及其他图形。VISIO 图库也可以扩展新的资源，如将科学图形加载到相应的存储位置，即可通过插入“更多图形”“我的图形”将数理化等学科的科学图形加入系统中，供课件制作时使用。使用时只要将相应的图形模板拖到 VISIO 软件的窗口中进一步处理生成具体的图形即可。

（4）亿图图示素材库中的图形资源。亿图图示，即深圳市亿图软件有限公司开发的一款基于矢量的绘图工具，包含大量的事例库和模板库。可以基于使用亿图图示的图形模板库绘制各种专业的业务流程图、组织结构图、商业图表、程序流程图、数据流程图、工程管理图、软件设计图、网络拓扑图，等等。亿图图示软件的功能与 VISIO 软件的功能相似，也有其特色，如其提供的地图包括了世界地理图、各大洲地图、各国地图和中国的分省区地图，对地理课件制作很有帮助。亿图图示软件中的自带“科学”图形模板，提供了“天文学”“物理学”“化学”“生物学”等学科中一些专业图形的模板。

部分可免费获取图形素材资源的网站如下（使用时请根据网站说明）：

[1]Remix icon：图标网站

[2]Health icons：与健康有关的图标网站

[3]Ikonate：SVG 格式的图标库

[4]Icons. bootcss：SVG 矢量图、SVG sprite 或 Web 字体形式的图标库

[5]Iconduck：拥有大量图标和插图的图标图案库

[6]Reshot：图标、插图和相片图库网站

[7]Share icon：提供 PNG 和 SVG 两种主要格式的图标网站

[8]flaticon：拥有 600 多万个图标的多种格式图标库

[9]IconPark：支持在线编辑调色的图标库

[10]Iconfinder：图标库

[11]Undraw：商务插画网站，有 SVG 和 PNG 两种格式

[12]Delesign：拥有大量素材的矢量插画网站

[13]ManyPixels：矢量图标和插画网站

[14]Ira design：商务插画网站

三、图像素材的获取

图像一般指的是真实记录的画面。计算机中的图像一般就是位图图像，使用较多的图像通常是经过压缩处理的 JPG 格式的数字图像。当然，数字图像的格式很多，其应用场合和效果也有所差别。图像素材是最为丰富和易于获取的一类多媒体素材。一般地，可以通过搜索引擎在网上搜索需要的图像素材，如果网页上的图像能够复制或另存就可以直接获取作为课件制作的素材。如果网页上的图像不能被复制或另存，则可以通过截图等方法获

得该图像的副本。

【截图】如果网上的图像不能被复制或另存,则可以用操作系统或浏览器自带的截图工具对需要的图像进行截图,也可以用专门的截图软件进行截图,截图后可存为图像文件,也可以暂时保存在剪贴板中,在课件制作时进行粘贴。Windows 11 自带的截图工具如图 4-1-1 所示。

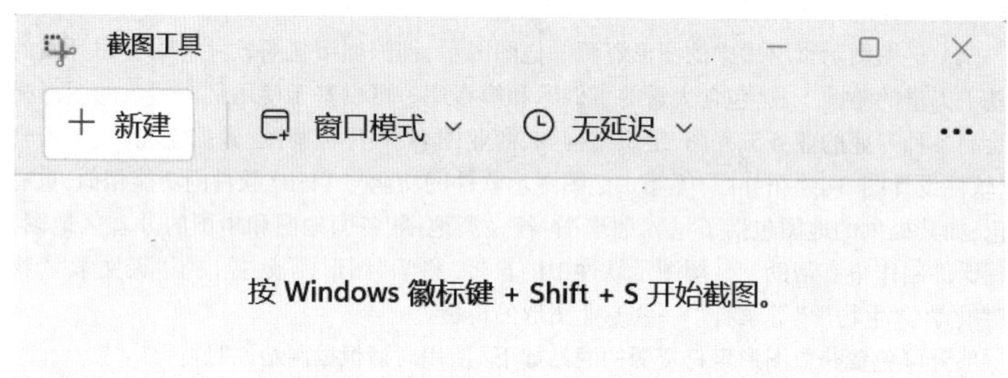

图 4-1-1　Windows 11 自带的截图工具

以下是部分可免费下载的图像素材网站(使用时请根据网站说明)

[1]Pexels:高质量的摄影图片网站,里面的照片有几百万张

[2]Pixabay:全球知名的图库网站和创意社区,有 200 多万张高清图片素材

[3]Unsplash:高质量的图片网站

[4]Wallhaven:质量很高的摄影壁纸网站

[5]Splitshire:摄影图片网站

[6]Visual Hunt:无版权的图片网站

[7]Hippopx:免版权图库网站

[8]Stocksnap:每周更新的免版权高清图库

[9]90 设计:号称最大的素材网站

[10]懒人图库:网页素材网站

[11]三联素材:高清图片和设计素材网站

[12]图品汇:素材图片平台

[13]泼辣有图:图片网站

[14]Librestock:高清图片网站

[15]New Old Stock:提供大量老照片的网站

[16]Superfamous:艺术家站点

[17]全景网:图片网站

[18]联盟图片:中国植物园联盟图片网(有各类植物图片)

四、声音素材的获取

声音是重要的多媒体素材之一。多媒体课件制作中使用的声音素材主要有两个功能：一是声音素材作为教学内容的一部分，如声音作为解说、中英文课文的朗读、诗歌朗诵、歌曲和音乐的播放、相声语言类节目的播送、新闻播报等，这其中的声音是作为具体的教学内容的一部分呈现的；二是声音是作为多媒体课件中的艺术设计效果呈现的，如各种音效、背景音乐等。因此，多媒体课件制作中的声音素材包括语音、音效和配乐三类。语音即人说话的声音，包括解说、对话、旁白等，主要来自现场录音，可通过录音机软件录制。音效包括自然的声音和经过加工处理（变调）的声音，一般需要预先准备相应的素材。配乐主要是背景音乐。获取声音素材的方法基本上分为两个方面，一是对已有声音的数字记录文件的获取，二是实时记录当前的声音并保存为数字声音文件。

【获取已有的声音素材】获取已有声音素材的途径很多，从网络获取声音素材是最重要的途径。各类专题网站提供了音乐、歌曲、相声、小品、诗歌朗诵、文章诵读等声音素材资源，有些可直接下载，不能下载的也可在播放的同时进行录音。许多素材网站提供声音类素材资源，如包图网中的音效资源和配乐资源（图 4-1-2），提供了丰富的声音素材，并按照一定的类别进行分类，可分类查找所需的声音资源。找到的声音资源可在线播放和直接下载保存，非常方便。

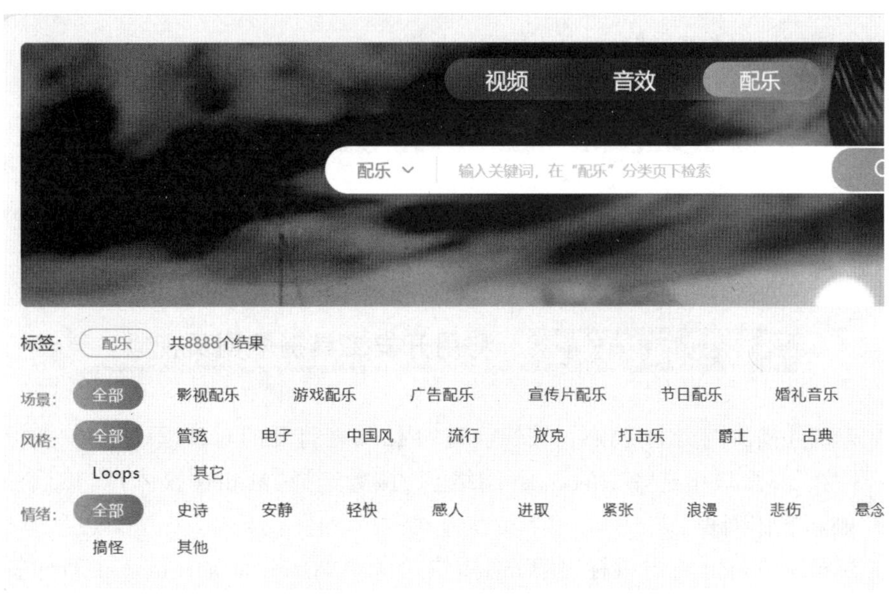

图 4-1-2　包图网中的声音素材资源

注册后可以从 100AUDIO 网站下载免费音效库中的音效素材（图 4-1-3）。

图 4-1-3 可免费下载音效素材的 100AUDIO 网站

五、视频素材的获取

视频素材是目前信息化教学中非常受重视的一类素材。各大搜索引擎都提供了视频的搜索，各大视频网站、电视台网站和新闻网站、学校网站等也都能够提供非常多的视频素材。手机等移动网络上也有大量的视频资源。获取视频的方法很多，如电脑上可以通过视频网站提供的客户端查找、浏览和下载相关的视频素材，手机上查到的丰富的视频资源则可以根据不同的应用形式采取一定的策略来下载。

下载视频案例 1 央视影音客户端下载视频

（1）下载并打开“央视影音”；注册并登录“央视影音”；选择观看并下载的电视节目；

（2）点击播放界面右上角的“下载”按钮，选择需要下载的节目片段，点击“开始下载”。

下载视频案例 2 利用开发工具提取网页视频

（1）查找并播放网页上视频后，按快捷键“F12”，在打开的对话框中选择“打开开发工具”。在开发工具窗口中选择“Network（网络）”，接着选择“Media（媒体）”，然后一直按快捷键“F5”刷新媒体列表。

（2）在相应条目上右击鼠标，然后选择快捷菜单“Open in new tab（在新标签页中打开）”。这个时候就会在新的页面打开这个视频，在视频上右击鼠标，然后点击“视频另存为”，就可以把这个视频保存到本地了。开发工具窗口（网络媒体）如图 4-1-4 所示。

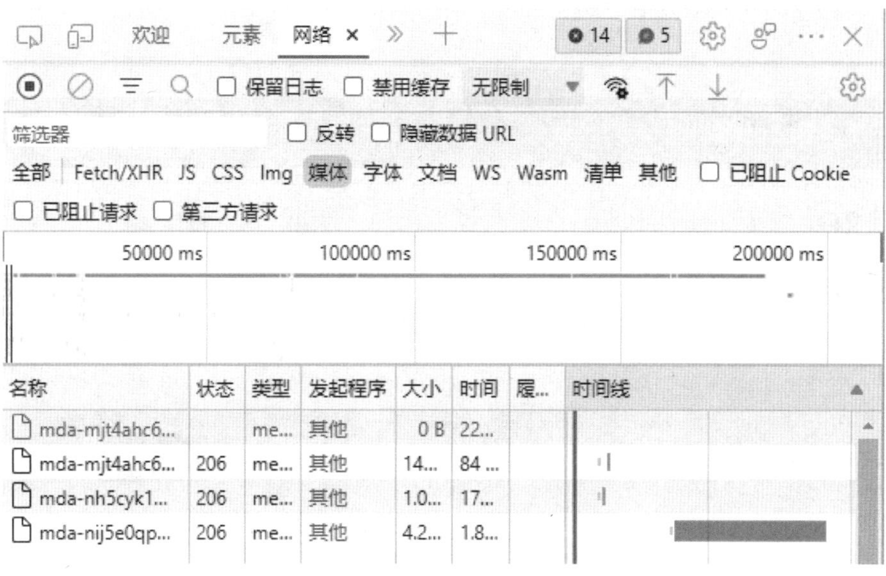

图 4-1-4　开发工具窗口(网络媒体)

下载视频案例 3　利用浏览器扩展工具下载网页视频

(1) 在 Microsoft Edge 网页浏览器的“设置及其他”(右上角的“省略号”按钮)中选择“扩展”→“管理扩展”→“查找新扩展”→“获取 Microsoft Edge 新扩展”,在搜索框中输入“Video downloader”,在搜索结果中(图 4-1-5)选择列表中有关视频下载的加载项。

(2) 点击搜索结果列表项后的“获取”,在出现的对话框中选择“添加扩展”,将其添加到 Microsoft Edge 网页浏览器中。在“管理扩展”中点击“显示”图标,并将其单独显示在浏览器的工具栏中。

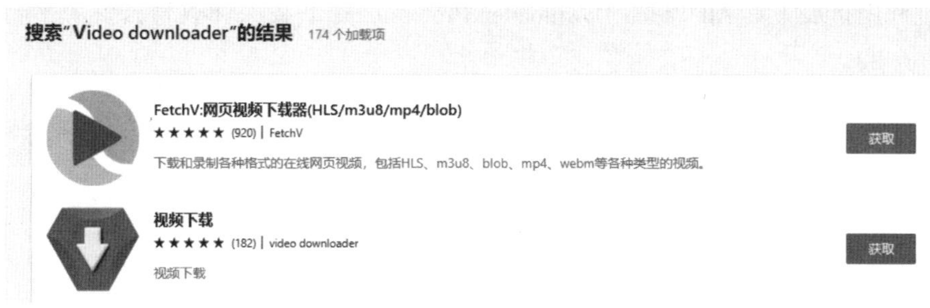

图 4-1-5　“Video downloader”的搜索结果

(3) 打开视频,播放国家中小学智慧教育平台“课程教学”栏目中的初中地理“地球与地球仪(第一课时)”。

(4) 选择“扩展”中的“FetchV 视频下载器”,打开其“下载”对话框。在其中选择下载列表中的“下载”按钮,开始下载视频。FetchV 视频下载器获取的视频列表如图 4-1-6 所示。

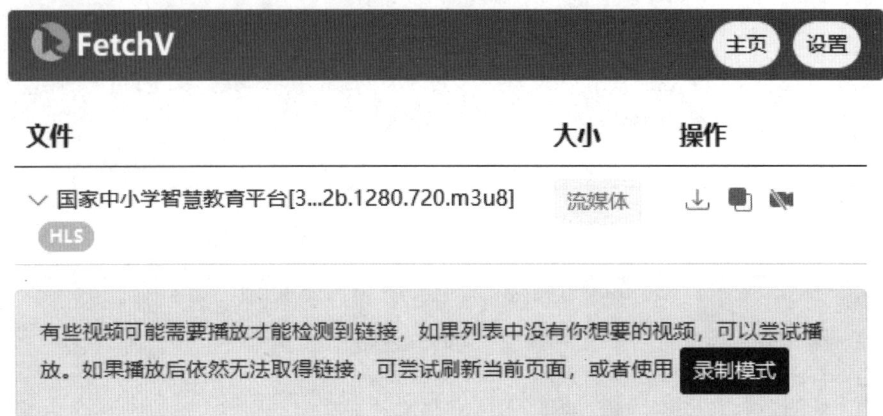

图 4-1-6　FetchV 视频下载器获取的视频列表

(5) 完成后选择“保存”按钮,可将其保存到下载文件夹中。保存后,缓存将在 30 秒后被删除,或直接选择“清除”删除缓存的视频。可以选择“完成后自动保存”按钮,可实现自动保存。FetchV 视频下载器下载视频的进程如图 4-1-7 所示。

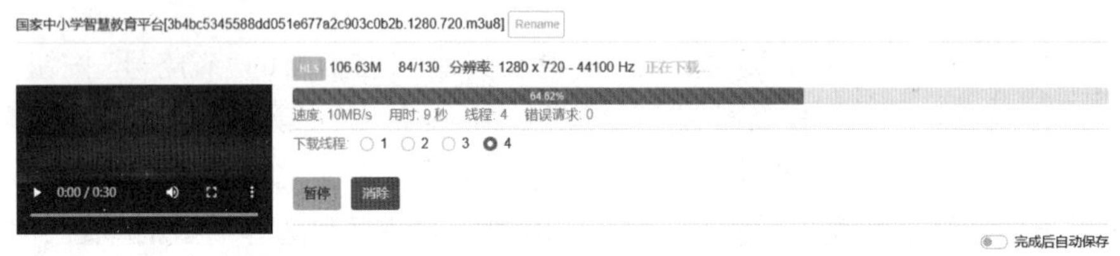

图 4-1-7　FetchV 视频下载器下载视频的进程

(6) 利用扩展工具 All Video Downloader Professional 下载深圳教育云资源平台中的视频(图 4-1-8)。

图 4-1-8　使用 All Video Downloader Professional 下载深圳教育云资源平台中的视频

下载视频案例 4　利用星愿浏览器下载网页视频

(1) 在官网下载“星愿”浏览器并安装。

(2) 将深圳教育云资源平台中的视频网址复制到星愿浏览器的网址中,打开网页。

(3) 将鼠标指针移到其视频播放窗口会出现“下载视频”按钮,单击该按钮,出现下载提示:文件已开始下载,即可下载该视频到“下载”文件夹中。

下载视频案例 5　用手机下载教学视频的方法

1. 用于教学的手机视频资源

手机视频是指基于移动网络,通过手机终端,向用户提供的影视、娱乐、原创、体育、音乐等各类音视频内容。手机视频以手机视频文件为载体,通过一定的手机应用软件(视频播放器或应用插件)来呈现。

手机上可用于教学的视频资源极为丰富,包括一般性的新闻报道、天气预报、自然和人文景观介绍、电影和电视节目、MV,也有专业性较强的科普视频、专业教学视频。专业性较强的手机视频,一般以公众号、视频号、小红书号的形式呈现,具有一定的专题性,资源相对集中,某些影响力较大的专题视频资源会出现在不同的手机应用中,如《中国国家地理》有对应的公众号、视频号和小红书号。在地理教学方面一些比较有影响力的公众号、视频号和小红书号如下:中国国家地理、环球地理探索、地理老师王小明、长安范儿——人文地理、地形图探索、奔跑、记录中国、探索世界、探索世界 168、宇宙探知、宇宙万物探索、地形图《小二》、地形图阿良、居家看世界、地形图带你探索世界、地理张、流影宇宙探索、卫星视野、骑驴看世界、地形图(丑伯)、地理之最、润物地理、元宇宙、地球编辑、桔灯勘探、扬帆远航、大象课堂、螺螄君、星球研究所、地理探索世界、皮卡没有丘 Q、旅行攻略、实时台风路径、宇宙放映室、发现地球、地理探索世界、银河科普。这些公众号、视频号和小红书号中往往包含了大量的视频资源,包括天文、自然地理、人文地理、地形地貌、气象气候、旅游文化和地理教学录像等大量有价值的视频教学资源,既有地理知识的介绍,也有地理问题的分析和探究、地理过程的动态演示等。

在教学中,通常需要将上述手机视频资源下载并经过一定的编辑处理后应用到课件等教学软件中,或直接将手机视频播放和投屏到电视屏幕上。在智能手机日益普及和手机视频资源日益丰富的今天,有效获取、处理和应用教学用的手机视频资源,对于丰富教学的内容和素材、提高教学的效果,具有重要意义。

2. 手机视频应用及其功能分析

手机视频通常基于特定的应用,如视频网站提供的手机视频终端软件。获取和下载手机视频,一般有几种情况。一是手机视频应用程序直接提供下载,如百度视频、腾讯视频等手机视频播放软件播放的视频,大部分都具有下载功能。二是手机视频软件只提供缓存,将其存储在手机的某个存储位置,但不能直接下载。三是手机视频应用软件提供一定分享方式或视频链接。也有部分手机视频应用只有纯粹的播放功能,或者只提供特定的在线分享应用,不能直接下载保存为视频文件。

在各类手机视频应用中,均存在因为视频本身的版权限制,即使有下载功能也不提供下载的情况,特别是一些专业性较强的视频网站上的视频。另外,商业性的视频网站所提供的收费观看的视频,通常只提供几分钟的试看视频片段,不能整体观看和下载,这里暂不讨论此类情况。常用手机视频除部分应用具有直接下载的功能外,一般都不提供直接下载功能,但几乎所有的手机视频应用都提供链接和分享的功能。

3. 手机视频的下载与获取方法

(1) 可直接下载的手机视频。一般地,许多手机视频应用软件通常都会提供视频的直接下载。如手机上的百搜视频(原百度视频)的下载方法如下:①用手机百度 APP 查找并播放视频;②找到播放画面上出现的竖排的"省略号"按钮;③单击"省略号"按钮,在弹出的对话框中单击"视频离线"可下载该视频。也可以通过视频界面右下角的"界面显示方式切换"按钮,切换到全屏显示方式,可以点击"下载视频"按钮,加入下载任务下载该视频。

在手机百搜视频 APP 中可设置视频下载的位置,可新建文件夹作为下载的位置,便于查找。

常用手机优酷视频、西瓜视频、爱奇艺视频等下载的方法类似,一般都提供直接下载视频的按钮来直接下载能够播放的手机视频。有的提供了直接的下载按钮,有的需要通过分享按钮进一步操作来下载,或通过缓存的方法,下载到本地手机存储器中。不同视频软件应用程序提供下载的按钮样式有所不同。

有时用上述方法下载视频时,下载按钮显示为不可用的灰色按钮,或者显示有版权限制,不能下载。对于灰色按钮,可尝试先将界面转换为全屏显示,然后再通过"下载视频"按钮下载,或者通过分享的方式进一步找到下载途径进行下载。部分手机视频应用软件如腾讯视频,只提供手机视频的缓存,但不能从手机中将缓存的视频文件导出。

(2) 分享并用 QQ 浏览器下载。手机中播放的视频有时并未提供直接的下载功能,如在百搜视频 APP 中播放的《人间第一情》视频,在其分享中并没有提供直接下载的功能。但是,可以通过其"系统分享"功能,选择 QQ 浏览器,在 QQ 浏览器中打开该视频,这时界面中会出现一个"下载"按钮,用于该视频的下载。也可以在 QQ 浏览器中打开该视频后,点击播放控制界面中的"放大"按钮,在放大视频播放界面的同时出现"下载"按钮。在"下载"对话框中选择"普通下载"即可,这样便于下载后查看该视频文件。

对于一部分手机上的小视频来说,可以通过小视频的列表进行分享操作,在 QQ 浏览器中打开视频文件列表后,逐个播放或选择需要下载的视频播放并下载视频文件。其方法是,在手机上播放视频时用手指划过视频画面,出现小视频列表,选择并点击其右上角的"省略号"按钮,再在弹出的对话框中点击"分享"按钮,选择"系统分享",再在系统分享对话框中选择"QQ 浏览器",就会将所有视频置于浏览器中,点击需要下载的视频进行播放,在播放界面中点击"放大"按钮,其播放控制界面中就会出现"下载"按钮,然后点击"下载"按钮进行下载即可。这样的小视频,可以批量下载。

(3) 分享并用搜狗浏览器或极速浏览器(360 浏览器)下载手机微信视频。对于手机微信中的视频文件,如果是不能直接下载的视频文件,虽然可以分享到 QQ 浏览器内播放,播放时也会出现"下载"按钮,但单击该"下载"按钮,可能会弹出"版权限制,无法下载"的提示,即不能使用 QQ 浏览器下载该视频。如果在分享微信文件的界面上选择右上角的“省略号”按钮并单击,选择“在浏览器打开”,然后进一步选择“搜狗浏览器”或“极速浏览器”,在浏览器中打开该微信内容后,播放该视频文件,单击“播放画面”会出现“下载”按钮,点击该下载按钮即可下载该视频文件。某些不能用搜狗浏览器下载的视频也可以使用极速浏览器下载。要下载网易云音乐中的视频,也可参考此方法。

华为、荣耀系列的手机中有专用的浏览器,在将视频分享到朋友圈的过程中,选择用“浏览器打开”时选择“浏览器”即是用华为、荣耀手机的浏览器打开,打开后播放该视频,在播放界面右下角会出现特有的蓝色圆形按钮,点击该按钮,出现菜单列表,选择其中的“下载该视频”即可将视频下载到手机相册中。

如果手机应用视频来自公众号,可点击公众号图标或用手指向左划过打开公众号界面,会发现公众号内的相关视频。可通过将公众号分享到微信群,批量下载该公众号内的全部或部分视频。方法是在视频的公众号界面右上角的省略号上单击,然后选择“分享到微信群”,打开“分享到微信群”界面后,不要单击“发表”,而是单击链接文字标题,再次打开公众号界面,然后再次分享,这时可以看到分享选择中的“在浏览器打开”,选择合适的浏览器打开即可,再次播放视频,找到下载按钮,进行下载。退回到上一个公众号界面,选择下一个视频并分享到“在浏览器打开”,并按照相同的步骤下载该视频。

有些手机视频播放应用软件虽然提供了直接下载视频的工具按钮,但下载的视频会加上其 LOGO 标志。如果不想这样,也可以通过分享到微信群,再使用 QQ 浏览器或搜狗浏览器下载。

(4) 微信视频号视频的下载。手机微信视频号中的视频,只提供了“发送给朋友”和“分享到朋友圈”两个选择项目,无法直接下载视频号中的视频。实际上,早期的微信版本中,微信视频号中播放的视频已经下载到了手机中,只要在手机存储器中找到该文件的位置,将其拷贝下来并经过文件名修改即可。具体方法如下:

将手机连接到计算机上,进入手机存储器,在其中找到如下的存储位置:

\\Android\\data\\com. tencent. mm\\cache\\9ae63510bf6e0a95ae14576ab8774e2e\\finder\\video

注意:该位置是荣耀系列的安卓手机中的位置,不同品牌和系统的手机,微信视频号中视频文件的缓存位置是不一样的,具体的文件夹名称(其中一长串字母、数字的组合)也可能是不同的。

Video 文件夹中有多个文件。将 Video 中的所有文件复制到计算机硬盘的一个文件夹中,将其中的文件扩展名均改为 MP4。可以批量修改文件的扩展名,方法如下:在该文件夹下新建一个纯文本文件,在其中输入命令:ren * *. mp4,该命令的作用是将文件名重命名为扩展名为 MP4 的文件(注意其中的空格)。保存该文本文件后,将其扩展名修改为. BAT,即批处理文件。确认修改后,双击该批处理文件,该文件夹中的所有文件(包括该批处理文件)均被重命名为 MP4 格式的视频文件。

可用“下载王”APP 下载浏览过的微信视频号中的视频。下载王 APP 是一款功能丰富的短视频下载工具,内置视频号视频下载模块,可批量下载浏览过的视频号视频或独立下载某个视频号视频。

选择“视频号下载”，在出现的界面中列出所有浏览过的视频号视频缩略图，点击“一键下载全部”，可将浏览过的全部视频下载到手机相册中。如果在视频缩略图处选择某一视频，可即时播放该视频，选择“保存视频到相册”即可单独保存该视频到手机相册。要保存完整的视频号视频，需要先在视频号里完整播放该视频。

需要说明的是，视频号下载软件只能支持微信版本号 8.0.22 以前的微信视频号的下载。如果需要通过视频号下载软件下载微信视频号的视频，需要安装 8.0.22 以前的微信应用程序，并且保持其不会自动升级。

(5) 缓存视频和 M3U8 格式手机视频文件下载。M3U8 是用 UTF-8 编码的 Unicode 版本的 M3U 视频。M3U8 文件其实是基于 HTTP Live Streaming(缩写为 HLS)协议的新一代流媒体文件。M3U8 文件实质是一个播放列表(playlist)，其内部信息记录的是一系列媒体片段资源，顺序播放该片段资源，即可完整展示多媒体资源。手机上播放的视频也有许多 M3U8 视频，一般存在于手机缓存之中。可用缓存视频合并应用软件来查找并合并 M3U8 视频。

可以通过 M3U8 下载器应用程序下载 M3U8 视频，具体参考 M3U8 下载器的使用方法与技巧。也可以通过缓存视频合并应用程序，全盘扫描手机里的 M3U8 视频文件并合成为可直接应用的手机视频。缓存视频合并应用程序能够搜索并合并包括 M3U8 视频在内的缓存视频资源，其中也提供了手机视频缓存文件的存储位置信息。合成后的视频存储在 Merge 文件夹中。

(6) 微信中视频的下载。如果微信中的视频未提供直接下载，可在微信中打开并播放该视频，点击右上角的“省略号”按钮，选择“在浏览器打开”，然后选择“浏览器”、“QQ 浏览器”或“搜狗浏览器”。

如果在网页中右击，选择“查看网页源代码”，在源代码中可找到“url：http://mpvideo.qpic.cn/0b78uqaaiaaabeaeqspsdnpvbjgdassaabaa.f10003.mp4”，可以复制该地址并在迅雷等下载软件中下载上述视频。

部分手机视频播放 APP 播放后的视频缓存位置说明如下：

① 百搜视频的缓存位置在手机内部存储的\\Android\\data\\com.baidu.video\\files 之中，其中的文件夹包含了对应视频文件的片段，视频文件片段命名为 *.BDV 文件。可以将其直接修改为 *.mp4 文件，然后按照顺序将视频合并(可使用格式工厂的视频合并功能)成一个完整的文件。文件片段的名称是随机命名的，可将同一个文件夹中的 *.filelist 文件修改为文本文件，然后根据其中文件名的顺序确定需要合并的视频片段的顺序。

② 哔哩哔哩视频的缓存位置在 Android\\data\\tv.danmaku.bili\\download 之中，其中的文件夹包含了对应视频文件和音频文件，分别为 video.m4s 和 audio.m4s。将视频和音频文件的扩展名 m4s 分别修改为.MP4 和.MP3，然后通过混频软件(如格式工厂)将其合并为一个视频文件。

③ Android\\data\\com.qiyi.video\\files\\app\\download\\video 是爱奇艺视频的缓存位置，视频格式为 *.qsv。

④ 腾讯视频的缓存位置在\\Android\\data\\com.tencent.qqlive\\files\\videos_8EJwB

之中。其中的文件夹包含了各个视频文件的片段,视频文件片段按照顺序命名为＊. ts 文件,可合并为＊. m3u8 视频文件。合并腾讯视频片段的方法:将全部＊. ts 视频片段文件复制到一个目录中,用计算机操作系统附件中的命令提示符程序,用 CD 命令进入到相应的视频片段目录,输入命令:COPY/B ＊. TS TXSP. MP4,该命令的意思是,将所有同一目录下的＊. ts 文件合并为一个格式为 MP4 的腾讯视频文件。TXSP. MP4 的名称可自行命名。

⑤ 搜狐视频的缓存位置在\\shvdownload\\video\\tempVideo\\之中,其中的相关文件夹里包含了各个视频文件的片段,视频文件片段按照顺序命名。合并搜狐视频的基本方法是:将同一文件夹里的全部视频片段文件复制到一个目录中,用计算机操作系统附件中的命令提示符程序,用 CD 命令进入到相应的视频片段目录,输入命令:COPY/B＊. ＊SHSP. MP4,该命令的意思是,将所有同一目录下的视频片段文件合并为一个格式为 MP4 的搜狐视频文件。SHSP. MP4 的名称可自行命名。

⑥ \\Android\\data\\com. youku. phone\\files\\youku\\offlinedata 是优酷视频的缓存位置,其中的相关文件夹里包含了各个视频文件的片段,视频文件片段按照顺序命名。

可以通过 M3U8 下载器应用程序下载 M3U8 视频,具体参考 M3U8 下载器的使用方法与技巧。也可以通过缓存视频合并应用程序全盘扫描手机里的 M3U8 视频文件并合成为可直接应用的手机视频。缓存视频合并应用程序能够搜索并合并包括 M3U8 视频在内的缓存视频资源(选择全盘扫描 M3U8 菜单项进行扫描查找),其中也提供了手机视频缓存文件的存储位置信息。合成后的视频存储在 Merge 文件夹中。

部分可免费下载的视频网站(使用时请根据网站说明):

[1]Mixkit:视频素材网站,提供大量高画质视频,支持商用

[2]Coverr:有明确分类的视频网站

[3]Videezy:高质量的视频/图片素材网站

[4]Vivado:无水印的视频网站

六、动画素材的获取

计算机动画是指采用图形与图像的处理技术,借助于编程或动画制作软件生成的一系列可连续播放的运动图像的集合。

计算机动画分为二维动画和三维动画。二维动画是平面上的画面,可以在二维空间上模拟真实的三维空间效果。而三维动画则是具有正面、侧面和反面效果的动画,可通过调整三维空间的视点(主视图、侧视图、俯视图),能够看到不同的内容。

二维动画通常通过输入和编辑关键帧,计算和生成中间帧,定义和显示运动路径,给画面上色,产生特技效果,实现画面与声音同步,控制运动系列的记录等方法来生成。

三维动画是根据数据在计算机内部生成的。制作三维动画首先要创建物体模型,然后让这些物体在三维空间产生运动,如移动、旋转、变形、变色等,再通过灯光效果设置等生成栩栩如生的画面。

常用的二维动画制作软件有 Ulead GIF Animator 和 Macromedia Flash 等。常用的三维动画制作软件有 3D Studio MAX、Maya、Cool 3D 等。

多媒体课件制作中常用的是二维动画，主要形式有 GIF 动画、FLASH 动画、WebP 动画、SVG 动画等。

(1) GIF 动画。GIF 是 Graphics Interchange Format 的缩写，是一种位图格式的图片或动画。GIF 图片采用的是 LZW 压缩算法，最高支持 256 种颜色，支持透明背景。GIF 动画是用少量 GIF 图片制作的可重复循环播放的二维动画。

(2) FLASH 动画。FLASH 动画是指用 FLASH 软件或具有类似功能的软件制作的矢量动画。FLASH 动画说到底就是“遮罩+补间动画+逐帧动画”与元件(主要是影片剪辑)的混合物。通过这些元素的不同组合，从而可以创建千变万化的效果。课件制作中使用的 FLASH 动画主要是 SWF 格式的动画。

(3) WebP 动画。WebP 是一种同时提供了有损压缩与无损压缩的图片文件格式，支持 Alpha 透明通道。WebP 有静态与动态两种模式。动态 WebP 即 WebP 动画。在新的 PowerPoint 版本中可以直接支持 WebP 动画的使用。

(4) SVG 动画。SVG 是一种图形文件格式，它的英文全称为 Scalable Vector Graphics，意思为可缩放的矢量图形。基于 SVG 图形格式的动画称为 SVG 动画。

(5) MG 动画。MG 动画又称为动态图形，是融合了平面设计、动画设计以及电影语言，并具有丰富多样的表现形式的动画类型。与前面以格式表述的动画类型不同，MG 动画可以多种格式呈现，包括以视频的方式呈现。

下面介绍与学科教学相关的 GIF 网站和网页。在多媒体课件制作中，需要使用与学科内容有关的 GIF 动画素材，在网络上与学科教学有关的 GIF 动画很多，可在百度浏览器中搜索与动画主题相关的图片，再选择“动图”，将列出包括 GIF 动画在内的动画素材，也可能是 JPEG 格式或 WebP 格式的。

[1]数学动画:73 组超炫数学动图。

[2]物理动画:50 张动图看懂高中物理;完整版 GIF 动图小实验，轻松搞定初中物理(提供了许多初中物理动画);100 个机械动图大全。

[3]化学动画:41 个化学实验反应的动图;中学生物精美动图 GIF;初中化学实验基本操作动图大全。

[4]生物动画:生物精美动图 GIF。

[5]地理动画:中国高清地图汇总。

[6]地质动画:帮你搞定所有地理难点的 100 张动图。

[7]其他动画:130 张炫酷动图，让你秒懂高中物化生原理。

部分可免费下载的 GIF 动画素材

【目录索引】

[1]山水瀑布、日色月夜

[2]锦绣山河有人烟,春夏秋冬看雨雪

[3]花(梅兰竹菊、牡丹、桃花、向日葵)

[4]荷花(莲)

[5]树木、草叶

[6]海洋世界(船、游鱼、海豚、贝壳等)

[7]禽鸟(蝴蝶、鸽子、鹦鹉、天鹅、孔雀、鹰、鹤、鸡、鸭、鹅)

[8]动物(独角兽、马、鹿、牛、象、兔)

[9]窗口万象(窗含西岭千秋雪,门泊东吴万里船)

[10]圣诞节(圣诞老人送礼物、传统木质烛台玩具、各式水晶球)

[11]时钟、德国古董咕咕钟

[12]音乐动起来了(中西方乐器、芭蕾舞姿)

[13]书籍、画笔等

[14]各种生活用具、人物情态

[15]费纳奇镜、活动木质人偶、3D 立体书

[16]平面变 3D:创意纸艺、立体纸雕

[17]提线木偶、皮影戏

[18]小天使、小精灵、小宝宝、孩童

[19]佛、菩萨;嫦娥奔月、七夕相会

【FLASH 动画的获取】

站长素材网有许多可以免费下载的 FLASH 动画素材,动画文件格式为 SWF。

【SVG 动画的获取】

SVG 动画网站提供了大量 SVG 动画。

【WebP 动画的获取】

一个名为 GIPHY 的国外网站提供了大量 GIF 动画和 WebP 动画素材。该网站具有搜索和分类功能。搜索到的动画分为“GIFs”和“Stickers”两个栏目:“GIFs”中显示的是 GIF 动画,“Stickers”中显示的是 WebP 动画。

七、全景图的获取

全景一般指的是摄影全景图。摄影全景图多是拍摄硬件加全景软件制作而成的全景图,实践中根据使用者需求的不同可分为宽景、360°全景。在现实的场景中,用全景相机拍摄到的鱼眼图像导入到全景制作软件之后,经过拼合、发布后即可得到具有全景效果的可动态呈现的立体全景图像。目前主要的全景图格式有 Flash、Java、Quicktime 等格式。这些发布出来的全景图可直接观看,可以使用鼠标来进行 360 度的触控体验。中国全景网有许多在线观看的全景图(图 4-1-9)。

图 4-1-9 中国全景网主页面

第二节 多媒体素材的加工处理

一、多媒体素材文件的格式转换

从不同渠道获取的多媒体素材资源由于存在格式的差异,可能不能直接用于课件制作的软件之中,或者出于应用质量和效率的考虑,需要对获取的素材进行一定的格式转换。不同类型的素材可能有专用的一些格式转换工具,也有一些格式转化工具软件能够支持多种类型的多媒体素材的格式转换。

【格式工厂(Format Factory)】格式工厂是一款功能全面的多媒体文件格式转换软件,支持文本、图形、图像、音频、视频、动画等多媒体文件的格式转换和文件内容与形式的编辑处理。除多媒体文件的格式转换功能外,格式工厂也集成了部分多媒体的编辑功能,包括文档的加密、文档的压缩和解压缩,用图片工厂对图片进行编辑、排版、分割、合并等,对音频进行合并、混合、分离,对视频进行剪接、画面裁剪、合并、分离、去除水印等处理功能。

使用格式工厂转换文件格式的基本方法和步骤如下:

(1) 打开格式工厂软件后(图 4-2-1),在界面的左侧选择要处理文件的多媒体类型,在列出的文件格式中选择需要转换的结果文件的文件格式,弹出设置对话框。

(2) 在设置对话框中可设置输出文件的格式参数和输出文件存储的位置。

(3) 添加需要转换的文件。

(4) 确定后,在主界面的右侧窗口中形成任务列表(批处理任务)。

(5) 点击“开始”按钮进行处理，得到输出结果。

在上述设置操作中，如果需要进行编辑处理，可以在相应的步骤中添加编辑处理的设置，可以实现格式转换和编辑处理的同时进行。

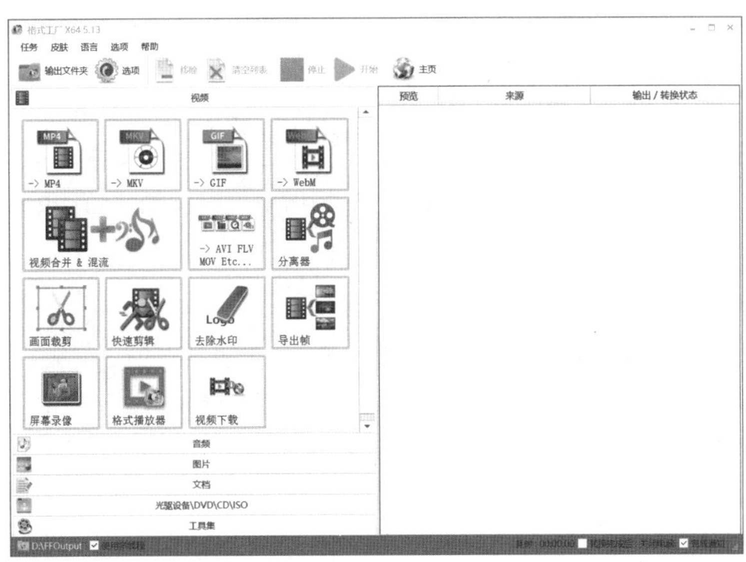

图 4-2-1　格式工厂软件的界面(视频格式转换)

二、多媒体素材的编辑处理

1　用 Novoasoft Class 6.0 编辑数学公式、化学分子式

Novoasoft Class(Pageplayer)是一款简单好用的 PPT 演示文稿编辑与制作工具，软件内置了丰富的功能与各种实用的模板，能够帮助用户快速制作演示文稿。利用 Novoasoft Class 6.0 的科技工具栏可以直接输入数学公式及符号，它提供了强大的编排物理、化学等理科图形的功能，通过这些功能可以方便、快捷地绘制出所需要的各式各样的图形元素。化学模板工具栏根据各种键、取代基、苯环、环烷烃、环分子的样式，运用“一一关联”技术和方式快速设计构建高分子结构，如：氨基酸、DNA、芳香族化合物、RNA 等。同时，它还提供了各种常见的高分子模板库；空间曲面与三维空间图形系统提供了用于物理学科设计所需要的相关的图形标识图；化学标识图为设计绘制化学实验图提供了完善的元件图和器件图，通过这些标识图可以很快地绘制出所需要的各种复杂的化学实验图；汉字笔画动画功能能够预览汉字笔画动画的播放效果，方便教学。Novoasoft Class 6.0 支持直接插入 Flash 文件及音频、视频文件。Novoasoft Class 软件的使用方法与步骤如下：

(1) 下载并安装 Novoasoft Class(Pageplayer)6.0 软件。

(2) 插入文本框，并利用科技工具栏建立求和公式。

(3) 在“视图”菜单中选中“工具栏”“高分子结构 $\sum_{i=1}^{5} i = 15$ 式”，在左侧显示“化学模板工具栏”(竖式显示可调整为横向显示)(图 4-2-2)。

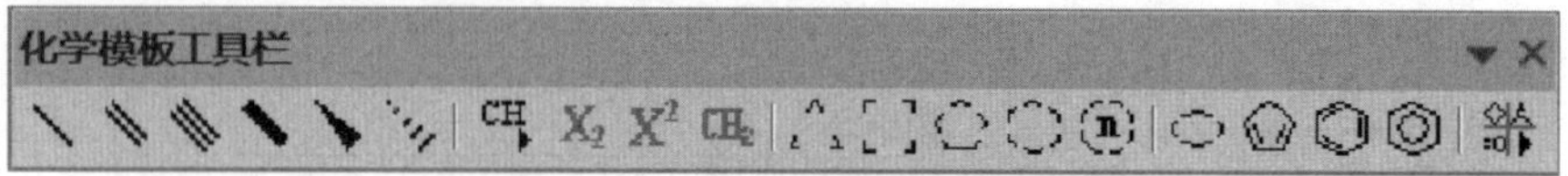

图 4-2-2　化学模板工具栏

(4) 从“化学模板库”中选择“RNA 模板”列表中的生成核(糖核)苷(Ribonucleoside)对应 Guanine 的分子式(图 4-2-3、图 4-2-4)。

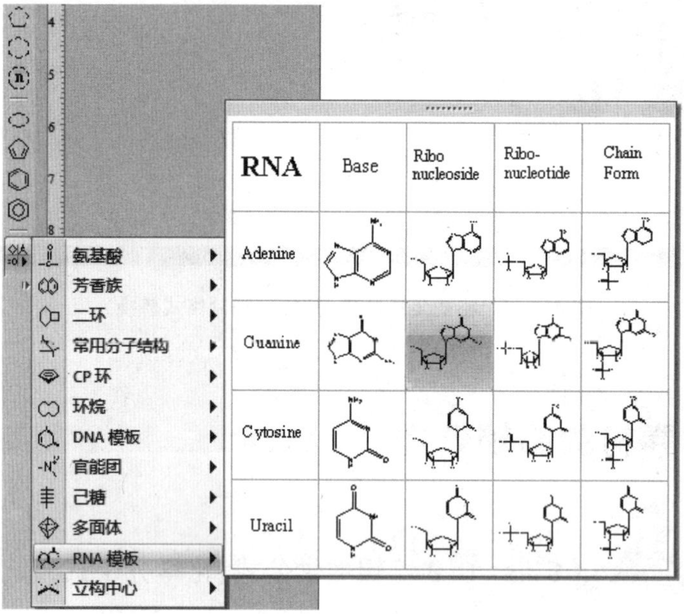

RNA	Base	Ribo nucleoside	Ribo-nucleotide	Chain Form
Adenine				
Guanine				
Cytosine				
Uracil				

氨基酸　芳香族　二环　常用分子结构　CP 环　环烷　DNA 模板　官能团　己糖　多面体　RNA 模板　立构中心

图 4-2-3　ScienceWord 6.0 化学模板工具

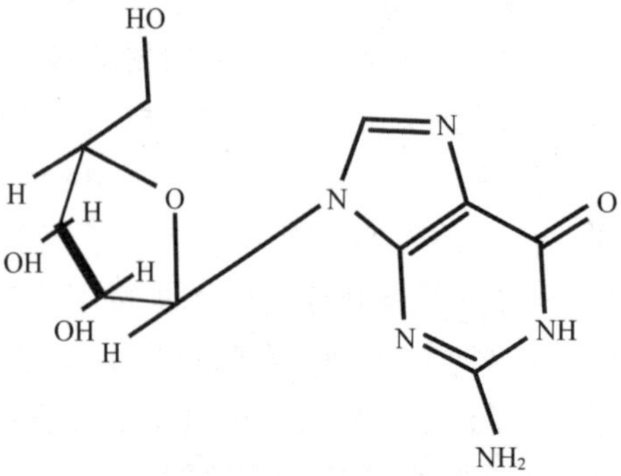

HO　H　H　O　OH　H　OH　H　N　N　O　N　NH　NH_2

图 4-2-4　核(糖核)苷(Ribonucleoside)的分子式

2 在 Office 软件中绘制立体图形(篮球、地球)

(1) 下载篮球和地球图片备用。

(2) 在 Word 或者 PowerPoint 中插入下载的篮球或地球图片。

(3) 将插入的图片进行裁剪,图片边框与篮球或地球的边缘相切。

(4) 在图片上右击,选择“图片另存为”,将裁剪过的图片保存到指定的位置备用。

(5) 在 Word 或者 PowerPoint 中,通过“插入”→“图形”,选择椭圆工具,按住 Shift 键,绘制一个正圆。

(6) 给绘制的正圆填充裁剪后得到篮球或地球图片(图 4-2-5)。

(4)~(6)可简化为:选择“裁剪为形状”,在形状中选择椭圆(相当于用正圆去截取裁剪后的篮球或地球图片)。

图 4-2-5　绘制球形(球体)

3 在 Office 软件中绘制轮廓图

(1) 在 Word 或者 PowerPoint 中,通过“插入”→“图片”→“来自文件”,导入要绘制轮廓图的图片。

(2) 单击形状工具栏中“任意多边形”工具,然后在编辑区域中按下鼠标的左键形成第一个顶点,再拖动鼠标到另一个位置单击形成第二个顶点,然后按此方法绘制其他顶点,最后在第一个顶点上双击鼠标结束绘制。

(3) 利用“线条”工具中的多边形工具,可以绘制地图的轮廓线及其他地图元素,如河流、铁路线、山脉等。先导入一张地图,调整到适当的大小和位置,然后选择任意多边形工具,在要绘制的地图轮廓上按下鼠标的左键,沿地图轮廓线拖动鼠标绘制轮廓线,直到需要结束的位置,双击鼠标左键结束。

(4) 绘制轮廓线的中途可以停顿,然后按下鼠标的左键继续绘制。如果绘制的点偏离了应有的位置,可以按光标的回退键(Backspace)删除,然后再重新绘制。

(5) 绘制轮廓图时,可以用少数几个点先大致绘制图形的轮廓,然后在图形上右击,在弹出的快捷菜单中选择“编辑顶点”来调节轮廓线的具体样式。可以在编辑顶点状态下,直接在轮廓线点击并拖动以增加调节点来改变轮廓线,可选择顶点之间的连线是直线段或曲线段。

（6）绘制好的轮廓线，如果是闭合的图形，则可以用色彩或其他的效果加以填充，方法是选中绘制好的轮廓线，然后选择绘图工具栏中的填充色按钮，选择一种填充色，或者选择“其他填充色”，选择或自定义一种颜色来填充。对于地图的轮廓线，则需要将各个部分区别开来，可以选择“填充效果”，在填充效果对话框的“图案”选项卡中设置相应的图案和颜色（前景色和背景色）。也可以在纹理和图片选项卡中设置纹理或图片作为图形的填充效果。

注：轮廓线的颜色和粗细则用绘图工具栏中的颜色和线型按钮设置。如果要较为精确地调整轮廓线，可以增大显示比例以放大图形，显示图形的更多细节，从而方便顶点的设置和调节。

4 插图、剪贴画的编辑处理

在课件制作中经常要使用插图、剪贴画等矢量图。在 PowerPoint 中可以直接插入 WMF 或 EMF 等图元格式的矢量图像。实际上，图元类型的图像是图形，不是一般的图像，可以通过取消图元组合将这些图像分解（一般需要两次取消组合）为可以直接编辑的图形。

5 图形、图像的编辑处理

PowerPoint 等课件制作软件都具有基本的图形、图像编辑处理功能。如果需要对图形、图像做更专业的编辑处理，可以使用 Photoshop 图像处理软件。但 Photoshop 图像处理软件并非免费的软件，且其安装使用比较复杂，使用起来不是很方便。可以使用一些功能较好的免费图像处理软件或手机 APP 来对图形、图像进行编辑处理。实际上，手机中的“图库”一般都具有基本的图像编辑功能，包括图像的大小尺寸调节、画面的裁剪与旋转、亮度对比度等图像属性的调节功能等。如果选中手机图库中的 2 张或以上的图片，点击“创作”按钮可以制作不同样式的拼图（图 4-2-6）。图中下部有拼图的样式选择。

图 4-2-6　手机图片处理（拼图）

图片编辑大师是一款手机图片编辑应用 APP，具有图片编辑、制作视频封面图片、图片文字识别、拍照翻译图片文字、人像抠图、图片拼接、图片切割等图片编辑功能。其中比较好的功能是一键抠图并合成其他图片的功能，应用起来非常方便。图片文字识别、拍照翻译图片文字功能也不错(图 4-2-7、图 4-2-8)。

图 4-2-7　图片编辑大师的快捷功能

图 4-2-8　图片编辑大师一键抠图合成功能

图像编辑处理泼辣(Polarr)APP 的应用

泼辣(Polarr)图像编辑处理软件是一款在手机端功能比较全面的图像编辑处理软件,其编辑工具如图 4-2-9 所示。其"透视"调节功能、图像局部调节功能、添加图层功能、图像分辨率调整功能等都是比较突出的功能。

6 声音的编辑处理(声音剪辑、混音)

无论是在电脑上还是在手机上,声音的编辑处理软件很多,主要的功能包括声音的合成、混音、剪切等方面。手机上的音频编辑 APP 虽然很多,但大部分都是收费的,要找到一款免费的功能比较齐全和使用方便的音频编辑 APP 并不容易。音频剪辑大师是在音频编

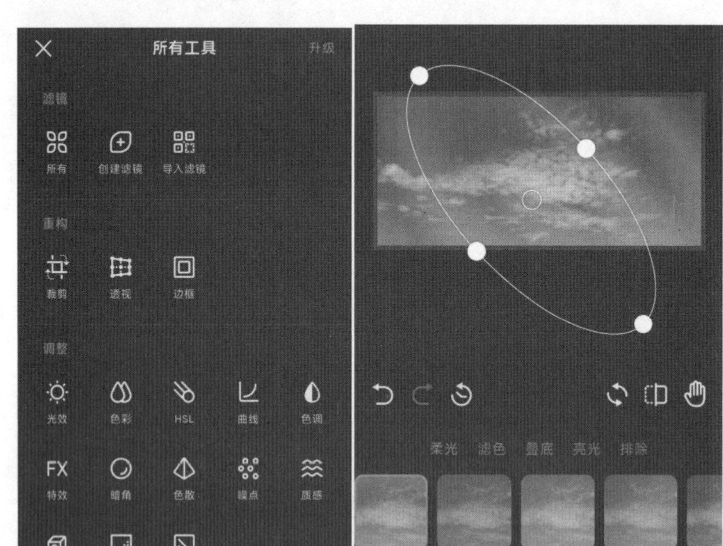

图 4-2-9　泼辣(Polarr)图像编辑处理软件的主要功能

辑方面比较好的一款,其主要功能包括:

【音频编辑】包括调整音频的音调以及音频的播放速度;设置音频的开始和结尾的淡入淡出效果;降低音频的噪音,调节音频的音量等。

【音频剪辑】精确到毫秒的专业剪辑;从本地音乐库导入音频,自定义剪切范围,对裁剪的音频进行编辑和制作。

【音频拼接/合并】轻松实现多音频合并,对音频文件拼接剪辑,合成想要的音乐文件。

【音频混合】将多个音频混合成一个音频,调节背景音乐和主旋律的音量,制作专业的音频混合剪辑。

【音频提取】可以从各类短视频中提取 MP3 或者其他格式的音频。

【音视频合成】将选中的音频文件添加到视频中作为背景音乐,让音频剪辑更加有趣。

【高清录音】内置高清录音,还可以选择伴奏,将录音混合到音乐制作中,制作自己的音乐。

AE 音频编辑器是一款较为专业的音频编辑软件。该软件拥有很多实用的小工具和可视化的界面,对音频的处理比较注重细节,软件操作起来也非常简单,包括对音频文件进行分割、复制、拼接、边听边录、升降调、变速、调音量等处理(图 4-2-10)。

AE 音频编辑器的特色功能:边听背景音乐边录音、给录音加背景音乐、各类剪切拆分提取片段、任意修剪拼接串烧音乐、改变音量大小、调节音频混响效果、改变音频播放的速度、升降音频声调、录音并修剪、从歌曲中提取伴奏音乐(图 4-2-11 至图 4-2-13)。

图 4-2-10　音频剪接大师的特色工具

图 4-2-11　AE 音频编辑器的主要功能对应的工具

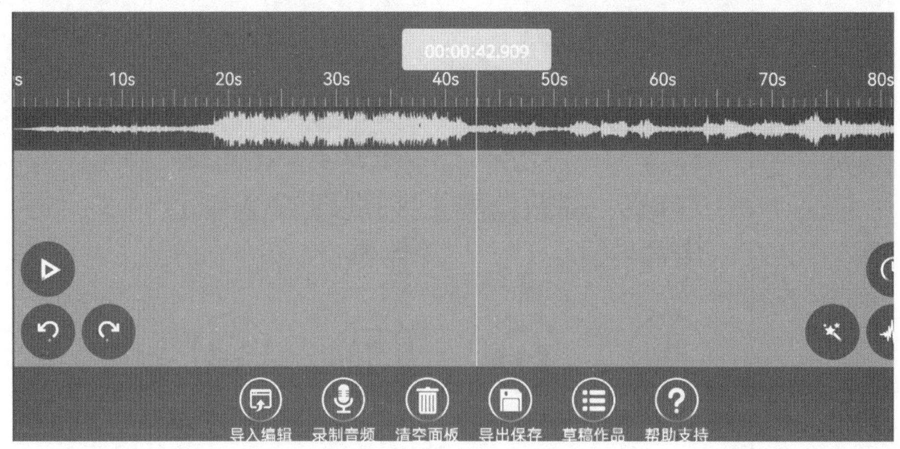

图 4-2-12　音频编辑界面

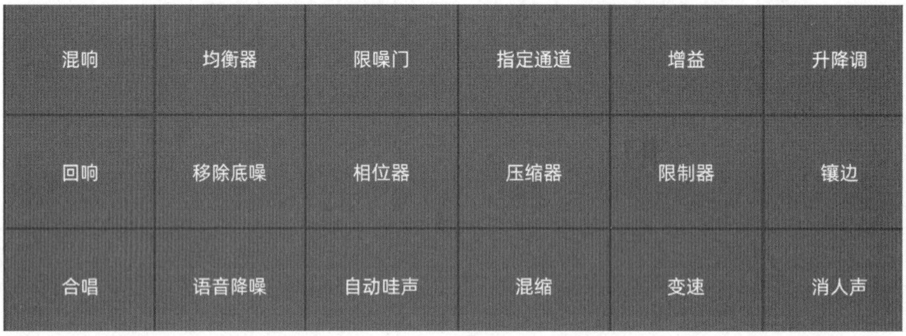

混响	均衡器	限噪门	指定通道	增益	升降调
回响	移除底噪	相位器	压缩器	限制器	镶边
合唱	语音降噪	自动哇声	混缩	变速	消人声

图 4-2-13　音频属性的处理细节

7 视频的编辑处理(视频的剪接、画面的裁剪)

视频的编辑处理软件有很多,虽然这些软件都具有基本的视频编辑功能和一些特色的功能,但这些软件或 APP 基本都是收费的,特别是一些使用人数较多和有特色功能的软件。

格式工厂的视频编辑功能(视频剪辑、视频合并、画面裁剪等)基本上能够满足课件制作中应用视频素材的需要。一些特殊的功能,如视频的配音、给视频添加字幕、视频画面翻转、视频画中画、添加视频转场效果等需要使用相关的软件来实现。

"视频剪辑大师"就具有视频画面翻转、添加字幕、画中画,设置片头,以及分屏、动感、定格、转场等特效功能,而且这些功能都是免费的,可以选为视频编辑的软件。例如,因为使用手机拍摄的视频有时候会出现图像画面翻转的情况,视频画面翻转的编辑功能就能很好地解决这种视频的教学应用问题。

"视频剪辑大师"还有许多其他功能,如旋转裁切,画面的亮度、饱和度等的调节,变声、智能配音、设置不同的显示比例、滤镜、背景等,都非常实用(图 4-2-14)。

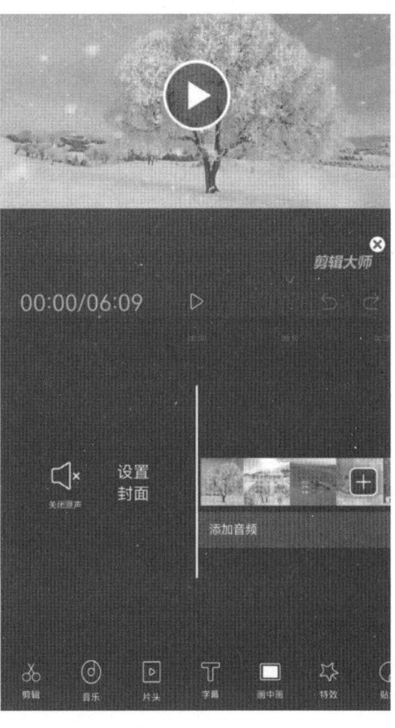

图 4-2-14 视频剪辑大师的视频画面旋转(翻转)与视频调节功能

视频处理案例:用花瓣剪辑 APP 处理视频

(1) 从手机应用商店(如应用宝)中搜索并下载花瓣剪辑 APP,安装并打开该应用。

(2) 点击“开始创作”按钮,选择并导入已有视频(或一组照片)。播放的视频画面显示在手机屏幕的上方,下部显示了视频的帧序列和“添加音乐”,以及“关闭原声”“设置封面”“添加片尾”“添加视频或照片”功能按钮。在屏幕的最下方花瓣剪辑提供了两组功能按钮。第一组包括“快剪”“分割”“变速”“动画”“滤镜”“删除”“单帧导出”“人脸遮挡”“人像抠图”“人物追踪”“美化”“AI 趣玩”“防抖”“裁剪”“原声分离”“复制”“替换”“蒙版”“色度抠图”“镜像”“不透明度”“倒放”“定格”“变声”等功能按钮。第二组包括“剪辑”“音频”“贴纸”“文字”“画中画”“特效”“滤镜”“比例”“背景”等功能按钮。

(3) 调整视频播放的位置,在需要分割视频的位置点击“分割”,可将视频分割为前后两个片段,选择其中不需要的片段,点击“删除”按钮可将其删除。多次使用该功能可得到视频中需要的片段。

(4) 选择“剪辑”中的“裁剪”,可根据需要修改视频画面的大小和比例关系。

(5) 点击“添加音乐”或“音频”按钮,在出现的音频工具栏中可选择“音乐”“音效”“录音”“音频提取”等相应按钮进行音频的编辑处理。点击“音乐”,可在打开的“发现音乐”“我的音乐”中选择该应用提供相关的音乐或使用本地音乐。应用提供的音乐可播放试听其效果。点击“使用”添加音乐后,可以根据视频的需要调整音频与视频的匹配位置(按住音频的首尾两端,可调节具体位置)。

(6) 点击“贴纸”可给视频画面添加非常丰富的预设的贴纸对象。贴纸对象一般具有动画效果,其大小可调节,也可直接删除。添加的贴纸对象在帧序列下添加一个相应的轨道(图层),可调节其两端的位置,以便“贴纸”加载在需要的帧画面上。

(7) 点击“文字”,打开“添加文本”“文字模板”“字幕识别”工具组,可给视频画面添加文字内容。文字可设置样式、动画、气泡、花字。动画包括进入、进出动画和循环动画。文字对象可删除、放大或缩小。

(8) 可使用“画中画”功能按钮添加额外的视频片段,叠加在帧画面上。

(9) 可使用“特效”功能按钮给帧画面添加边框、动态效果等特效。

(10) 可使用“比例”功能按钮修改视频的显示比例。

(11) 上述各步骤中出现的“勾号”按钮,修改才能生效。

(12) 编辑效果可通过“播放”按钮预览其效果。完成后点击“导出”按钮导出编辑的视频,完成后点击“完成”按钮,保存编辑的视频。

第三节　多媒体素材的制作

一、图形的制作(思维导图的制作)

(1) 下载并安装2022年更新的MindMaster 10.0.007.01思维导图软件(图4-3-1)。

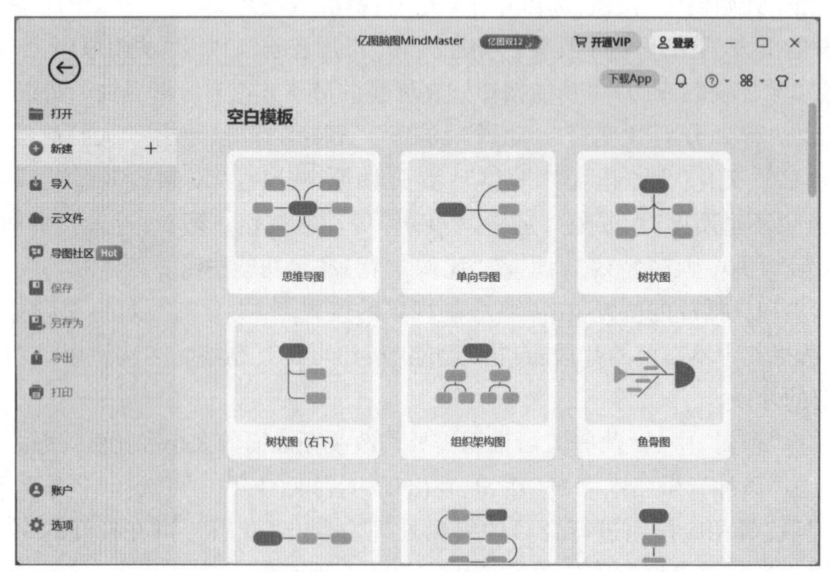

图4-3-1　思维导图模板

(2) 在“文件”菜单中选择“新建”，在右侧的模板列表中选择“空白模板”或“经典模板”或列表中的某一模板。

(3) 双击选择的模板，进入编辑状态。

(4) 给思维导图添加主题。直接新建空白图，会出现中心主题，按 Enter 键创建同级主题。选择某一主题，按 Tab 键或 Insert 键添加子主题。

(5) 修改主题文本。双击主题或子主题名称，即可修改(子)主题的文本，软件右侧面板选择格式，即可改变颜色、字体、外形、边框等。右侧还有剪贴画、图标等，都可以适当添加，思维导图的主题可以在页面样式的主题里进行更改。

(6) 美化主题样式。绘制好思维导图的各主题分支结构后，打开软件右侧的工具栏，开始对思维导图的主题、背景、效果、色调、形状、分支、字体等进行调整。

点击绘图界面的空白处，右侧工具栏会显示出“页面”设置的功能，可以对整个思维导图的布局、风格、背景等进行设置。

布局：点击下拉按钮可选择不同的布局样式。

主题间距：可设置水平和垂直间距。

风格：点击下拉按钮可选择不同的风格；可设置彩虹色和字体色，支持四种色彩搭配模式，可以让思维导图的色调更漂亮。可设置全局字体。

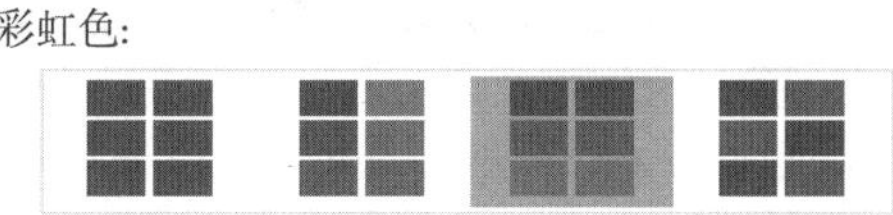

字体：可对主题中的文字进行修改，包括字体、大小、颜色、效果、风格等。

背景：设置背景的 4 种填充效果。

(7) 插入剪贴画。打开右侧工具栏，选择“剪贴画”，将选中的图形直接拖拽到绘图页面或者某个具体的主题中即可。选中需要添加剪贴画的主题，然后在剪贴画中双击图形，可以快速将该图形添加到主题中，而且主题移动时，图形也会随之移动。

(8) 给主题设置任务。可以根据个人需求，在右侧面板里设置任务，对内容里某个信息可以设置要分配的对象。

(9) 添加或删除主题(子主题)。将鼠标移到主题上，出现“+”时，点击“+”，可添加主题列表项。在主题列表项上单击选择该主题，然后按删除键(Delete)可删除该主题。

(10) 绘制好的思维导图可保存为 emmx 格式的思维导图源文件，也可以导出为 JPG 格式的图片文件(图 4-3-2)。

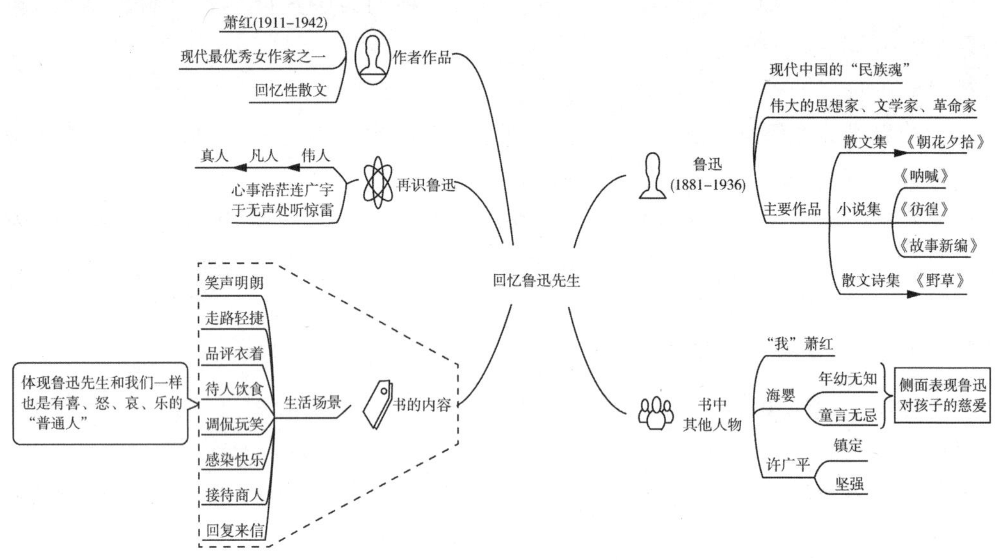

图 4-3-2 MindMaster 思维导图

二、图像的制作(Photoshop)

用 Photoshop 制作奥运五环

(1) 打开 Photoshop,新建图像文件,大小为 800×600(单位为像素)。

(2) 选择椭圆工具,按住 Shift 键,绘制适当大小的圆。

(3) 用路径选择工具选择绘制的圆,复制并粘贴该圆,再按"Ctrl+T"修改复制的圆,在上部的参数设置对话框中将其大小[宽(W)和高(H)]设置为原来的 80%;单击工具栏中"路径选择"按钮,确认修改,然后在上部的工具选项中选择"从形状选区减去",删除圆的中间部分形成圆环,再单击"组合"按钮将圆环图形组合为一个整体。

(4) 在图层面板中,将缩略图拖到下面的"新建图层"按钮上,复制一个新的图层,双击新图层的缩略图,打开拾色器,设置一种颜色。用同样方法,复制并设置其他环的图层颜色。

(5) 调整图层的顺序,使其按奥运五环的颜色顺序从下到上排列图层(蓝、黄、黑、绿、红)。

(6) 在编辑区中拖动各图层上的对象,按一定间隔排列。在图层缩略图的前面单击,连接相关的图层,在选择状态下用对齐工具调整好五环的间隔和位置。

(7) 在最下面的图层上按住"Ctrl",单击该图层的缩略图,形成环状选区,再按"Ctrl+Shift+I"组合键反选选区,并在其上层图层中单击其缩略图,点击图层面板下面的"添加图层蒙板"按钮,使下层的环显示在该层的上面。

(8) 在前景色为白色、背景色为黑色的情况下,用画笔工具在两环相交处涂抹,形成两环相交的效果。其他环的相交可按照(7)、(8)的方法操作。

(9) 全部完成后,保存为 PSD 格式的源文件,得到图 4-3-3。

图 4-3-3　奥运五环图

(10) 在图层中按顺序分别隐藏 5 个图层、4 个图层、3 个图层、2 个图层、1 个图层,并分别保存为 JPG 格式的图像,为 GIF 动画制作准备好必要的素材。

三、声音的制作(录音机)

对于不能直接下载的声音素材,无论是语音还是音效或配乐,都可以通过录音的方式录制成课件制作中的声音素材。录制有两种模式,一是外录模式,即声音作为计算机或手机等录音设备的外部声源的录制,这个模式需要外接麦克风设备进行录制。第二种模式是内录模式,即在电脑或手机等录音设备上播放的声音可直接录制为声音文件,不需要借助麦克风等外部录音设备。对于需要录制的解说等语音,通常进行外录。外录需要保持环境的安静,并做好录音参数的设置。对于能在电脑等设备上播放但不能下载的声音可以通过内录来获得。内录具有的优势在于不受环境的影响,录制的效果比较好。Windows 操作系统自带的录音机程序界面如图 4-3-4 所示。

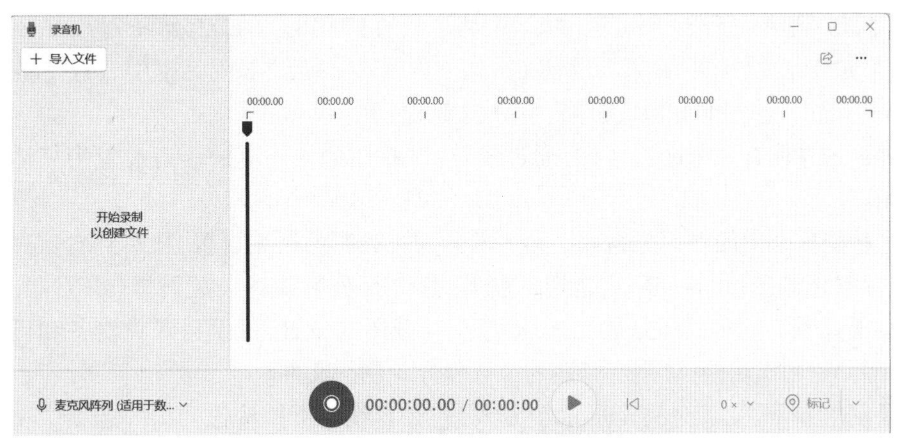

图 4-3-4　Windows 操作系统自带的录音机程序界面

金舟电脑录音软件是一款专业实用、安全可靠、功能出众的录音软件(图 4-3-5)。支持麦克风、电脑声音、电脑系统声音的录制模式,具有定时录制、音质调整、多音频格式录制等多种实用功能。可同时录制电脑内部与麦克风的声音。

图 4-3-5　金舟电脑录音软件

四、视频的制作(录屏)

从网站下载 Capture 录屏软件。安装并打开后的界面如图 4-3-6 所示。

点击“录制”按钮,出现“FFMPEG UNAVAILABLE”对话框(图 4-3-7),说明系统缺少 FFMPEG,需要到网上下载 FFMPEG 的合集,将下载的 FFMPEG 的合集解压到 Capture 的安装目录下的 FFMPEG 文件夹中(需要手动生成该文件夹)。然后在该对话框中点击“Select FFmpeg Folder”按钮,选择 FFMPEG 文件夹中的 BIN 文件夹。

在界面的左侧有一个设置按钮,通过设置按钮可将 Capture 的语言设置为简体中文以方便使用。

软件功能区共由四个部分组成。第一部分为视频源的区域设置,从左到右依次是仅录制音频、视频全屏、部分屏、窗口、指定区域等;第二部分是视频参数设置(编码器、视频格式、帧率、视频质量);第三部分是音频、摄像头与截图的设置,可设置音频设备和摄像头设备;第四部分是输出目录,可指定合适的位置保存录制的文件。

若录制电脑屏幕,可选择全屏录制方式,并在音频的下拉按钮列出的选项中将麦克风与扬声器同时勾选。如果有摄像头,则在摄像头下拉列表项中选择摄像的具体工具,并将摄像头摄制的内容单独作为文件保存。

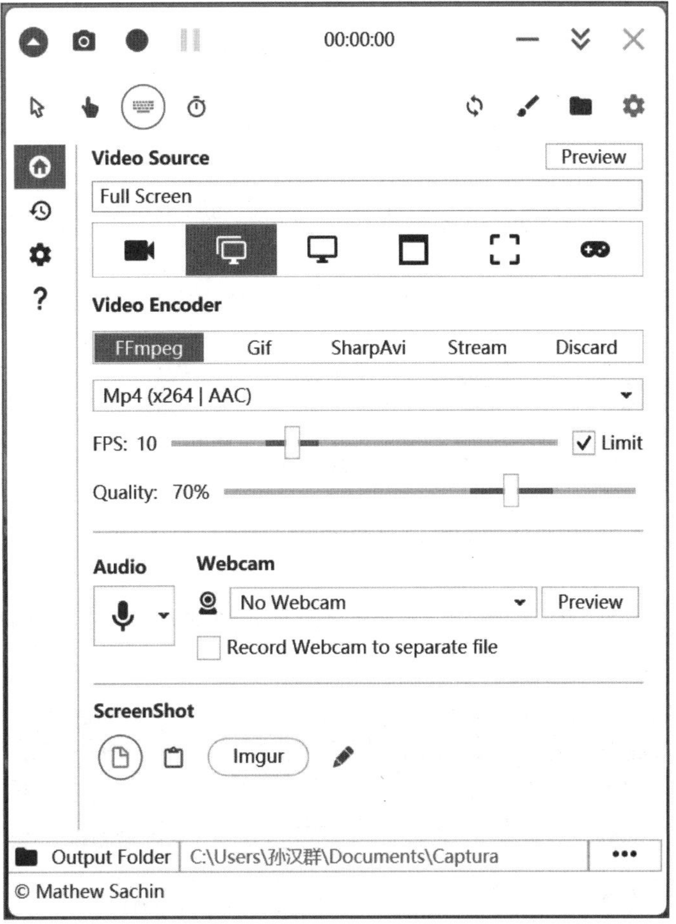

图 4-3-6　Capture 录屏软件

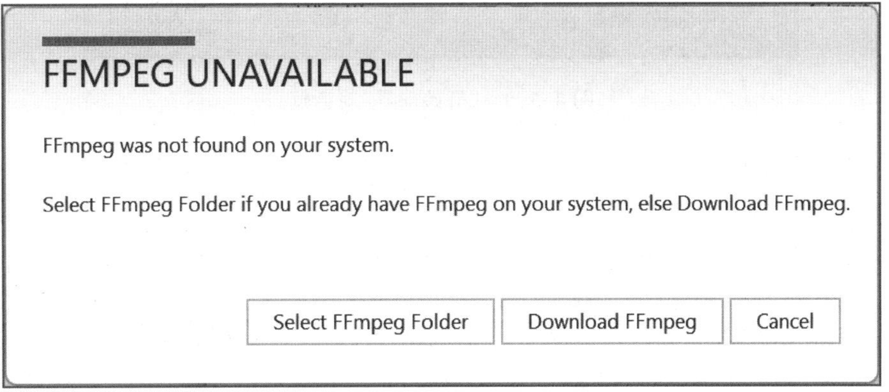

图 4-3-7　"FFMPEG UNAVAILABLE"对话框

五、动画的制作(GIF/WEBP 动画制作)

用 Ulead GIF Animator 制作“跳跃的青蛙”GIF 动画

(1) 创建/选择图像:用绘图工具软件绘制几张青蛙跳跃的图像,如图 4-3-8 所示。

图 4-3-8　青蛙跳跃的图像

(2) 将这些图像保存到 D 盘的 GIF 文件夹中(D:\\GIF),并按顺序分别命名为 QW1、QW2、QW3、QW4、QW5。

(3) 打开 Ulead GIF Animator,在“开始向导”对话框中单击“打开已存在的图像文件”按钮,如图 4-3-9 所示。导入第一张图片 QW1。

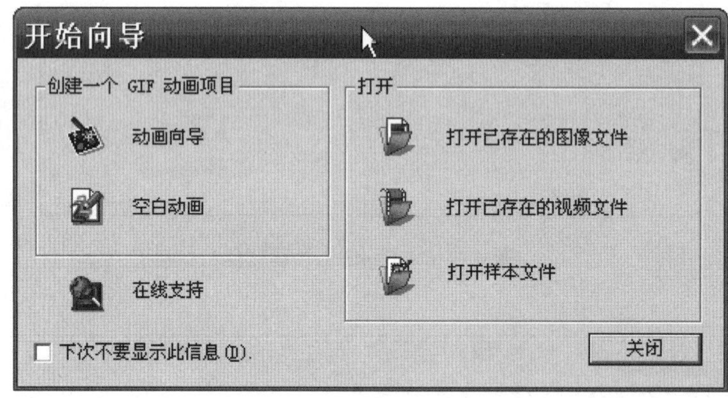

图 4-3-9　“开始向导”对话框

(4) 在动画编辑区单击“添加帧”按钮,然后再单击工具栏上的“添加图像”按钮,将第二张图片 QW2 添加为动画的第二帧。按上述同样方法将第三张、第四张和第五张图片分别添加为动画的第三、第四和第五帧,如图 4-3-10 所示。

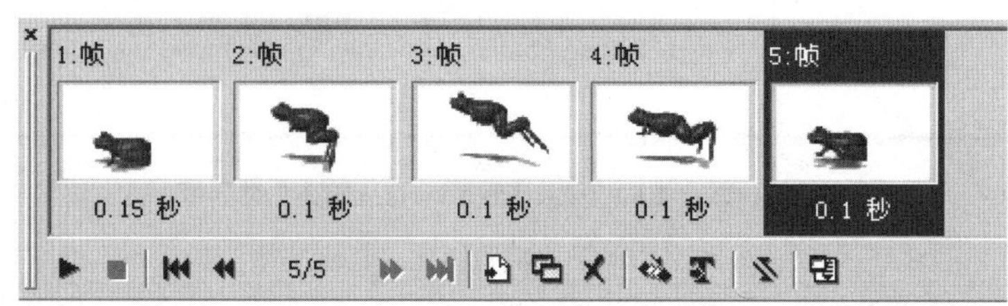

图 4-3-10　动画编辑区

(5) 单击下部动画编辑区中的"播放"按钮,可预览动画的效果。

(6) 单击文档区上方的"优化"选项卡,然后单击"立刻优化"按钮,对图像进行优化处理。

(7) 在"文件"菜单中选择"另存为"/"GIF 文件"菜单项,保存为 GIF 动画。

用 Ulead GIF Animator 制作奥运五环 GIF 动画

(1) 利用画图软件或者 PHOTOSHOP 软件制作奥运五环,在制作过程中,分别将一个环、两个环、三个环、四个环和五个环的内容保存为图片文件。注意:图片的大小保持一致。

(2) 打开 Ulead GIF Animator,新建一个 GIF 动画文件。

(3) 在下部的动画编辑区选择第一帧,然后再单击工具栏上的"添加图像"按钮,将一个环的图片添加到动画编辑区中。

(4) 单击"添加帧"按钮,将两个环的图片添加为动画的第二帧。按上述同样方法将三环、四环和五环的图片分别添加为动画的第三、第四和第五帧。

(5) 在帧上右击,选择属性,打开帧属性对话框,设置每一帧的延迟时间。

(6) 在第一帧、第二帧和第三帧之间可适当添加插入帧。方法是单击"TWEEN",在弹出的对话框中设置要插入帧的起始帧和结束帧,以及插入的帧数、延迟的时间等。

(7) 优化并保存为 GIF 动画。

用 Honeycam 制作 GIF/WebP 动画

Honeycam 是一款高质量的 GIF/WebP 动图制作和编辑器。打开 Honeycam 软件后,界面中间是 Honeycam 的四个核心功能:录制、编辑、导入和管理文件(图 4-3-11)。

图 4-3-11　Honeycam 界面

点击“录制”后就会出现录制界面,在上面的工具栏里可以勾选“总在最上面”“捕捉鼠标指针”,并可自定义录制帧率、要录制的屏幕尺寸或选择要捕捉的屏幕区域,以及选择“直接保存为 MP4 格式”。录制完成后,界面会直接加载出来,不需要等待。

要制作 GIF/WebP 动画,可以选择“导入”按钮,打开“导入”对话框,在对话框中选择事先准备好的图像文件,并按顺序逐个放入右边的列表中,设置好图像尺寸和帧延迟(画面停留的时间)参数,按“导入”按钮导入图像,打开编辑界面(图 4-3-12)。

在编辑界面可以进一步增加图像和删除图像。这里没有图像顺序的调整功能,需要预先按照动画效果的需要按顺序添加图像。

在编辑区可以对每一帧图像进行适当的编辑处理,包括裁剪尺寸、添加文字、过渡效果等。也可以重新定义每一帧的延迟时间(图 4-3-13)。

在编辑区可以播放并预览动画效果。图像尺寸大于画布时,可选择“自动适应”使图像尺寸调整为画布大小。

点击“保存”按钮,可打开保存对话框。这里可以显示动画的基本信息,设置保存的类型,包括 GIF、WebP、WebM、MP4 等(视频不支持保存声音)。“大小”栏下面支持动图大小预览以及三种缩小选项。也可以设置动画文件的输出位置及名称(点击文件名称,输入框后的“省略号”按钮)(图 4-3-14)。

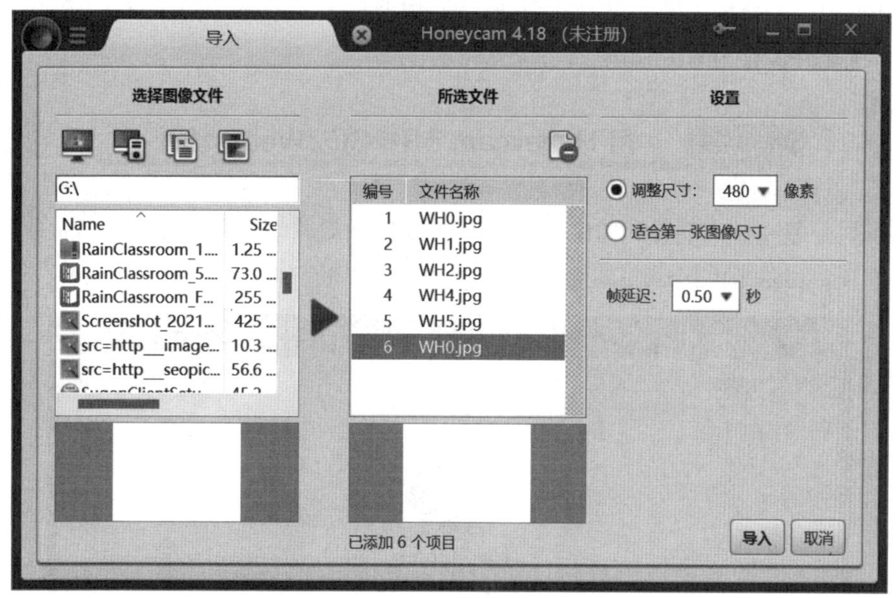

图 4-3-12　Honeycam 的导入图像对话框

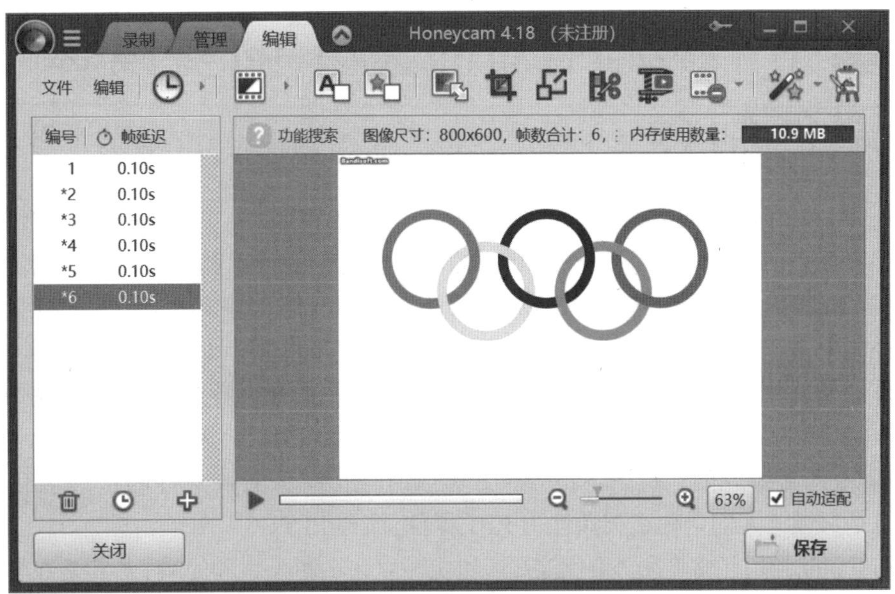

图 4–3–13　用 Honeycam 制作的 GIF 动画

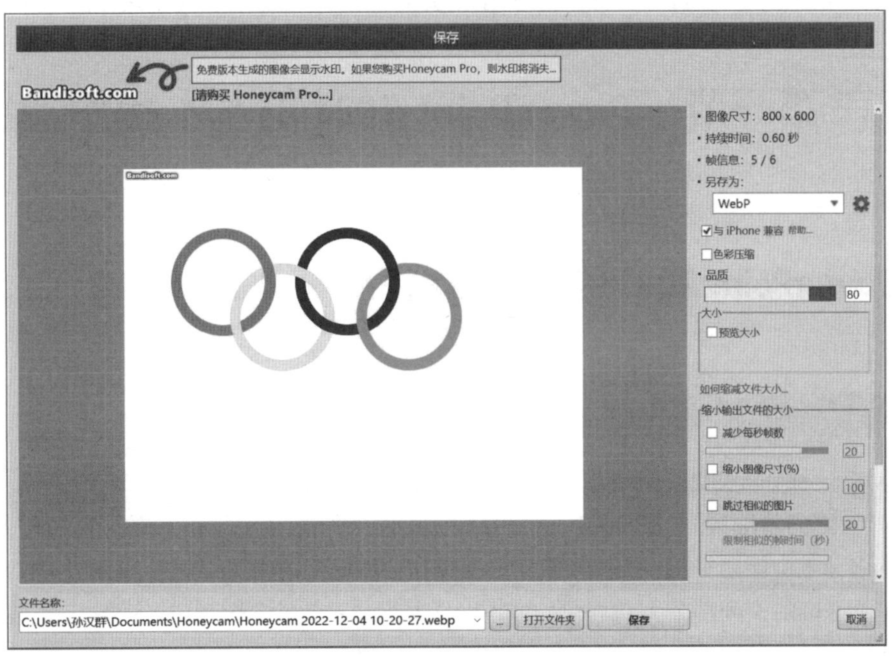

图 4–3–14　保存用 Honeycam 制作的动画（WebP 动画）

第五章 基于 PowerPoint 2021 的多媒体课件制作

PowerPoint 是美国微软公司出品的 Office 办公套装软件之一,是制作演示文稿的主要软件之一。基于 PowerPoint 可视化、卡片式的设计与制作的特点和在多媒体应用方面的强大功能,PowerPoint 也是被用于制作多媒体课件的主要软件。基于 PowerPoint 开发的许多插件增强了 PowerPoint 在课件制作方面的功能,也进一步巩固了 PowerPoint 作为主要的多媒体课件制作软件的地位。通常把基于 PowerPoint 制作的课件称为 PPT 课件或幻灯片课件,因为早期用 PowerPoint 制作的课件演示文稿的格式为 PPT,而演示文稿又是由许多被称为幻灯片的页面组成的。从 PowerPoint 2007 版开始,演示文稿文件的扩展名已经变为 PPTX,但是习惯上人们仍称这类课件为 PPT 课件,简称 PPT。

PowerPoint 经历了多个版本的更新,其功能一直在不断丰富和完善,尤其是在多媒体素材的支持方面更加全面,多媒体对象的呈现效果更加丰富,在自定义动画的设计方面更加灵活。围绕 PowerPoint 开发的许多插件也大大增加了 PowerPoint 的功能。本章以 PowerPoint 2021 为例,介绍用 PowerPoint 2021 和相关插件设计与制作多媒体课件的基本方法。

第一节 PowerPoint 2021 的基本操作

一、PowerPoint 2021 的工作环境

工作界面与视图方式

启动 PowerPoint 2021,新建或打开演示文稿后即呈现 PowerPoint 2021 的工作界面,这一工作界面称为普通视图。PowerPoint 2021 的普通视图包含上部和下部的窗口控制图标、快速访问工具栏、标题栏、选项卡标签及功能按钮、状态栏、视图工具栏、显示比例等功能区域,在视图窗口的中间部分则包含了“幻灯片及大纲选项”窗格、幻灯片窗格、备注窗格。将鼠标移到窗格的边框,按下鼠标左键、拖动窗格的边框可调整窗格的大小。

【幻灯片及大纲选项窗格】使用“幻灯片及大纲选项”可快速组织和开发演示文稿中的内容。在幻灯片选项卡下的幻灯片缩略图上单击,可快速选择要编辑的幻灯片;在大纲选项卡下的幻灯片缩略图上单击,可快速查看幻灯片的结构和内容。

【幻灯片窗格】幻灯片窗格是编辑、处理单张幻灯片的主要场所。在幻灯片窗格中，可以查看每张幻灯片中的文本外观。可以在单张幻灯片中添加图形、影片和声音，并创建超级链接以及向其中添加动画。

【备注窗格】备注窗格使得用户可以添加与观众共享的演说者备注或信息。该备注的内容在正常播放时不显示。可以将备注打印出来并在放映演示文稿时参考，或者将打印好的备注分发给观众。

通过"视图"菜单，或者单击 PowerPoint 窗口右下角的"视图方式"按钮工具栏，可在不同视图方式（普通视图、幻灯片浏览视图、阅读视图、幻灯片放映视图）之间进行切换。

【幻灯片浏览视图】幻灯片浏览视图是以缩略图的形式显示幻灯片。在创建演示文稿以及准备打印演示文稿时，通过幻灯片浏览视图可以轻松地对演示文稿的顺序进行排列和组织。还可以在幻灯片浏览视图中添加节，并按不同的类别或节对幻灯片进行排序。

【幻灯片放映视图】幻灯片放映视图是用于向受众放映演示文稿的视图。幻灯片放映视图会占据整个计算机屏幕，这与受众观看演示文稿时在大屏幕上显示的演示文稿完全一样。通过幻灯片放映视图，可以看到图形、计时、电影、动画和切换在实际演示中的具体效果。

【阅读视图】阅读视图用于向查看演示文稿的人员放映演示文稿。

二、PowerPoint 2021 的基本操作

1　打开 PowerPoint 2021 并创建新的演示文稿

在 Windows 操作系统中，根据情况启动 PowerPoint 2021，选择 PowerPoint 2021 窗口左侧的"开始"或"新建"，在右侧的任务窗格中选择"新建"下的"空白演示文稿""地图集""欢迎使用 PowerPoint"等任务，打开 PowerPoint 2021 文件窗口。

如果选择"欢迎使用 PowerPoint"，则打开一个 PowerPoint 文档，其中介绍了 PowerPoint 2021 的一些新功能，利用这些功能可以简化相关的工作。

如果选择"新建""搜索联机模板和主题"，则可从"演示文稿""主题"等项目中选择其一进行联机搜索，显示相应的模板和主题后，再选择合适的具体模板或主题。

PowerPoint 主题和模板之间的区别：PowerPoint 主题是一组预定义的颜色、字体和视觉效果，可应用于幻灯片以实现统一的外观。PowerPoint 模板是主题以及一些特定用途的内容。模板具有一些设计元素如颜色、字体、背景、效果，这些元素可协同工作。可以创建、存储、重复使用以及与他人共享自己的自定义模板。

"新建演示文稿"任务窗格中提供多种新建演示文稿的方式，包括利用"内容提示向导"创建演示文稿、利用"设计模板"创建演示文稿、利用"空白演示文稿"创建演示文稿。也有许多其他公司和网站提供幻灯片模板供下载使用，如第一 PPT 网站、PPT 宝藏、无忧 PPT、PPT 大宝库、管理资源吧等网站都有大量可免费下载的幻灯片模板。

2 设计与编辑幻灯片

【设计幻灯片的大小和方向】新建幻灯片后，选择“设计”选项卡，在“幻灯片大小”的下拉列表中选择“标准(4∶3)”“宽屏(16∶9)”或“自定义幻灯片大小”，设计幻灯片的大小和方向(默认情况下，幻灯片的方向为横向)。

注：“设计”选项卡中列出的主题或模板默认的大小为宽屏(16∶9)，如果应用这些主题或模板后要调整幻灯片的大小，会弹出“最大化”“确保合适”对话框，进行选择。

【设计幻灯片背景】方法1：应用主题或模板设计幻灯片的背景。选择“设计”选项卡，选择合适的主题或模板样式，并可在“变体”中进一步调整颜色、字体、效果和背景样式；点击“设置背景格式”，可进一步设置背景格式的填充效果。

方法2：选择“插入”选项卡中的“图片”，从电脑或网上选择一张合适的背景图片作为背景。可对背景图片做适当的修改，使之适合幻灯片背景的要求。

【编辑幻灯片】插入或复制粘贴多媒体元素到幻灯片上，并进行合理的编辑和布局调整。

【幻灯片的样式】新建幻灯片时，可在“新建幻灯片”的下拉列表中选择合适的幻灯片样式(幻灯片上的多媒体元素及其布局)以简化幻灯片的编辑。在样式的基础上，按照提示添加标题、文本、图片等多媒体元素。

【标题幻灯片】幻灯片的标题包括主标题和副标题，直接在相应的位置输入标题文字即可。应用模板的标题文字会直接按照模板文字的颜色和字体呈现。通常标题幻灯片是整个演示文稿的第一张幻灯片，为了使标题幻灯片更加醒目，会使用艺术字来设计幻灯片标题。

【插入和设计标题文字的艺术字】选择“插入”“艺术字”，在艺术字的列表项中选择一种样式(艺术字的颜色和字体等与应用的主题和模板相关)，插入幻灯片后修改具体的艺术字内容。

【文本的输入与编辑】文本可通过文本占位符输入，也可通过“插入”“文本框”输入文本，或者通过复制粘贴其他应用文件中的文本。输入的文本可以在“开始”标签卡中设置字体、段落的格式。输入的文本可以设置不同的字体、字号、颜色，以及加粗、斜体、下划线等格式。文本的字符间距可以调整。设置的字体格式可以一键清除。可以在字体对话框中设置文本的各种格式。

对于多行文本可以设置其段落格式，包括添加项目符号、编号、段落的缩进方式、文本的行距和段落间距，以及文本的对齐方式。可以通过“格式”标签卡进一步设置文本的格式。“格式”标签卡中包括形状格式设置和文本格式设置。在形状格式设置中可设置文本框的填充色、边框的颜色和粗细、文本框的形状效果。文本框的形状效果包括预设效果、阴影效果、映像效果、发光效果、柔化边缘效果、棱台效果、三维效果等。文本框的形状格式可以通过设置形状格式对话框进行详细设置。

【符号的输入】文本中的特殊符号可通过输入法所提供的软键盘输入功能输入。例如，要输入○、☆、△、←、◎等符号，可在搜狗输入法工具栏的“软键盘”按钮上单击，在弹出的快捷输入对话框中选择“特殊符号”，再选择相应类别的符号输入。如果在“软键盘”按钮上右击，在弹出的快捷菜单中选择“特殊符号”,可显示特殊符号的软键盘,或者用“插入”菜单中的“符号”,在符号对话框中选择要插入的符号或特殊符号。利用特殊的字体设置还可以输入一些图形符号,如利用 Webdings 字体可输入✔、ⓘ、🐝、▸、🎗、■□、🚲、🛡、🚒、🐝、🚑、§、◂、⏮、●、⧉等图形符号,利用 Wingdings 字体可输入⇨、◢、▶、↓、▲、⇨、⇦、←、→、↑、↖、↗、↙、⇦、↳、⤓、⤒等符号。

在理科的课件中,经常要使用上标与下标等工具。为了方便上标和下标的设置,可以自定义工具栏,将上标和下标按钮直接加在格式工具栏中。方法是:打开“文件”菜单中的“选项”对话框,选择“自定义功能区”,在右侧选择“不在功能区的命令”,在最右侧的列表中新建一个选项卡并重命名,再在其左侧的列表中找到“上标”和“下标”按钮,单击“添加”按钮,将它们加入新建的选项卡中。

【插入并编辑图形元素】在 PowerPoint 2021 的“插入”“插图”中提供了“形状”“图标”“3D 模型”“SmartArt”“图表”共 5 种图形的应用。形状工具包括各种基本图形:线条、矩形、基本形状、箭头总汇、公式形状、流程图、标注、星与旗帜、动作按钮等。“图标”中提供了“图标”“插图”“卡通人物”三类图形。“3D 模型”提供了“3D 库存 3D 模型”。“SmartArt”图形包括列表、流程、循环、层次结构、关系、矩阵、棱锥图、图片和 Office. com 等图形。“图表”为常规的图表类型。

选择形状工具中的“常用图形”按钮(直线、带箭头的直线、矩形、椭圆),鼠标指针将变为十字形状,在要绘图的位置按下鼠标的左键并拖动鼠标形成一个矩形区域,然后释放鼠标按键,形成所要绘制的图形。

在绘制直线时按住“Shift”键,可以绘制水平、垂直或呈 45°角的直线。在绘制矩形或椭圆时,按住“Shift”键,可分别得到正方形和圆。

绘制可调节的图形,需要选择该图形工具生成一个基本的对象,然后再通过调节点完成图形的绘制。一部分图形对象具有一个或多个菱形调节点,通过该菱形调节点可改变图形的形状、角度或者大小。

单击绘制的图形对象,可选中该图形对象。要选择多个图形对象,可按住“Shift”键,然后逐个单击相应的图形对象。也可以在要选中的图形对象的外围,用鼠标拖出一个矩形区域,将图形对象选中。

选中的图形对象可以用鼠标拖动以改变它们的位置。将鼠标指针放在选中图形的调节点上拖动,可改变图形的大小或形状。双击图形对象,显示图形格式编辑工具栏。单击工具栏中的形状填充、形状轮廓、形状效果,可设置图形的形状填充效果、线条(边框)的颜色、粗细,以及图形的阴影、三维、发光等特殊效果。

要改变当前图形的形状,可单击工具栏中的“编辑形状”按钮。编辑形状主要包括更改图形和编辑顶点两种方式。使用更改图形,可直接从列表框中选择另一个需要的图形来替换当前图形。使用编辑顶点可以对当前的图形顶点进行必要的调整,包括移动位置,增加或删除顶点等。要增加顶点,可直接在图形没有顶点的位置拖动;要删除顶点,可在按住“Ctrl”键的同时,将鼠标移到需要删除的顶点上,当鼠标形状显示为“×”时,单击鼠标即可。

利用图形工具以及对图形的编辑、各种效果的设置,可以制作出课件中需要的图形。

例题 5-1-1 用形状工具绘制地图轮廓图

在实际教学中常常需要将具体事物抽象化，或者着重强调具体对象的某个部分，这就需要绘制具体事物的图形轮廓，如绘制地图轮廓、绘制人物肖像。绘制轮廓通常是根据对象的图像来进行。一般的图像都是呈静态的整体，将静态图像中的元素用轮廓线绘制下来变成矢量图形，可以分步地、动态地呈现该对象，便于深入了解和研究该对象。

单击形状工具栏中"任意多边形"工具，然后在编辑区域中按下鼠标的左键形成第一个顶点，再拖动鼠标到另一个位置单击形成第二个顶点，然后按此方法绘制其他顶点，最后在第一个顶点上双击鼠标，结束绘制。

利用"线条"工具中的多边形工具，可以绘制地图的轮廓线及其他地图元素，如河流、铁路线、山脉等。先导入一张地图，如中国地图，调整到适当的大小和位置，然后选择任意多边形工具，在要绘制的地图轮廓上按下鼠标的左键，沿地图轮廓线拖动鼠标绘制轮廓线，直到结束位置，双击鼠标左键结束。

绘制轮廓线的中间可以停顿，然后按下鼠标的左键继续绘制。如果绘制的点偏离了应有的位置，可以按光标的回退键(Backspace)删除，然后再重新绘制。

绘制好的轮廓线，如果是闭合的图形，则可以用色彩或其他的效果加以填充，方法是选中绘制好的轮廓线，然后选择绘图工具栏中的"填充色"按钮，选择一种填充色，或者选择"其他填充色"，选择或自定义一种颜色来填充。对于地图的轮廓线，则需要将各个部分区别开来，可以选择"填充效果"，在填充效果对话框的"图案"选项卡中设置相应的图案和颜色(前景色和背景色)。也可以在"纹理"和"图片"选项卡中设置纹理或图片作为图形的填充效果。

轮廓线的颜色和粗细则用绘图工具栏中的"颜色"和"线型"按钮设置。如果要修改绘制好的图形，可用鼠标右击该图形，在弹出的快捷菜单中选择"编辑顶点"菜单项，对多边形的各个顶点重新调整。

例题 5-1-2 设计制作双 Y 轴图表

(1) 单击"插入"标签卡中的"表格"按钮下的下拉按钮，选择"Excel 电子表格"，生成电子表格对象，并在其中输入"南京城市气候简表"的数据，如图 5-1-1 所示。

	C	D	E	F	G	H	I	J	K
1	南京城市气候简表								
2	二	三	四	五	六	七	八	九	十
3	3.7	8.6	14.6	20.3	24.4	28.2	28.2	23	16.8
4	43.3	67.9	105	89	108.7	182.6	143.8	113.6	48.4
5									

Sheet1

图 5-1-1 Excel 电子表格对象

（2）选中表格中的全部数据，单击“插入”标签卡中的“柱形图”按钮，生成柱形图图表。单击图表工具中“设计”标签中的“切换行/列”按钮，进行图表形式的转换。转换后的图表如图 5-1-2 所示。

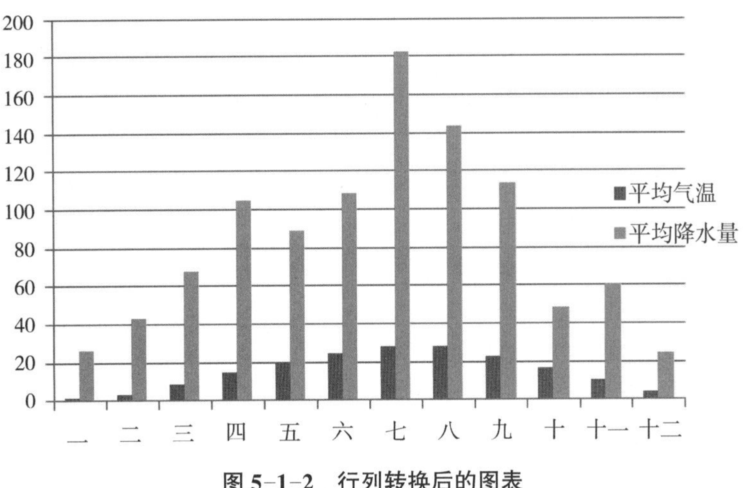

图 5-1-2　行列转换后的图表

（3）在图表中选择代表“气温”的柱形条，然后单击“设计”标签卡中“更改图表类型”，在“更改图表类型”对话框中选择一种折线类型的样式。图表中代表气温的柱形条改为折线，如图 5-1-3 所示。

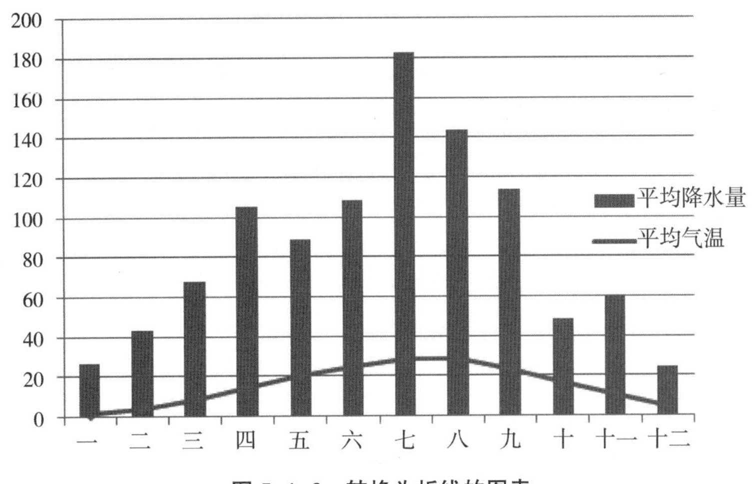

图 5-1-3　转换为折线的图表

（4）双击折线，打开“设置数据点格式”对话框，将其中的系列选项设置为“次坐标轴”后，关闭对话框。

（5）在“图表工具”的“布局”标签卡中单击“坐标轴”按钮下的下拉按钮，选择“主要纵坐标轴”和“次要纵坐标轴”下的“其他坐标轴选项”，或者双击纵坐标轴的标题，打开“设置坐标轴格式”对话框，在其中设置坐标轴的刻度及其他参数。

（6）将图例移到图表的左上角，并在“布局”选项卡中选择坐标轴标题，增加坐标轴的标题。图例和坐标轴标题的文字格式可在“开始”标签选项卡中设置(字体、字号、颜色等)。设置完成的图表如图 5-1-4 所示。

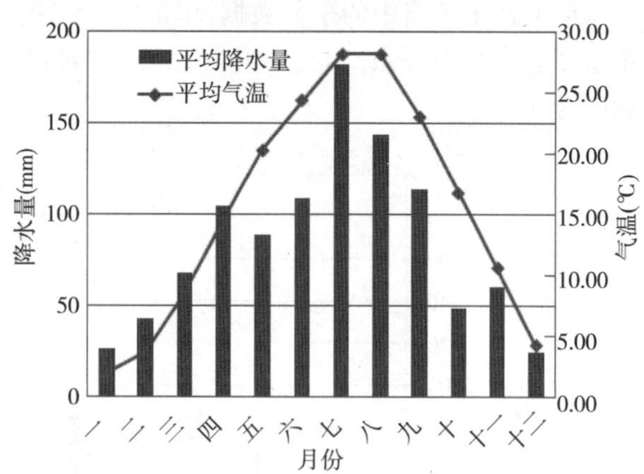

图 5-1-4　气温与降水量双 *Y* 轴图表

【插入并编辑图像元素】在“插入”“图片”中选择“此设备”或“图片集”,选择一张图片插入到幻灯片中。插入的图片可根据需要进行调整。双击图片对象,打开图片格式处理工具栏。可对图片进行删除背景、更正亮度和对比度、调整颜色饱和度和色调,应用艺术效果等操作。对调整不满意可单击“重设图片”按钮,要替换其他图片可单击“更改图片”按钮,要压缩图片的大小可单击“压缩图片”。选中图片后单击“更正”按钮,可对图片的柔化与锐化、亮度与对比度进行设置。将鼠标移到其中的某个图标上,调整的效果会在幻灯片中立即显示出来。单击“颜色”按钮,可对图片颜色饱和度、色调进行调整,或者进行重新着色。其中的“设置透明色”也可以删除图片的背景。插入幻灯片中的图片可根据需要进行裁剪。选中图片后单击“裁剪”按钮,然后在图片的调节点上按下鼠标左键,拖动鼠标对图片进行裁剪。单击“裁剪为形状”的形状列表中的一种形状,可将图片裁剪为该形状。可使用预设的图片样式,设置图片的边框、图片效果和图片版式。

在 PowerPoint 中,可应用多种格式的图像,除了常用的 BMP、JPG、GIF、WMF、TIF 等格式外,也支持 CDR、EPS 等矢量图形格式。其中 WMF 格式是 Windows 图元文件格式。WMF 图形是一种矢量图,所占存储空间少,并可任意放大或缩小而保持原有的画面质量。WMF 图形还具有透明背景的特点,能与底层图案很好地融合在一起。

在 PowerPoint 软件中可直接使用 WMF 图形。如果需要对原有的 WMF 图形进行加工,则可先将 WMF 图形取消组合。在第一次执行取消组合操作时,会弹出对话框,显示“这是一张导入的图片,而不是组合,是否将其转换为 Microsoft Office 图形?”,单击“是”按钮,将其转换为图形后,再次执行取消组合操作,即可将原有的 WMF 图形分解,然后根据需要进行编辑或重组。

【插入并编辑声音元素】PowerPoint 2021 提供了插入“音频”“PC 上的音频”/“录制音频”并应用于幻灯片的功能。在动画效果设置和幻灯片切换设置中,还可设置播放时的音效。在动作设置和动作按钮中也可以设置音效。插入的声音以声音图标显示在幻灯片中,可以用鼠标单击播放或自动播放,在空白处单击则停止播放。录制声音则需要话筒并已经连接好。

单击“插入”标签选项卡中的“音频”按钮,打开“插入音频文件”对话框,选择需要插入的音频文件。PowerPoint 2021 支持非常多的音频文件格式。单击“插入”标签选项卡中的“音频”按钮下的下拉按钮,选择“剪贴画音频”,从“剪贴画”列表中选择可用的音频文件,单击后插入幻灯片中。单击“插入”标签选项卡中的“音频”按钮下的下拉按钮，选择“录制音频”，打开“录音”对话框，可现场录制需要的音频。（需要预先接入麦克风并调试好音量）

插入幻灯片中的音频以声音图标显示在幻灯片中。单击选中该音频图标，再单击“音频工具”中的“播放”按钮，打开音频播放的工具栏，其中包含预览、书签、编辑和音频选项、音频样式的设置工具。单击“播放”按钮可预览插入的音频对象（图 5-1-5）。单击“裁剪音频”按钮可打开“裁剪音频”对话框，可对音频进行裁剪（图 5-1-6）。

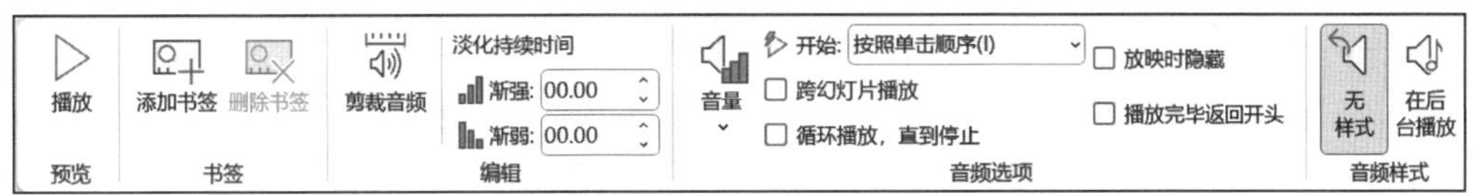

图 5-1-5　音频工具

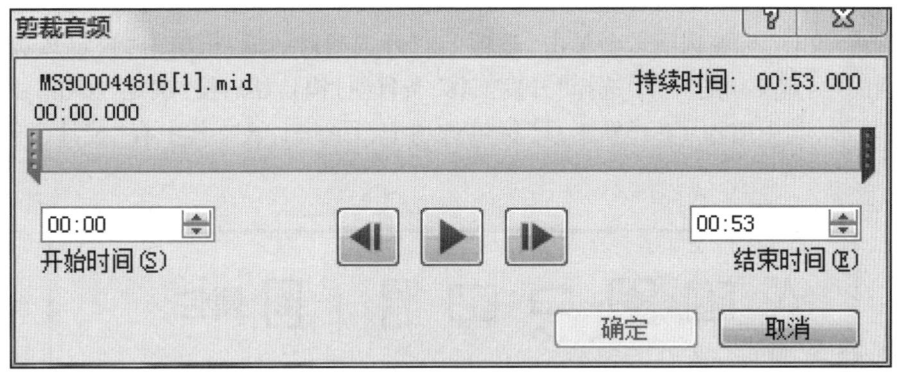

图 5-1-6　“裁剪音频”对话框

单击“音量”按钮可选择低、中、高和静音。单击“开始”右侧的下拉按钮，可选择音频开始播放的方式：自动；单击时，可勾选“跨幻灯片播放”、“循环播放，直到停止”、“播放时隐藏”和“播放完毕返回开头”选项。在音频样式中可选择“无样式”或“在后台播放”。

【插入并编辑视频元素】单击“插入”“视频”按钮，选择“此设备”“库存视频”“联机视频”，将视频插入幻灯片中。PowerPoint 2021 支持的视频文件格式非常丰富，但此版本中，插入视频的操作不支持插入 Flash 动画。

插入幻灯片中的视频以视频对象显示在幻灯片中。可根据需要调整视频对象的大小、位置。选中幻灯片中的视频对象，在其下面会显示简单的播放控制按钮，单击“播放”按钮可预览视频的内容（图 5-1-7）。

对幻灯片中视频的播放设置与音频的播放设置相类似。选中视频对象后，在视频工具的“播放”选项卡中可预览、裁剪和设置视频的播放方式，并设置播放的相关选项。

选择“自动”方式，在幻灯片播放时将自动播放视频，选择“在单击时”，则在幻灯片播放时需要通过单击该视频对象才开始播放。

【插入并编辑动画元素】PowerPoint 支持 GIF 动画、WebP 动画、SVG 动画，但不支持

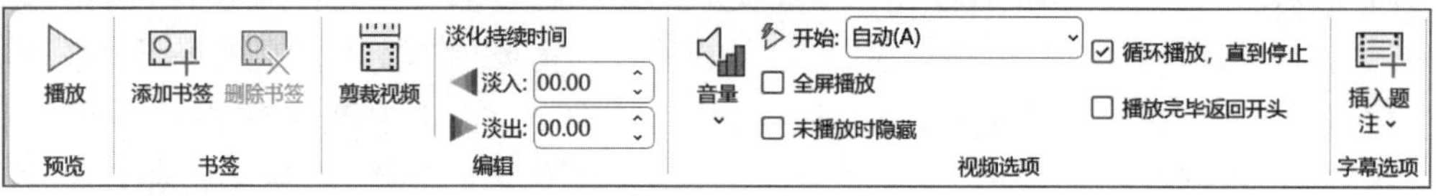

图 5-1-7　视频工具

FLASH 动画。GIF 动画、WebP 动画、SVG 动画均可通过插入图片的方式插入。其他类型的动画可转换为视频文件,通过插入视频的方式插入幻灯片中。

例题 5-1-3　在 PPT 中插入 FLASH 动画

如果要将 FLASH 动画(SWF 格式)嵌入幻灯片中,可以通过插入控件对象的方式在 PowerPoint 中使用 FLASH 动画。

(1) 在“文件”标签选项卡中单击“选项”,打开选项对话框,再单击“自定义功能区”,在其右侧的“自定义功能区”中选择“开发工具”条目(打钩),然后按“确定”按钮。回到“普通视图”界面,其中增加了“开发工具”标签选项卡(图 5-1-8),其中有“控件工具”按钮列表。

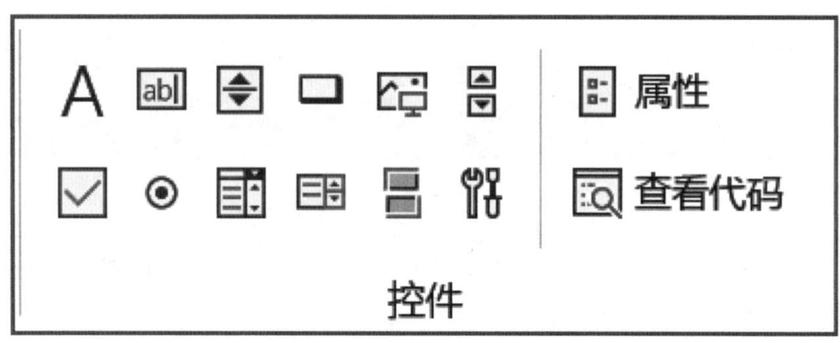

图 5-1-8　控件工具箱

(2) 在“控件工具箱”中选择“其他控件”按钮(最后一个按钮),打开“其他控件”列表框。

(3) 在“其他控件”列表框中选择“Shockwave Flash Object”控件(图 5-1-9),然后在幻灯片中按下鼠标的左键,拖动鼠标绘制出一个矩形区域,该区域即为 Flash 动画的展示位置。完成后该区域为一个带对角线的矩形对象。

(4) 在矩形对象上右击鼠标,在弹出的快捷菜单中选择“属性”项,打开“属性”对话框。

(5) 在属性列表框中选择“EmbedMovie”属性,将其后的属性值设置为“True”,表示要将 Flash 动画嵌入幻灯片中(图 5-1-10)。由于 Flash 动画所占的存储空间较少,所以可将 Flash 动画嵌入 PowerPoint 中。

(6) 选择“Movie”属性,将属性值设置为“C:\\flash2208.swf”,表示调用 C 盘根目录中

图 5-1-9　控件列表框

属性

ShockwaveFlash1 ShockwaveFlash

按字母序　按分类序

(名称)	ShockwaveFlash1
AlignMode	0
AllowFullScreen	false
AllowFullScreenInteractiv	false
AllowNetworking	all
AllowScriptAccess	
BackgroundColor	-1
Base	
BGColor	
BrowserZoom	scale
DeviceFont	False
EmbedMovie	True
FlashVars	
FrameNum	-1
Height	129.25
IsDependent	True
IsTainted	True
left	353.9584
Loop	True
Menu	True
Movie	c:\flash2208.swf
MovieData	
Playing	True
Profile	False
ProfileAddress	
ProfilePort	0
Quality	1
Quality2	High
SAlign	
Scale	ShowAll
ScaleMode	0
SeamlessTabbing	True
SWRemote	
top	47.37504
Visible	True
Width	269.375
WMode	Window

图 5-1-10　Flash 对象的属性列表框

的 flash2208. swf 文件。输入要使用 Flash 动画的绝对路径和全名(主文件名+扩展名),名称中必须包括其扩展名. swf。

(7) 选择并设置“ScaleMode”属性,属性值在 0~15 之间,可改变 Flash 动画的显示比例和显示模式,对应于“ScaleMode”的属性值会在“Scale”属性中直接显示出来。

在 Flash 动画对象矩形框外单击回到幻灯片视图,改变矩形区域的大小,可看到插入的 Flash 动画。放映幻灯片,即可看到 Flash 动画的播放效果(图 5-1-11)。如果没有看到 Flash 动画,请检查插入的路径和文件名,特别是文件的扩展名。幻灯片放映时,如果 Flash 动画没有自动播放,可用鼠标右击,选择“播放”菜单。

图 5-1-11　PPT 中 Flash 动画的播放效果

安装“PPT 多媒体助手 v2. 0”插件,可直接在 PPT 中插入 SWF 格式的 Flash 动画。安装“PPT 多媒体助手 v2. 0”插件并在 PowerPoint 的选项设置中选中“多媒体”项,即可在工具栏中通过“多媒体”选项卡,点击“选择动画”,直接找到 Flash 动画(SWF 格式)插入 PPT 中(图 5-1-12)。插入的动画直接以幻灯片大小显示为“Shockwave Flash Object”的控件对象(有对角线的矩形),播放时可看到动画效果。

注:在 WPS 中制作 PPT 幻灯片时,可以通过“插入”“视频”选择 Flash 动画。

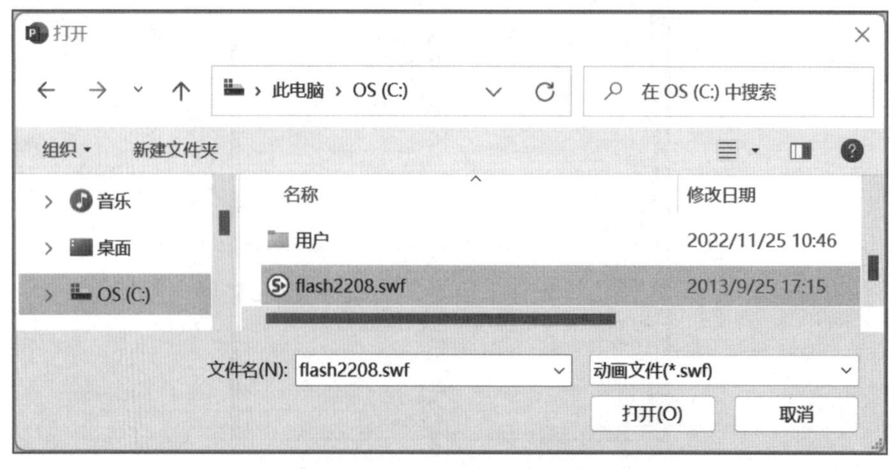

图 5-1-12　通过“多媒体”插件插入 Flash 动画

【插入虚拟全景图】

用 Web Viewer 加载项插入虚拟全景图

在“开发工具”中选择“加载项”“Office 加载项”，在“我的加载项”中选择“Web Viewer”加载项（图 5-1-13）。

Insert Web Page

This app allows you to insert secure web pages starting with https:// into the slide deck. Non-secure web pages are not supported for security reasons.

Please enter the URL below.

https:// www.wikipedia.org

Note: Many popular websites allow secure access. Please click on the preview button to ensure the web page is accessible.

Preview

图 5-1-13　在 PPT 中插入网页

在“Insert Web Page”的网站地址中输入有虚拟全景图的网址，例如中国全景网。注意：在输入框中只输入具体的地址，不要包括 https://。还有虚拟全景图的网址只能是安全网址，即以 https://开始的网址。按“Preview”按钮可以预览效果。按“Preview”按钮后，按钮显示为“Edit”，按“Edit”可修改输入的网址（图 5-1-14）。

图 5-1-14　在 PPT 中插入具有全景图的网页

三、PowerPoint 2021 的母版与模板

幻灯片母版是幻灯片层次结构中的顶层幻灯片，用于存储有关演示文稿的主题和幻灯片版式的信息，包括背景、颜色、字体、效果、占位符大小和位置。每个演示文稿至少包含一个幻灯片母版。

修改和使用幻灯片母版的主要优点是可以对演示文稿中的每张幻灯片（包括以后添加到演示文稿中的幻灯片）进行统一的样式更改。为了使所有的幻灯片具有统一的外观或标志，不必一张张幻灯片进行修改，而只需在幻灯片母版上做一次修改即可。

可以在“幻灯片母版”视图下创建、修改和编辑幻灯片母版。单击“视图”标签卡中的“幻灯片母版”按钮，切换到“幻灯片母版”编辑界面。可以像设计、编辑普通幻灯片一样来设计、制作幻灯片母版，包括设计、制作母版的版式、主题、背景，进行页面设置。

创建、编辑好幻灯片母版后，可单击“关闭母版视图”按钮，返回到正常的幻灯片编辑界面。

模板，是指作图或设计方案的固定格式。模板是将一个事物的结构规律予以固定化、标准化的成果，它体现的是结构形式的标准化。幻灯片模板即已定义的幻灯片格式，包括已经定义的背景颜色、图形、图像、字体、字号、版面布局等。

PowerPoint 2021 通过“我的模板”“模板”和自行安装的“OfficePLUS”插件来使用模板。在主工具栏中的“我的模板”中提供“搜索”“插入素材”“设计”等模块的相应资源来使用和设计模板；在主工具栏中的“模板”中提供“搜索”“职场通用”“教师教学”“PPT 关系图”“PPT 风格”等分类模板。“OfficePLUS”插件中的模板资源见第六章第五节的介绍。

善于利用幻灯片模板的功能和相应的模板资源，可快速制作标准、规范、美观的幻灯片课件，具有事半功倍的效果。也可在模板的基础上加以适当的修改和调整，制作出具有个性化风格的幻灯片课件。

第二节　幻灯片课件的整体设计

设计与制作多媒体课件是一项系统工程，除了需要掌握课件制作软件的基本使用方法与技巧、准备必要的多媒体素材之外，还需要对整个课件进行系统的设计，包括课件的教学设计、界面与导航设计、艺术设计和程序设计。幻灯片课件的设计也是程序设计，是面向对象的可视化程序设计。幻灯片课件的程序设计在形式上大大地简化了程序设计的难度，课件在形式上变成了若干张幻灯片的组合。但是，这样做也容易造成制作的课件“只见树木，不见森林”，即课件的整体性、系统性不强。因此，多媒体幻灯片课件的设计与制作，需要重视课件的整体设计，包括课件结构的完整性、课件风格和形式的统一性、课件的艺术表现力等方面。在多媒体幻灯片课件的设计与制作中要力争做到“面向教学应用，结构完整，风格统一，符合艺术规律，媒体多样，满足教学需要”。图 5-2-1 为封面幻灯片样式。

图 5-2-1　封面幻灯片样式

一、多媒体幻灯片课件的组成

从形式来看，多媒体幻灯片课件由若干张相互关联的幻灯片组成。按功能结构和组成幻灯片课件的顺序，组成课件的幻灯片分为封面幻灯片、目录幻灯片、正文幻灯片、结束幻灯片四种。封面幻灯片是课件的开始幻灯片。封面幻灯片通常是标题幻灯片，一般由背景图片、功能对象和幻灯片标题组成。目录幻灯片是课件内容的目录列表形式，通常由幻灯片背景、章节标题（或知识点）、导航按钮等组成。正文幻灯片呈现课件的具体内容，通常由多张幻灯片构成，每张幻灯片根据具体内容的不同采用不同的媒体形式展示教学内容。结束幻灯片通常用于提示课件的结束，以及表达礼貌用语（谢谢、再见）等信息。在形式上，结束幻灯片（图 5-2-2）通常与封面幻灯片呼应，在风格、界面设计等方面与封面幻灯片一致。

从教学作用来看，多媒体幻灯片课件由导入教学内容的幻灯片、呈现教学内容的幻灯片、课堂作业或课后练习幻灯片、扩展教学内容的幻灯片、总结内容的幻灯片等构成。导入教学内容的幻灯片通常由封面幻灯片、目录幻灯片等构成，主要用于营造教学氛围、吸引学生注意、概述教学内容。呈现教学内容的幻灯片（正文幻灯片）以多媒体方式呈现与教学内容有关的画面和声音。课堂作业或课后练习幻灯片用于检查教学内容的学习与掌握情况，并通过练习来巩固和提高学习效果。扩展教学内容的幻灯片通常用于介绍与教学内容相关的新知识、新观点。总结幻灯片用于对本课件（本节课）教学内容的概括。

图 5-2-2 结束幻灯片样式

每一张幻灯片由背景、与教学内容直接相关的对象(标题、目录、正文、素材、习题等)、功能对象(导航按钮、幻灯片编号、日期)和其他对象组成。

二、多媒体幻灯片课件的结构

多媒体幻灯片课件在形式上是一种顺序的线性结构的课件。课件幻灯片按顺序进行编号,放映时按顺序进行播放。也可以通过设置超级链接、动作按钮(动作设置)、放映设置、控件编程、幻灯片重用、文件调用、OLE 对象调用等方法实现课件在应用时(放映时)的非线性结构。

非线性结构的幻灯片课件具有比较好的灵活性和交互性,但也增加了使用的难度。大多数多媒体幻灯片课件采用顺序的线性结构形式,便于在实际教学中应用。对于复杂结构的多媒体幻灯片课件通常需要在实际应用之前进行幻灯片放映设置。

三、多媒体幻灯片课件的总体设计

尽管多媒体幻灯片课件由多张不同的幻灯片组成,但它们在逻辑上是一个整体。为了教学,需要对多媒体幻灯片课件进行统一的设计,使多媒体课件的幻灯片在设计风格、颜色搭配、版面布局、导航设计等方面具有一致性,既保证多媒体幻灯片课件好的艺术效果,又

降低操作使用多媒体幻灯片课件的难度，提高多媒体幻灯片课件应用的方便性。

可根据教学内容的主题确定多媒体幻灯片课件设计的风格，或清新淡雅，或热烈奔放，或深沉稳重，或简洁大方。可选用已有的相近或相似的幻灯片设计模板和主题作为多媒体幻灯片课件设计与制作的基础，通过母版修改、调整应用的模板或主题中的背景和其他元素，使之符合教学的实际需要。

课件的设计风格要应用于课件的所有幻灯片，使课件幻灯片的风格统一，如使用统一的背景图案、统一的颜色方案、统一的图标样式、统一的排列方式等。尽量避免课件中的幻灯片用多个不同的背景。封面幻灯片和结尾幻灯片在设计上与正文幻灯片可以稍有不同，但也应保持风格的基本一致。封面幻灯片和结尾幻灯片的背景图片可以设置亮丽一些，形成较强的视觉冲击力，而正文幻灯片的背景图片则需要淡化处理，以突出具体的教学内容。

在整个幻灯片课件的色彩应用方面，应尽量使用统一的配色方案或主题颜色，避免随意使用颜色。主题颜色包括文字、背景、强调文字（图形填充）、超级链接、已访问的超级链接的颜色。需要注意的是，计算机上的颜色与通过投影机投影显示在幕布上的颜色是不一致的。因此，在可能的情况下应在多媒体教室的投影机上测试，以确认颜色组合是否满足实际教学的需要，并进行必要的调整。

幻灯片课件中颜色的配置需要考虑两方面的均衡，一是颜色的对比度，二是颜色的协调一致。通常在课件中文本与背景需要有较强的对比度，可考虑紫色背景绿色文字、黑色背景白色文字、黄色背景紫红色文字，以及红色背景蓝绿色文字。在同一张幻灯片中，如果需要设置多个对象的颜色，应考虑使用近似色（图 5-2-3）。

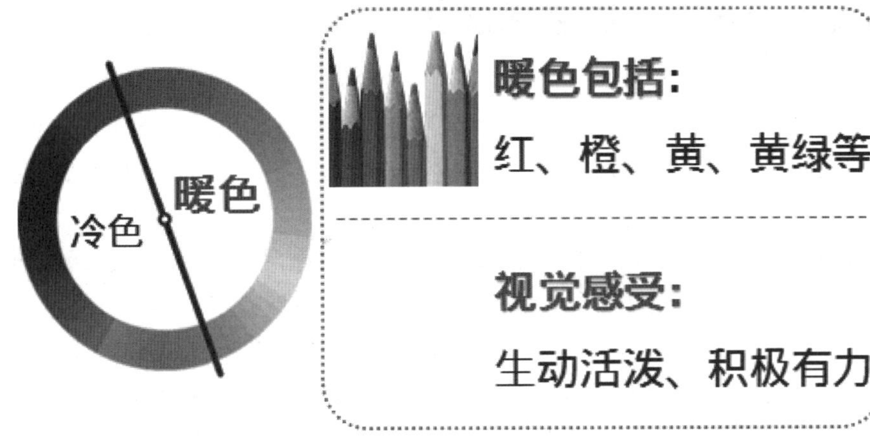

图 5-2-3　暖色与冷色

在幻灯片课件中，对于正文幻灯片通常需要采用统一的界面布局，相同的功能对象通常放置在同一位置。可以通过幻灯片母版设置功能对象。

文本的格式（字体、字号、颜色、加粗等）在不同幻灯片中也需要尽量统一。不同级别的标题采用不同字号。文本段落采用统一的项目符号。图形或图片的格式也要尽量统一。

四、在幻灯片课件中正确使用多媒体素材

幻灯片课件以文本、图形、图像、音频、视频和动画等多媒体素材呈现教学内容。一方面,要尽量使用多媒体素材呈现教学内容。如果仅仅使用文本和图片甚至只使用文本制作幻灯片课件,很难实现教学目的,也不符合多媒体课件的要求。另一方面,要正确使用多媒体素材,不能为了使用多媒体而使用多媒体。首先,不要滥用多媒体素材,不要使用与教学内容无关的素材(如加入一些不必要的装饰图片、声音、动画等)。其次,对于使用的多媒体要预先进行处理,或者在幻灯片中进行处理,如图片的裁剪、调整亮度和对比度,声音要控制音量的大小,视频和音频要进行必要的剪接。最后也是最重要的就是要恰当选用媒体形式。在课件中要尽量减少文本素材的使用,文本的使用要简洁明了。不要将幻灯片作为板书,不要将幻灯片当作提词工具。在幻灯片上放置大段的文本容易使人厌烦,也不符合多媒体的多样性要求。要适当使用图片,要根据教学对象的认知水平和教学的需要使用图片,不要把使用图片当作简单的图解。要恰当使用声音和背景音乐,课件中使用的声音主要是解说和背景音乐,解说的音量要适当,背景音乐要符合课件的主题需要。在幻灯片中使用视频和动画要根据实际教学的需要。视频和动画都是动态的媒体,视频和动画主要用于对过程的描述和对原理的讲解。

五、重视幻灯片课件的艺术设计

多媒体幻灯片课件的作用不仅仅是从技术层面上解决教学内容的多媒体呈现方式,也是从艺术层面解决了教学内容的艺术化处理。艺术化设计的多媒体幻灯片课件必然具有其艺术的魅力。

多媒体幻灯片的艺术设计,首先要遵循一定的艺术规律,在幻灯片构图(版面布局)、幻灯片的背景设置、色彩运用等方面符合多媒体画面艺术设计的要求。

幻灯片版面的合理布局。幻灯片课件在布局上要简洁大方,一张幻灯片上不要放置太多的对象。太多的对象不容易布置,也不利于教学。内容较多时可以分成不同的幻灯片放置,或者通过动画效果动态地按时间顺序显示(但不容易编辑、修改)。

重点内容要放在突出的位置(视觉中心),以突出的方式显示(不同的颜色、不同的字体和字号、动态的效果、多次重复)。

要运用视觉艺术的规律设置幻灯片的界面,以多媒体手段有效呈现教学内容,形成视觉冲击力,以加深学习者对教学内容的记忆和理解(图 5-2-4)。

可运用艺术化和专业化的 PPT 素材资源美化幻灯片。一是借鉴和应用专业设计的幻灯片模板。二是借鉴和应用艺术化设计的幻灯片对象(按钮、图表、框图)。许多模板中的图形对象都是经过比较专业的人员设计的,在颜色配置、图形布局、图案设计等方面都比较

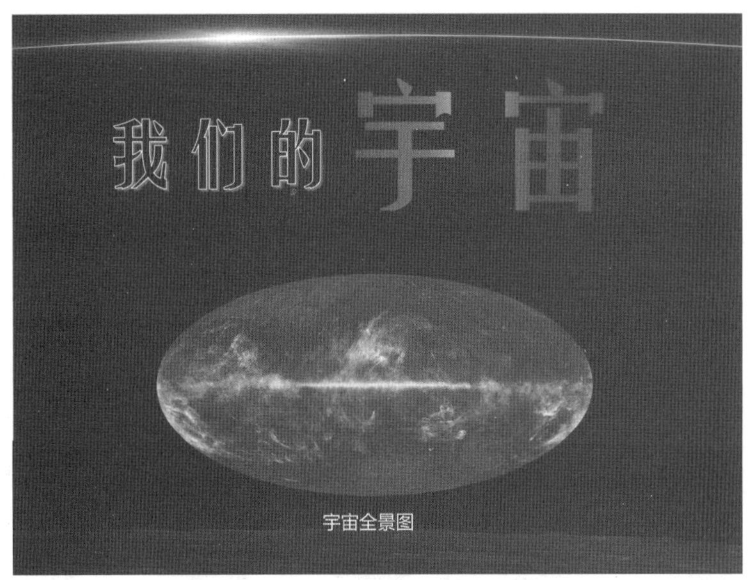

图 5-2-4　突出的视觉化处理

有专业性和有艺术性。经过设计的图形对象就好比是化妆，幻灯片在经过图形的装饰后，往往有比较好的视觉效果，容易引起观众的关注。

利用 PowerPoint 2021 中的 SmartArt 图形可帮助建立规范的有艺术效果的图形。插入 SmartArt 图库中的某种图形，可在格式工具中进一步设置 SmartArt 图形的颜色配置和 SmartArt 样式，也可以重新设置 SmartArt 图形的布局（图 5-2-5、图 5-2-6）。

使用艺术字也有助于改善幻灯片的艺术性。

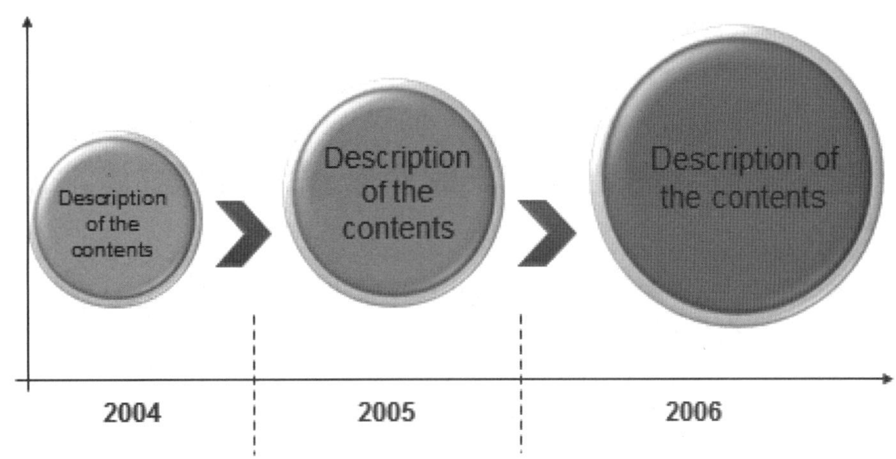

图 5-2-5　PPT 模板中图形对象

多媒体课件的艺术设计是学生审美教育的重要途径，是落实立德树人根本任务要求、促进学生全面发展的重要体现。课件是多媒体画面艺术和视听艺术的集中体现，从内容到

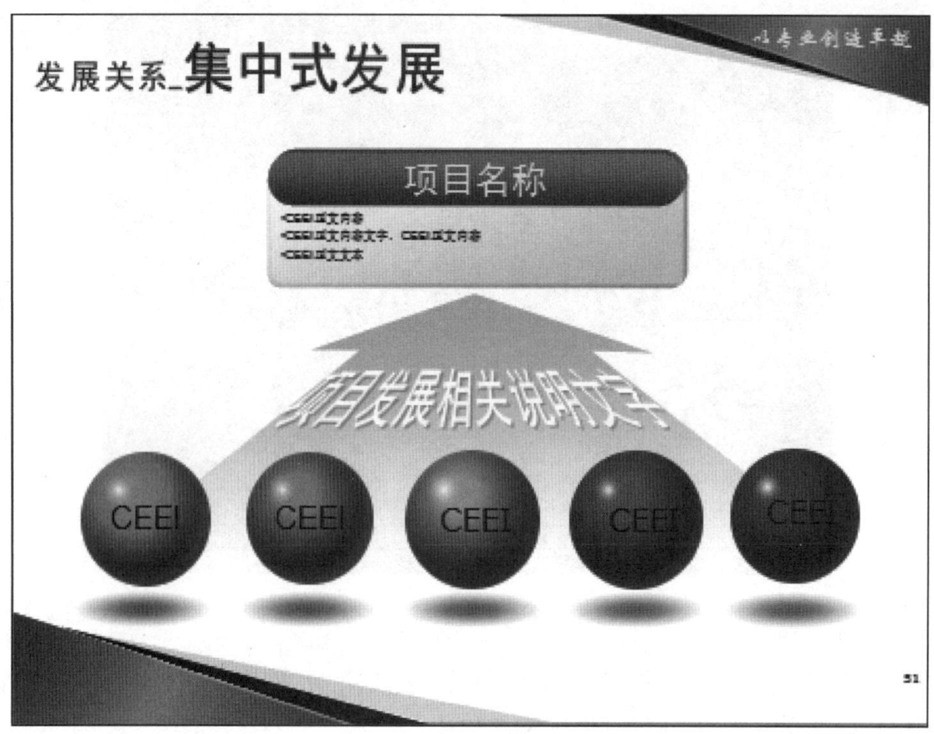

图 5-2-6　PPT 规范图库中的关系图形(CEEI)

形式都可以成为美育的重要载体。

通过课件素材的加工处理和在课件中的合理应用,使多媒体素材按照艺术化、科学化的规律呈现,教学内容的呈现具有艺术性,实现内容与形式的统一;通过幻灯片课件背景设计、颜色设计和版面布局的艺术化设计,营造出良好的具有艺术性的教学环境,在渗透美育教育的同时,也能增强教学内容对学生的吸引力,促进学生积极学习、有效学习。

六、针对实际教学需要设计与制作多媒体幻灯片课件

课件需要艺术设计,但课件不必是艺术作品。设计与制作多媒体幻灯片课件的目的是教学应用,是为了提高实际教学的效果。要防止在幻灯片课件的设计与制作中重形式、轻内容的倾向。幻灯片课件的设计与制作要始终把教学需要放在第一位。多媒体幻灯片课件设计与制作要与教学内容紧密结合,在准确理解和把握教学内容的主题、知识结构、重点难点的基础上,根据知识、能力和情感价值观的三维教学目标和核心素养的课程目标,设计教学方法、教学策略。在此基础上根据教学内容的需要,以多样化的多媒体素材呈现教学内容。多媒体幻灯片课件也要体现教学环节的完整性和教学过程的交互性。

第三节　设置课件的动画效果与交互性

一、动画效果设置

为幻灯片中的文本、图形、图像和其他多媒体对象设置动画效果，是 PowerPoint 最突出的功能之一。为幻灯片中的对象添加动画效果，可以突出演示的重点、难点，并增加演示文稿的趣味性。

PowerPoint 2021 的动画功能基本保留了以前版本中的动画功能，只在个别地方有所不同。PowerPoint 2021 中可设置的动画效果包括进入动画、强调动画、退出动画和动作路径动画四类。进入动画和退出动画类似。进入动画是动画对象以动画的方式出现（从无到有），退出动画是动画对象以动画方式消失（从有到无）。强调动画是对已经出现在幻灯片上的对象设置动画效果。动作路径动画是已经存在的动画对象沿某个指定的路径运动。

要设置对象的动画效果，需要先选中该对象。可以将多个对象一起选中设置相同的动画效果。要选择被覆盖在另一个对象下面（重叠）的对象，可在“开始”标签选项卡中选择“选择窗格”项，打开“选择和可见性”窗格，其中列出了当前幻灯片上的所有对象，可单击对象列表右侧的眼睛图标，选择隐藏或显示幻灯片上的对象，以帮助选择幻灯片上被覆盖（重叠）的对象。

选中幻灯片中的对象后，可单击“动画”标签选项卡，显示动画工具栏。其中包括预览、动画、高级动画和计时四组工具栏。

预览工具有两方面的功能，一是单击该按钮即开始显示动画的预览效果，二是在其下拉列表中可选择“自动预览”命令，当鼠标指针移到某个动画项目上时，自动显示预览效果。

动画工具组中列出了四类常用的动画项目形式。单击右下角的按钮可显示全部的动画方案和更多动画效果的列表项。由于动画的效果较多，其界面可能会遮挡动画对象的效果显示。效果选项可对动画效果做进一步的设置。

高级动画组中的工具可方便添加更多的动画、设置动画触发器和应用动画刷。还可以通过动画“窗格”按钮显示动画设置的窗格，方便动画的设置。

计时工具栏包括设置动画开始的方式（单击时、之前、之后）、持续的时间、延迟的时间，以及对动画的先后顺序进行重新排列。

设置幻灯片对象动画效果的基本方法和步骤如下：

（1）在幻灯片普通视图中，显示包含要动画显示文本或对象的幻灯片，选择要动画显示的对象。单击“动画”标签选项卡，在其中选择“自动预览”功能，在动画组中选择“进入”、“强调”、“退出”和“路径”动画类型中需要的动画效果，或者进入某一类别的全部动画列表中选择需要的动画效果。单击“效果选项”按钮，设置效果的具体参数。

(2) 在计时组中设置动画开始的方式、持续时间和延迟时间。

(3) 在高级动画组中单击“添加动画”按钮,给同一对象添加新的动画效果。

(4) 如果要设置触发动画,可单击“触发”按钮,选择触发对象。

(5) 如果要在动画窗格中设置动画效果,可单击“动画窗格”按钮,打开动画窗格。在动画窗格中可单击选择动画效果列表,再单击其右侧的下拉按钮,显示与动画效果有关的设置选项。单击“效果选项”或“计时”,打开动画效果详细设置对话框,在其中对动画效果、计时等进行详细设置。

(6) 一个对象的多个动画效果,或者多个对象的多个动画效果的顺序可以在动画窗格中调整。可直接拖动动画效果列表项上下移动,或者通过下部的箭头按钮来调节动画效果的先后顺序。

(7) 可以应用动画刷工具将某个特定对象的动画效果应用于其他对象。要应用于 2 个及以上的对象,可双击动画刷,并逐个应用于相关的对象。

(8) 单击动画窗格中的“播放”按钮,可观看动画的整体效果。

例题 5-3-1 音频的使用与动画设置

(1) 新建幻灯片,在“插入”标签选项卡中单击“音频”按钮,打开“插入音频”对话框。选择预先准备好的声音文件后,按“确定”按钮,插入声音文件,在幻灯片中出现一个灰色带播放控制的小喇叭声音图标。

(2) 单击声音图标,选择该图标,如图 5-3-1 所示。选择“播放”按钮可预览声音效果,单击右侧的“音量”图标可调节音量。可在“音频格式”和“播放”选项卡中设置音频的图标的外观形式,对音频进行编辑处理和音频的播放方式进行设置。

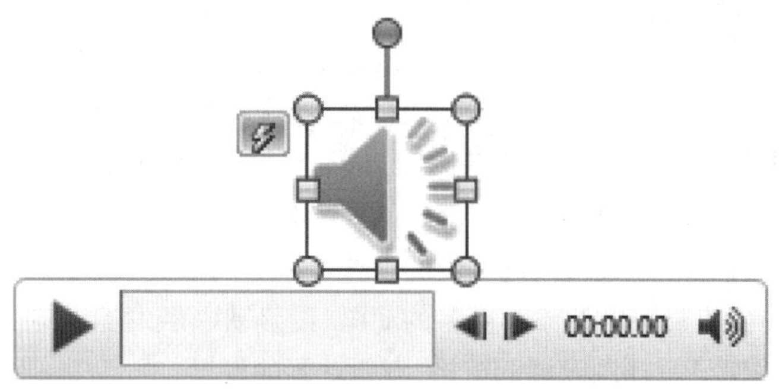

图 5-3-1 声音播放方式选择对话框

(3) 单击“动画”标签选项卡,显示动画设置工具栏。单击“动画窗格”按钮,打开动画窗格对话框,选择触发器下的条目,如图 5-3-2 所示。

(4) 单击声音动画效果列表项右侧的下拉按钮,或者在其上右击,选择“效果选项”,打开“效果选项”对话框,如图 5-3-3 所示。

(5) 在“播放音频”对话框中可设置“开始播放”选项和“停止播放”选项。一般地,幻

图 5-3-2　声音动画窗格

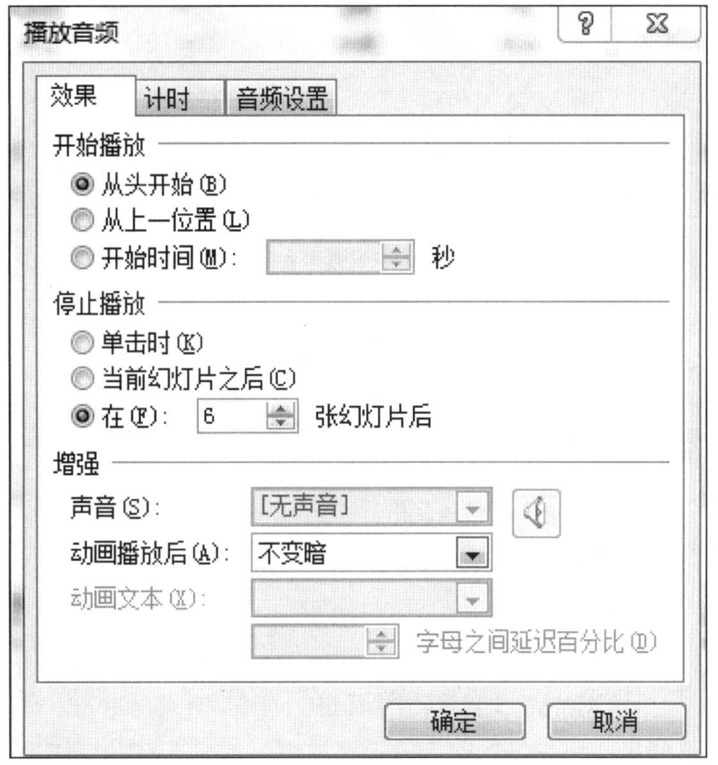

图 5-3-3　播放音频对话框

灯片上的声音只在该幻灯片上播放，可当切换到另一张幻灯片后，声音就停止播放。为了使声音能在多张幻灯片中持续播放，可在“停止播放”的选项中设置“在……张幻灯片后”

（从当前幻灯片算起）。

（6）在“计时”选项卡中可设置声音文件重复播放的次数和方式（设置需要的重复次数，或者选择“直到下一次单击”或“直到幻灯片结尾”），如图 5-3-4 所示。

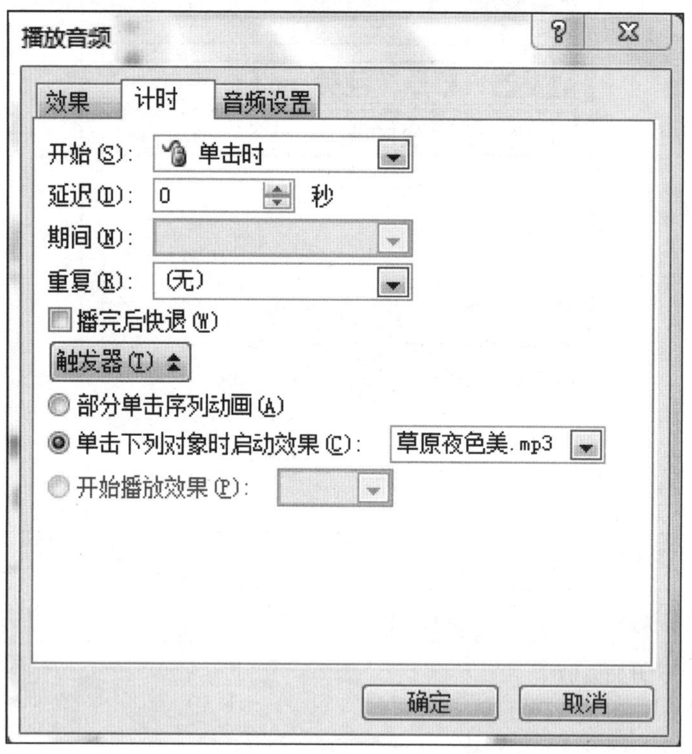

图 5-3-4 在“计时”选项卡中设置声音重复播放的次数和方式

（7）单击“播放音频”对话框中的“音频设置”标签，其中显示插入的音频被包含在幻灯片中，如图 5-3-5 所示。

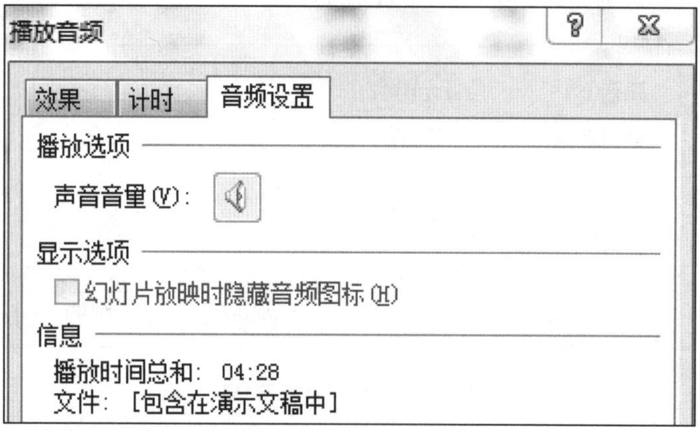

播放音频
效果 计时 音频设置
播放选项
声音音量(V):
显示选项
幻灯片放映时隐藏音频图标(H)
信息
播放时间总和: 04:28
文件: [包含在演示文稿中]

图 5-3-5 音频设置

二、交互性设置

1 超级链接

如果在 PowerPoint 演示文稿的放映过程中，希望从某张幻灯片中快速切换到另外一张不连续的幻灯片中，可以通过“超级链接”来实现。

选择幻灯片中的文本框、图形、图像或其他对象，然后在“插入”标签选项卡中选择“超链接”按钮，打开“插入超链接”对话框，在“链接到”列表中选择相应的列表项。如果要链接到演示文稿中的其他幻灯片，请选择“本文档中的位置”，在“请选择文档中的位置”列表中列出了相应的幻灯片位置，选择需要的幻灯片（选择后，在其右侧的“幻灯片预览”中显示选择的幻灯片预览效果）。单击“屏幕提示”按钮，在弹出的对话框中可输入屏幕提示内容，单击“确定”按钮完成设置。要链接到现有的演示文稿或其他文件，选择“现有文件或网页”，在相应的对话框中选择文件的位置和文件的名称即可。要链接到网页，可在下面的地址栏中输入相应的地址，也可以通过“链接到”列表中的“新建文档”将“超级链接”链接到新建的文档，在相应的对话框中输入新建文档的名称，通过“更改”按钮更改文档的位置。播放时单击超级链接对象，将打开新建文档界面，也可以通过“链接到”列表中的“电子邮件地址”，在相应的对话框中输入电子邮件地址即可。

2 动作按钮与动作设置

利用 PowerPoint 2021 的“动作”按钮也可实现交互性操作。在“开始”标签选项卡或“插入”标签选项卡的“形状”列表中选择“动作”按钮。单击选择需要的按钮，然后在幻灯片上拖放生成按钮。按钮生成后，会自动弹出“动作设置”对话框，在对话框的“单击鼠标”中的“超链接到”列表中默认的列表项与动作按钮的默认设置一致。在列表框中选择其他列表项，可改变动作按钮的超级链接。

在“动作设置”对话框的“单击鼠标”或“鼠标移过”选项卡中选择“播放声音”，然后再选择声音效果或声音文件，在超级链接时播放相应的声音。选择幻灯片上的对象，在其上用鼠标右击，在快捷菜单中选择“动作设置”菜单项，在弹出的对话框中也可设置超级链接。

可以选择“超链接到”“下一张幻灯片”“上一张幻灯片”等特定的幻灯片，也可以选择幻灯片序号来链接到具体指定的幻灯片。

如果“动作设置”的对象为有填充的闭合图形，可在“鼠标移过”选项卡中选择“鼠标移过时突出显示”选项。播放时，如果鼠标移过该图形，该闭合图形将以其填充色的补色突出显示。

例题 5-3-2　设计具有交互功能的目录幻灯片

（1）新建幻灯片，应用设计模板，并在母版中修改模板：在右上角添加一张幻灯机图片，在底部添加一条红色细线；在母版的底部添加可以自动更新的日期和时间、幻灯片序号、圆和向左向右的动画箭头等。

（2）在母版中选中幻灯片底部的“圆”对象，通过插入菜单中的超级链接，或通过鼠标右击在快捷菜单中选择“超级链接”，在“动作设置”对话框中设置“圆”对象的超级链接为“第二张幻灯片”。

（3）按照同样的方法，设置向右箭头对象的超级链接为“下一张幻灯片”，向左箭头对象的超级链接为“上一张幻灯片”。

（4）单击“关闭母版视图”按钮，退出母版编辑设置。

（5）在幻灯片视图中，在幻灯片上部写上标题，在幻灯片中间用绘图工具中的矩形工具绘制 6 个矩形，并将它们填充为深蓝色。

（6）在矩形对象上右击，选择“添加文本”，在矩形框中输入文字，文字的颜色设置为白色。

（7）再在矩形对象上右击，选择“动作设置”，在弹出的“动作设置”对话框中的“单击鼠标”选项卡中选中“超链接到”选项，并在列表中选择要链接到的位置；在“鼠标移过”选项卡中选中“鼠标移过时突出显示”选项。

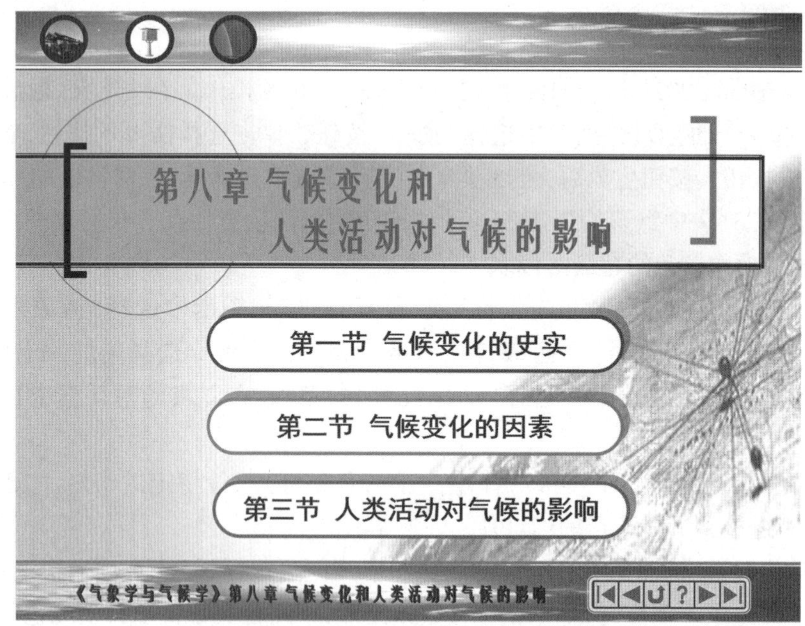

图 5-3-6　具有交互功能的目录幻灯片

（8）在“幻灯片放映”菜单中选择“幻灯片切换”菜单项，在右侧出现的幻灯片切换窗格

中，取消换片方式中的“单击鼠标时”选项，并单击“应用于所有幻灯片”按钮。这样，幻灯片之间的切换将不能通过单击鼠标来实现，只能通过前面设置的超级链接方式来切换。

完成后的目录幻灯片如图 5-3-6 所示。

例题 5-3-3 全景图片的动态演示

屏幕或演示窗口的大小是有限的。为了在 PowerPoint 中演示大图片，通常需要使用动作路径动画效果。

(1) 在幻灯片中插入一张全景式的大图片。

(2) 调整图片的大小使其适合幻灯片的高度，并将图片的右边界与幻灯片的右边界对齐。

(3) 单击并选择“动画”标签选项卡工具栏中的“直线”动作路径动画类型。

(4) 单击“效果选项”按钮，在其中选择水平“向右”的动画效果。

(5) 单击“动画窗格”按钮，在动画窗格中选择动画效果列表中“向右”运动的动画项并右击鼠标，选择“效果选项”。在对话框中选中“自动翻转”选项；设置路径选项为“解除锁定”(路径锁定表示在编辑时路径被锁定，设置的路径不会随对象的移动而移动；解除锁定表示在编辑时路径会随对象的移动而移动)。

(6) 选择表示动作路径的虚线，按住“Shift”按钮，拖动路径右端的调节点调整路径的长度，使图片对象在向右移动结束时，图片的左边与幻灯片的左边对齐。

(7) 单击“计时”标签卡，将“开始”选项设为“上一动画之后”，“延迟”项设为默认值，“期间”(单次路径的持续时间)设为“6”(通过键盘输入)，“重复”项设为“直到下一次单击”。(选择“直到下一次单击”，在单击鼠标停止动作后，图片对象会恢复到初始的状态；选择“直到幻灯片末尾”，在单击鼠标停止动作后会直接切换到下一张幻灯片或下一个动画。)

(8) 单击“确定”按钮，完成设置。

例题 5-3-4 触发器、动作路径与强调动画的设置

触发器动画是指在 PowerPoint 中通过单击某个对象，去触发另一个对象的动画。在课件中运用触发器动画，可以通过触发器对象重复演示某个动画效果。

(1) 在幻灯片中插入一张中国地图，在其中用 A、B、C、D、E 分别表示 5 个不同的地区。再插入 5 张与上述地区有关的风景图片，缩小后放置在幻灯片的边缘部分。

(2) 用带圆圈的①~⑤的数字序号分别和上述 5 张风景图片进行组合，形成组合对象。

(3) 设置每一个组合对象的动作路径动画，动作路径采用直线，分别指向对应的 5 个字母代表的 5 个不同地区。

(4) 单击“动画窗格”按钮，在动画窗格列表中选择组合 1(Group 1)的路径动画项，右击后选择“计时”项，打开“计时”设置对话框。

(5) 在“计时”对话框中，单击“触发器”按钮展开触发器选项，选择“单击下列对象时启

动效果”,在其后的下拉列表中选择该组合对象本身(Group 1)作为触发器。

(6) 按照上述方法依次设置其他组合对象的触发器动画。

(7) 选择第一个组合对象(Group 1),单击“添加动画”按钮,选择“强调”动画类别中的动画效果为“放大/缩小”。

(8) 单击“动画窗格”按钮,在动画窗格中选择“放大/缩小”动画效果项,右击该项选择“效果”选项,打开效果设置对话框,在“尺寸”中将其数值设为微小(25%)。

(9) 在“计时”选项卡中设置“开始”项的值为“与上一动画同时”。

(10) 按照上述步骤设置其他4个组合对象的“放大/缩小”动画效果。

(11) 在动画窗格中调整“动画效果”项的顺序,将各个组合对象作为触发器的“动画效果”项分别移到其作为触发器动画的条目下,其中动作路径动画在前,放大/缩小动画在后。

第四节　幻灯片课件的应用设计

一、在 PowerPoint 中启动幻灯片放映的方法

单击演示文稿窗口右下角的“幻灯片放映”按钮,从当前幻灯片开始播放。该放映方式常用于幻灯片设计与制作过程中对设计与制作效果的预览。

单击“幻灯片放映”标签选项卡,可以“从头开始”、“从当前幻灯片开始”、“广播幻灯片”和“自定义幻灯片放映”等多种方式放映幻灯片演示文稿。从演示文稿的开头播放幻灯片的快捷功能键是F5。

单击“自定义幻灯片放映”,可打开自定义幻灯片放映对话框,单击“新建”按钮,选择自定义放映需要播放的幻灯片。

二、设置幻灯片切换效果

为了增强PowerPoint幻灯片的放映效果,可以为每张幻灯片设置切换方式,以丰富其过渡效果。

选中需要设置切换方式的幻灯片,单击“切换”标签选项卡,选择需要的“幻灯片切换”动画。可进一步选择设置“效果”选项中的效果。单击“预览”按钮,可预览幻灯片切换效果。可根据需要设置幻灯片切换时的伴音、切换幻灯片持续的时间,以及“换片方式”。换片方式包括“单击鼠标时”和“设置自动换片时间”。如果需要将此切换方式应用于整个演示文稿,单击“全部应用”按钮。

如果没有选择任何幻灯片切换方式,幻灯片将不能通过单击或设置时间间隔来切换。

要切换幻灯片可通过超级链接、动作按钮、动作设置等进行，也可以通过鼠标滚轮的滚动或右击鼠标选择“上一张”或“下一张”菜单项进行操作。

需要注意的是，幻灯片切换方式如“鼠标单击时”，不仅仅指幻灯片与幻灯片之间的切换，也包括幻灯片中动画效果的切换。

三、设置幻灯片放映方式

在“幻灯片放映”标签选项卡中单击“设置幻灯片放映”按钮，弹出“设置放映方式”对话框，在此可设置放映类型、放映选项、放映部分幻灯片、换片方式等。

演示文稿的放映方式有演讲者放映、观众自行浏览和在展台浏览三种。作为教学课件的演示文稿通常使用默认放映方式（演讲者放映），而“放映”选项通常设置为“循环放映，按 ESC 键终止”。

在“放映幻灯片”选项中，可以设置播放演示文稿中的一部分幻灯片，而不是全部。但是如果需要根据不同的教学对象有选择地放映，可以通过“自定义放映”方式来达到。如果要隐藏某张幻灯片，可单击“隐藏幻灯片”按钮。

四、在播放时画出重点

在播放过程中，可以在屏幕上画出相应的重点内容：在放映过程中，右击鼠标，在随后出现的快捷菜单中，选“指针选项”，在菜单中选择箭头外的其他指针。此时，鼠标变成一支“笔”，可以在屏幕上随意绘画。右击鼠标，在随后弹出的快捷菜单中，选择“指针选项”“墨迹颜色”选项，即可修改“笔”的颜色。在退出播放状态时，系统会提示是否保留墨迹的提示，操作者可根据需要做出选择。

五、放映时间设计

【设置幻灯片放映时间】如果在幻灯片放映时不想人工移动每张幻灯片，可以通过下述两种方法设置幻灯片在屏幕上显示时间的长短。第一种方法是人工为每张幻灯片设置时间，然后运行幻灯片放映并查看所设置的时间；另一种方法是使用排练功能，在排练时自动记录时间。

【排练幻灯片放映时间】要排练放映时间，可单击“幻灯片放映”标签选项卡中的“排练计时”按钮。幻灯片演示文稿开始放映并弹出记录对话框记录放映的时间。中间显示的时间为当前幻灯片的放映时间，右侧的时间为累计的排练时间。完成排练之后，弹出是否保留排练计时的对话框，可以接受该项时间或者重新试一次。

六、录制演示文稿

录制演示文稿时单击“幻灯片放映”工具栏中的“录制演示文稿”,可从头录制或从当前幻灯片录制演示文稿,包括录制幻灯片和动画计时、旁白(通过连接到计算机上的麦克风)。

七、课件文件的保存

在 PowerPoint 2021 中可将制作好的课件保存为多种格式的文件,以方便不同的应用。默认的保存格式为 *.pptx。可将演示文稿保存为与以前版本兼容的格式,以便在以前版本的程序中应用。如果将演示文稿保存为一个可直接放映的 ppsx 格式,则可以在打开演示文稿时直接启动(双击)演示文稿的播放。

通常在幻灯片演示文稿制作全部完成后,可将幻灯片演示文稿保存为放映格式,在正式使用时,可以直接双击该放映文件进行放映。这样做,一方面可以快速启动演示文稿的放映,另一方面也可以避免演示文稿被误操作。

保存为放映格式的演示文稿不能直接通过双击演示文稿调用 PowerPoint 来重新编辑。要编辑放映格式的演示文稿,可以先启动 PowerPoint,然后在文件菜单中通过打开文件的方式打开放映格式的演示文稿来编辑。

可以将幻灯片演示文稿保存为图片文件,如 *.jpg、*.gif、*.png、*.bmp、*.wmf、*.emf 等格式的图片。还可以将演示文稿保存为 *.pdf 的文本文件和 *.wmv 的视频文件。

在“保存”对话框中,可以单击“工具”按钮,选择“保存选项”,可进行幻灯片演示文稿保存的基本设置,包括保存演示文稿的默认格式、保存自动回复信息时间间隔的长短;选择“常规选项”,可设置保存的演示文稿文件的使用权限密码(打开权限密码和修改权限密码)和宏安全性;选择“压缩图片”可根据不同的应用需要对幻灯片中的图片进行压缩处理,包括删除图片中被裁剪的区域。

早期版本的 PPT 课件,可以用 PowerPoint 2021 打开并保存为新版本的 pptx 课件。

单击“文件”“保存到百度网盘”,可将制作好的课件保存到百度网盘中,也可将课件导出为 PDF/XPS 文档,创建为视频、GIF 动画,打包成 CD 等。

第六章 幻灯片课件的高级制作

第一节　iSlide 插件的功能与应用

一、iSlide 插件简介

1 iSlide 简介

iSlide 是由成都艾斯莱德网络科技有限公司开发的基于 PowerPoint 应用的插件，包含 38 个辅助设计功能、8 大在线资源库、超过 30 万个专业 PPT 模板及各类素材，为 PPT 课件的设计制作提供了丰富的资源和有效的设计工具。iSlide 也支持 Windows 系统下的 WPS 软件的应用。iSlide 插件的设计功能基本上是可以免费使用的。iSlide 所提供的模板/素材资源，有一部分是部分免费，其余需要注册账户和充值为会员才能使用。

iSlide 是一款非常好用的 PPT 插件，提供了丰富的 PPT 课件案例、标准的 PPT 模板、PPT 主题和色彩方案，提供了大量的图示素材（矢量图形及其组合）、矢量图标、矢量插图、图表和可免费使用的图片，支持 PPT 一键更换字体、段落、色彩。可以根据文字递进关系选择对应 PPT 页面的版式，一键生成可视化智能图表，还能做出非常高级的动画效果。

iSlide 提供的丰富资源和灵活方便的设计工具，不仅减少 PPT 课件制作过程中查找素材的麻烦，而且简化了 PPT 课件的界面设计、艺术设计和程序设计的过程，可以极大地提高 PPT 课件制作的质量、水平和效率。

2 iSlide 的下载与安装

可从 iSlide 的官方网站下载基于 Windows 最新版的 iSlide 插件。下载后根据提示进行安装，安装 iSlide 插件时应关闭 PowerPoint。正常安装后打开 PowerPoint 或 WPS，可在 PowerPoint 和 WPS 的选项卡工具栏中找到 iSlide 插件选项卡。

选择 iSlide 选项卡（图 6-1-1），其中包括“账户”“设计”“资源”“动画”“工具”“个人中心”“更多”共 7 个部分，其中的主要功能包括设计、资源、动画、工具 4 个方面。设计功能包

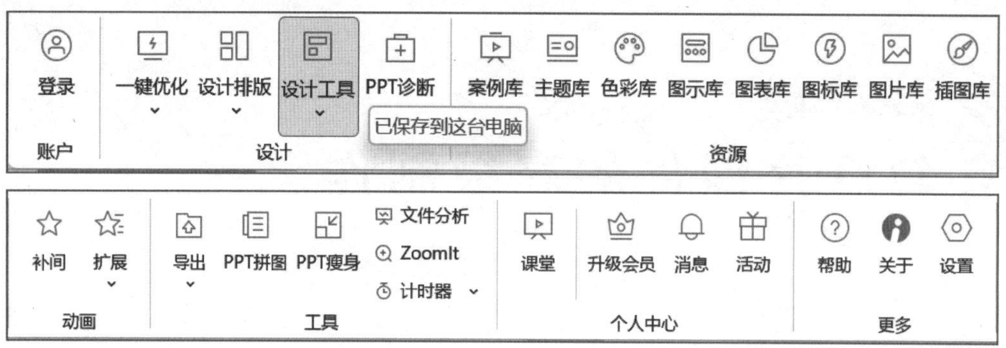

图 6-1-1　iSlide 插件选项卡

括“一键优化”“设计排版”“设计工具”“PPT 诊断”4 个方面；资源功能包括“案例库”“色彩库”“主题库”“图示库”“图标库”“图片库”“图表库”“插图库”8 大资源库；动画功能包括“补间动画”“扩展动画(平滑过渡、时间缩放、序列化)”2 个方面；设计工具包括“导出”“PPT 拼图”“PPT 瘦身”3 个工具。

二、iSlide 插件的主要功能

【导出功能】在 iSlide 工具栏里面，选择“导出”，在其下拉菜单中有多个菜单项，可将 PPT 导出为全图幻灯片、图片组(一张幻灯片一张图)、导出为视频、导出 PPT 中的字体，以及另存为只读幻灯片。导出为图片时，在其对话框中可设置图片的分辨率、幻灯片的范围；导出为全图幻灯片即将 PPT 导出为一张大图。导出为只读 PPT，可设置 PPT 的保护密码。导出为视频时，可设置分辨率、帧率、时间轴等参数和选项，默认的视频格式为 MP4。导出字体功能，可将 PPT 文件中用到的字体导出到一个文件夹中，便于在其他计算机上使用这些字体，以保持 PPT 设计和呈现的效果。

【一键优化功能】统一字体、统一段落、统一色彩、智能参考线。

【PPT 诊断功能】检测当前 PPT 文件存在的字体规范、占位符规范、参考线规范、色彩规范、大尺寸图片、冗余版式等方面的问题，生成诊断报告，并提供优化处理。

【PPT 拼图功能】将多张幻灯片拼接成一张图。

【PPT 瘦身】删除 PPT 中不需要的动画、批注、备注、版式、幻灯片外的内容、不可见的内容。

【设计工具】iSlide 设计工具(侧边栏)是一组 PPT 高频操作的功能集合，包含对齐、大小、参考线布局、选择、矢量、剪贴板、吸附、旋转、文本框、文本框边距一共 10 个功能组。设计工具(侧边栏)默认开启在 PPT 右侧，如果设计工具被关闭，可以在 iSlide 顶部菜单点击“设计工具”(图标)再次开启(图 6-1-2)。

(1) 扩展的对齐功能。可以对一组元素(文本框、图形、图片、图表等)快速实现各种方式的对齐和均匀排布。

（2）对象的等大小设置。可以对一组元素（文本框、图形、图片、图表等）快速实现各种等宽、等高、等大小设置，以及延伸操作，同时可以将选中的2个元素（文本框、图形、图片、图表等）交换位置。位置互换功能左键强制交换元素位置和大小，右键只交换元素位置。

（3）参考线布局。将页面中的一个或一组元素，以指定方式对齐到参考线，或在参考线范围内扩充。

（4）选择。调整页面中的元素上下图层顺序，或开启选择窗格，以编辑元素上下顺序。

（5）形状扩展与文字矢量化。主要用于通过布尔运算扩展更多复杂形状，以及对文字进行矢量化编辑（将文字打散为图形）。

（6）增强的剪贴板。实现元素的原位置复制粘贴（主要适用于某些动画需求场景）；支持同时选中多张幻灯片原位粘贴。

（7）吸附工具。将两个及两个以上的元素进行边贴边的吸附对齐。后选图形将按照指定方式吸附于先选图形。

（8）旋转。将页面中的元素进行旋转操作。

（9）文本框。调整文字在文本框中的缩排方式。PPT中插入的文本框默认为“根据文字”调整图形大小，所以文本框的图形无法自由拓展，可以设置为“自由调整”。当需要将更多的文字放进一个指定大小的文本框或形状当中时，可以选择“溢出缩排”。

图6-1-2　iSlide设计工具

（10）文本框边距。调整文字在文本框（或图形）中与边缘的距离。当需要将文字贴近文本框时，可选择“垃圾桶”图标，清除文本框边距，也可以通过重置图标，恢复PPT默认的文本框边距，或者自定义设置。

【设计排版功能】

（1）矩阵布局。矩阵布局就是将图片根据一定纵横比进行排列，通过画格子的形式在版面上确定位置，从而提高页面的规范性。

（2）矩阵裁剪。矩阵裁剪就是将图形或者图片根据横向数量、纵向数量、之间的间隔裁剪成多个矩形，放在图片上就类似于九宫格拼图的效果，让放置在幻灯片中的图片看去颇具艺术感。

（3）环形布局。环形布局就是让相关的图片或者图形元素围绕某一形状来进行环形排列,这种布局在制作关系之类的形状时就非常有用。

(4) 环形裁剪。环形裁剪就是以“一键”制作圆环图形,选中圆形形状之后点击“设计排版”中的“环形裁剪”,然后在弹出的控制页面中,选择环形的数量、环形的间距,然后点击“应用”就可以“一键切割出放射环形”了,当然也可以结合控点调节工具对圆形形状进行预处理,然后再使用环形裁剪制作出扇形辐射图形。

在 iSlide 的“设计排版”中还有“取色器”“控点调节”“智能选择”等工具,在制作 PPT 的时候很多图形设计操作就不用通过其他设计软件来实现,iSlide 操作简单且可以制作出相当美观的形状和版式。

【动画功能】

(1) 补间动画。补间动画是指表现在两个不同对象之间变化过程的动画,即一个对象如何变化为另一个对象的动画。制作动画时,前后两个对象的状态是确定的,需要根据两个对象的状态制作出它们之间变化的过程。补间动画包括形状补间、属性补间等。形状补间是两个不同形状之间的变化过程,属性补间是同一对象的不同属性之间的变化过程。

制作补间动画需要先选中幻灯片上的两个对象,然后选择 iSlide 插件工具栏中的“补间”,打开“补间”对话框(图 6-1-3)。

在“补间”对话框中设置两个对象之间过渡对象的数量,勾选“添加动画”,设置每帧时长,使一个对象过渡到另一个对象。勾选“高级模式”,可进一步设置补间动画的效果。补间动画通过创建每一帧,然后连续播放实现顺滑动效。每帧时长,可以参照我国电影行业的标准。1 秒 24 帧,大概就是一张图片停留 0.04 秒,连续起来播放,肉眼就无法辨别停顿。

图 6-1-3　动画设计对话框

(2) 扩展动画。选择 iSlide 插件工具栏中的“扩展”,显示下拉菜单:平滑过渡、时间缩放、序列化。

① 平滑过渡。选择“平滑过渡”,打开“平滑过渡”对话框(图 6-1-4),设置平滑开始、平滑结束的比例和动画时长,点击“应用”按钮,实现平滑过渡动画。

② 大小形状过渡。iSlide 可在同一张幻灯片上实现大小形状的切换,既可实现由大形

状过渡到小形状,也可实现由小形状过渡到大形状。先选中大形状,再按住 Ctrl 键选中小形状,依次点击“iSlide”“扩展”,下拉箭头,选择“平滑过渡”,即可添加大小形状过渡的动画。点击“幻灯片放映”,即可看到由大形状过渡到小形状的效果。反之,如果先选择小形状,然后再选大形状,可实现由小形状到大形状的过渡效果。

③ 旋转过渡。即实现由第一个图形旋转后过渡为第二个图形的效果。先绘制一个图形,然后复制图形,并将其旋转,先选中绘制的图形,然后再选中旋转后的图形,依次点击“iSlide”“扩展”,下拉箭头,选择“平滑过渡”,即可添加旋转过渡的动画。

④ 颜色过渡。即由第一种颜色缓慢过渡到第二种颜色的效果。先选中开始的颜色,然后再选中结束的颜色,依次点击“iSlide”“扩展”,下拉箭头,选择“平滑过渡”,即可添加颜色过渡动画。

⑤ 等比例缩放。将两个形状的中心对齐,同时选中两个图形,依次点击“iSlide”“扩展”,下拉箭头,选择“平滑过渡”,即可为两个图形添加等比缩放的动画。先选大图形后选小图形,为由大缩小效果;先选小图形后选大图形,为由小放大效果。

平滑过渡自带了动画开始时的加速和结束时的减速,看起来非常自然。运用平滑过渡最大的好处在于“所见即所得”。可以直观确定元素运动的起点和终点,如果不需要旋转和缩放的话,还可以将对应的动画删除,只保留路径动画即可。

⑥ 序列化。序列化可以按一定规则设置一组动画出现的时长或动画延迟,常用于设置多个元素动画的随机出现效果。

打开 iSlide,在动画组的“扩展”下拉菜单中可以看到“序列化”菜单项。如果当前幻灯片中没有动画时,无法使用序列化功能。为幻灯片添加动画后,选择 iSlide 插件中的“扩展”“序列化”,打开“序列化”对话框(图 6-1-5)。

在时间选项中可以选择“延迟时间”(即间隔多久之后才执行动画效果)、“动画时长”(当前动画效果持续的时间)。序列选项可选择“等差序列”“等比序列”“随机序列”“自定义序列”,并可根据所选择的序列设置起始值、步长或最小值、最大值。

⑦ 时间缩放。iSlide 的时间缩放功能把所有动画/换页等相关的时间长度按比例缩放,默认缩放比例为 1,即 PowerPoint 动画原本时长。例如,一个 PowerPoint 动画总时长为 4 s,其中动画延迟 2 s,设置时间的缩放比例为 0.5,则时间缩放为原动画的 50%。设置后,该动画总时长为 2 s,动画延迟 1 s。通过这个方法,可以更方便地批量调节制作的动画的时长,控制幻灯片动画播放的时长。

首先,打开一份制作好的课件,然后在选项卡中打开 iSlide,在动画组的“扩展”下拉菜单中选择“时间缩放”,打开“时间缩放”对话框(图 6-1-6)。拖动滑块或上下调节按钮来设置缩放比例。选择“所有幻灯片”可以将更改应用于整个演示文稿。所选幻灯片:在幻灯片中所选择的特定文稿。幻灯片序列:使用“幻灯片序列”可以仅输入幻灯片编号,以定位到特定幻灯片,对字体进行统一。例如:1~3,6,8~10 用“~”号相连,用逗号相隔。

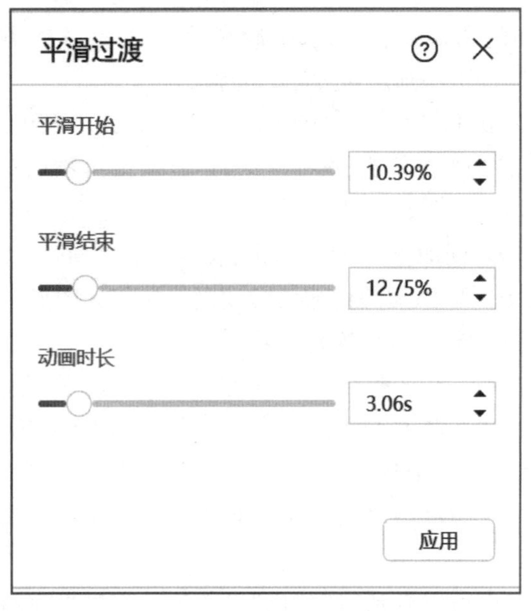

图 6-1-4 “平滑过渡”对话框

序列化

名称	时间
矩形 1 - 淡出	45.63
矩形 2 - 淡出	45.63
矩形 1 - 向右	45.63
矩形 2 - 向右	45.63
矩形 1 - 放大/缩小	45.63
矩形 2 - 放大/缩小	45.63
矩形 1 - 陀螺旋	45.63
矩形 2 - 陀螺旋	45.63
矩形 1 - 淡出	45.63
矩形 2 - 淡出	45.63

时间选项 延迟时间 动画时长

序列选项 等差序列

起始值 0.00 步长 0.10

刷新 应用

图 6-1-5 “序列化”对话框

图 6-1-6 “时间缩放”对话框

三、iSlide 的素材资源

【案例库资源】目前共有 4 722 个案例库资源，包括各类 PPT 课件和 iSlide 的 PPT 模板。可以通过搜索查找相关的案例资源，每个案例库提供了预览、下载和收藏工具，注册成为会员可以浏览、下载和免费应用这些资源（图 6-1-7）。

【主题库资源】目前有 4 876 个主题库资源，提供了标准的 iSlide 主题模板。每个资源提供了预览、下载和收藏工具，注册成为会员可以浏览、下载和免费应用这些资源（图 6-1-8）。

图 6-1-7　案例库资源

图 6-1-8　主题库资源

【色彩库资源】目前有 4 130 个色彩方案资源，提供了“应用到全部页面”、“应用到选定的页面”和“收藏”功能（图 6-1-9）。

【图示库资源】提供了 16 000 多个可编辑的矢量图示资源，具有浏览、下载和收藏功能（图 6-1-10）。

【图表库资源】提供了 5 875 个图表资源，具有浏览、下载和收藏功能（图 6-1-11）。

【图标库资源】提供 18 多万个图标，具有浏览、下载和收藏功能（图 6-1-12）。

【图片库资源】提供 8.89 万个以上的图片，提供预览（复制到剪贴板）、下载和收藏功能（图 6-1-13）。

【**插图库资源**】提供超过 1.03 万个插图(剪贴画),具有预览(复制到剪贴板)、下载和收藏功能(图 6-1-14)。

图 6-1-9　色彩库资源

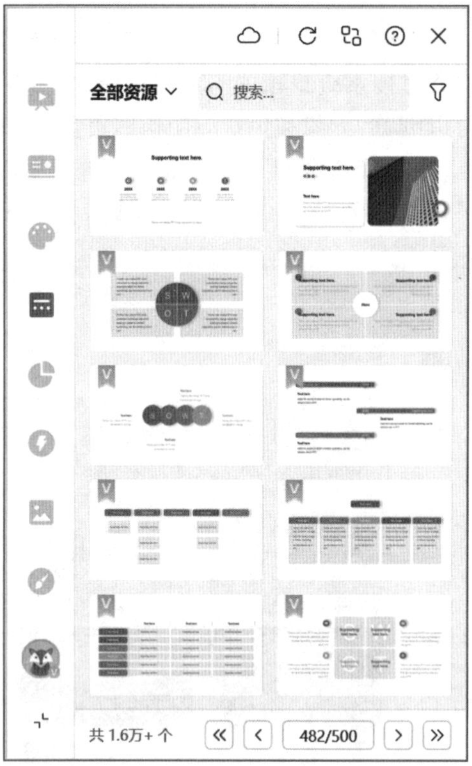

全部资源
搜索...
共 1.6万+ 个
482/500

图 6-1-10　图示库资源

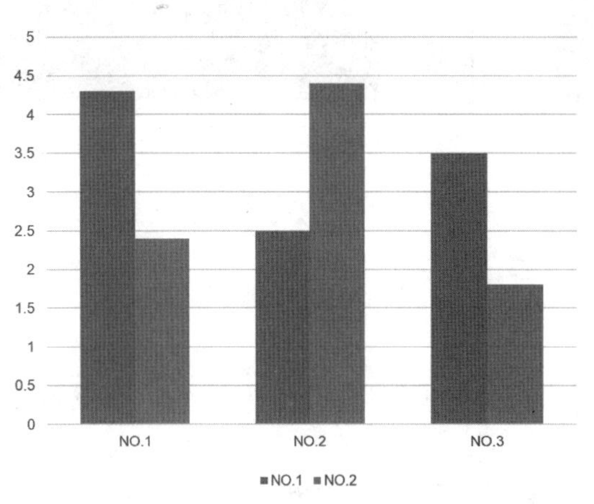

Unified fonts
make reading more fluent

Supporting text here.

Pellentesque habitant morbi tristique senectus et netus et malesuada fames ac turpis egestas. Proin pharetra nonummy pede. Mauris et orci.

Supporting text here.

Pellentesque habitant morbi tristique senectus et netus et malesuada fames ac turpis egestas. Proin pharetra nonummy pede. Mauris et orci.

图 6-1-11　图表库资源

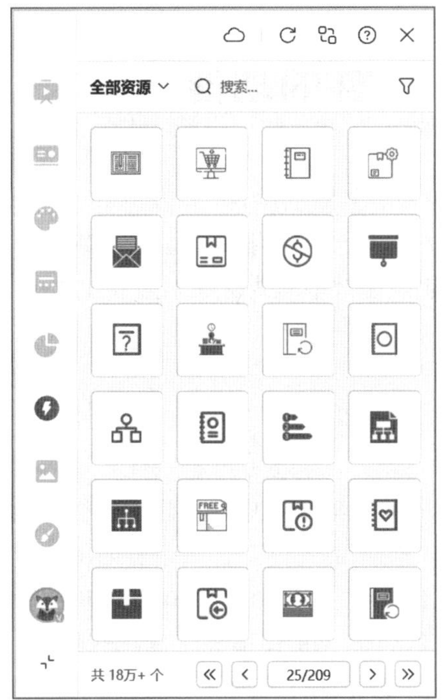

图 6-1-12　图标库资源

图 6-1-13　图片库资源

图 6-1-14　插图库资源

第二节　Onekey Tools 插件的功能与应用

Onekey Tools 的简称是 OK 插件，是由网友"大学生的电脑课"开发的免费 PPT 插件。Onekey Tools 10 是 OK 插件的纪念版，属于 PPT 设计综合性辅助插件，是对原 OK Lite 版的深度升级和完善，仅支持 PowerPoint。Onekey Tools Plus 是效率辅助插件，仅支持 PowerPoint。

一、Onekey Tools 10 插件

下载并安装 Onekey Tools 10 后，在 PowerPoint 的选项卡组中会出现 Onekey10 选项卡，其中包括"形状组""颜色组""三维组""图形组""辅助组""文档组"6 个方面的功能。

"形状组"中包括插入形状、一键去除、尺寸递进、对齐递进、旋转递进、矩式复制、原位复制、顶点相关等工具；"颜色组"包括纯色递进、取色器、OK 神框等工具；"三维组"主要有三维工具、图形库等工具；"图形组"有图片混合、一键特效、OK 拼图工具；"辅助组"有 GIF 工具、辅助工具等工具；"文档组"主要有文档处理、音频处理、表格工具、图表工具、平滑辅助等工具。

1 新增功能

【一键去除——去组合】一键解散所选对象或所选幻灯片中的全部组合。

【一键去除——去空文本框】一键删除所选幻灯片中的所有空的文本框（占位符、空白形状除外）。

【一键去除——去参考线】当选中图形时，可添加 4 条贴边参考线；未选中图形则可批量删除参考线。按 Ctrl 键可删除母版中的参考线。

【拆合文本】按词拆分、按行拆分。

【纯色转移——文形赋色】将第 1 个所选的形状或文字的颜色赋予第 2 个形状或文字的颜色。

【主题色工具】点击颜色组右下角的对话框启动器，打开，可读取、修改、导入、导出主题色方案。

【图形库】可预览的图形库，支持新建/打开库文件、导出/导入对象、可使用格式刷/动画刷、打开超链接、预览图按图层顺序排列、支持单个预览图的重命名、预览框增加右键菜单支持暗色背景和白色背景的切换、下次打开图形库自动加载上次打开的库、在界面上点击右键可最小化窗口。

【一键特效——边缘裁除】将所选的图片、形状、文字超出幻灯片的部分裁剪掉（本功能需要 PPT 2013 以上版本）。

【特殊选中】图层倒序、图层随机、全选组内（全选组合内对象）、就近组合。

2 优化功能

提升所有图片混合功能的执行效率,提升 12 种图片混合模式的代码质量和管理;一键特效,提升图片极坐标、图片马赛克、弧化倾斜的执行效率;OK 神框,提升图片色相、图片马赛克的执行效率;文档处理(合并文稿),原“合并文稿”拆分为基本和完全两个功能,优化代码执行效率;图表工具(图格互转),优化代码;优化 OK 插件所有窗体的移动代码(原代码拖动时可能会有延迟)OK 命令,原识别框改为文本输入框,可手动输入搜索或修改识别结果,回车后执行命令;部分功能移动到辅助功能菜单下;支持 OK 10 新增功能的调用。

【一键去除——去文字】支持表格内文字的删除。

【一键去除——去同位】支持多个对象的批量去同位。

【一键去除——去版式】支持多个幻灯片母版未使用版式的删除。

【一键去除——去动画】按“Ctrl”时可删除所选页面母版中的动画。

【旋转递进】旋转增强,新增递进按钮,可进行等量或增量递进。

【控点工具】当选中的是幻灯片时,将每张幻灯片中的圆角矩形控点统一。

【拆合文本】文本统一,支持修改表格的字体/字色/字号/行距/对齐、支持修改图表的字体、加粗选项拆分成加粗与取消加粗。

【原位复制】【批量原位】支持组合内对象的复制。

【跨页工具】初始对象可复制到所选幻灯片;新增渐变/线条色/相似度选项、支持组合内对象的读取;新增动画刷、解除组合、置于顶层/置于底层/上移一层/下移一层,文字批量替换为中文标题/正文主题字体;对象框提供右键菜单,可将所选项复制或剪切到所选的幻灯片中、删除所选项、全选所有项、正序/逆序排序所有项。

【取色器】纯色替换,当勾选形状、文字时,可替换表格的填充色和字色;在两个颜色框中点击右键可弹出拾取菜单,可直接拾取所选形状或文字的颜色。

【纯色转移】填线到文字,支持渐变。

【OK 神框】点击界面中的标题,可查看 OK 神框参数使用说明 txt 文档;跨页复制,只输入 1 个数字,会直接将所选对象复制到该页;图片分割,升级为“图形分割”,修复大图分割时卡顿的错误,并支持矢量形状(线条除外)的分割;图片亮度递进,支持填充到形状中的图片亮度的调整;图片比例裁剪,升级为图形比例裁剪、支持填充到形状中的图片的裁剪,并支持中文和英文冒号作为分隔符。

【图片混合】图片填充到形状,转换后选中新形状。

【一键特效】形状裁图,当所选的是文本框,将图填充到文字中。当只选中 1 个图形时,将幻灯片填充到形状或文本中;进行弧化倾斜、图片原位置处理。

【OK 导图】自由拼图,图片列数、内边距、外边距、设置大图支持修改后即时保存、新增批量导图;导图设置,初始化框显示是否已初始化;新增 TIF 格式,设置后页面导图、快捷拼图、自由拼图均可导出 TIF 格式图片。

【分割线】菜单下所有功能支持批量操作。

【特殊选中】菜单下所有功能支持组合内对象的选中。

【辅助功能】批量替换，图换形支持保留原透明度；形换形优化代码；默认勾选原形不变；多页合并，支持批量删除；倒计时、定时器，重新计时的时候保留显示格式，增加放映时自动计时、循环计时（循环时不会弹出提示文字）两个复选框。

【文档处理】截取页面（截取为单页）、批量加页、批量转换完成后，打开文件夹；批量加页，支持全格式复制，新增批量删页。

【应用案例 1：生成球体】在 PPT 中插入一个正圆，选中该圆，然后选择 Onekey 10 选项卡，选择“三维组”中的“三维工具”的下拉菜单“一键球体”，即可生成一个球。

【应用案例 2：文本朗读】在 PPT 中插入一个文本框，输入一段文字。选中该段文字后，打开 Onekey 10 选项卡，选择“文档组”中的“音频工具”的“朗读工具”下拉菜单，打开“朗读工具”对话框（图 6-2-1），点击“播放”按钮，即可将文字转换为语音。

图 6-2-1　朗读工具

二、Onekey Tools Plus 插件

OKPlus 的主要功能包括“便捷组”、“图片组”、“调色组”、“批量组”和“工具组”（图 6-2-2），且每组中又有相对独立的许多功能。将鼠标悬浮在某一功能按钮上，会显示其功能和操作提示弹框。

1 便捷组

单击“便捷增强”打开便捷工具栏，在“OK 常用”中列出了形、复、裁、图等常用功能按

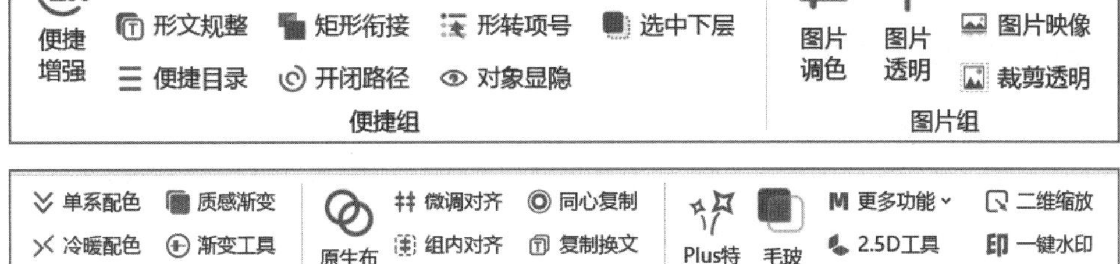

图 6-2-2　OKPlus 的主要功能

钮，在“便捷刷”中列出了格、圆、粘、寸等功能按钮，还有 Plus 神框、对调、行距等功能区。

【形】直接点击“形”，可快速插入一个小形状。按住“Ctrl”键并点击“形”，即可插入一个全屏形状，非常便捷。

【复】是原位复制，选择元素之后，直接单击即可。

【裁】点击“裁”，可将超出幻灯片外的形状批量剪除掉。

【格】这个格式刷，比 PPT 自带的要方便很多，选择初始对象，并按“Ctrl”键读取格式（颜色、效果）。接下来选择要修改的对象，点击“格”即可批量修改。

【寸】选择初始对象元素，并按“Ctrl”键读取尺寸。然后再选择不同尺寸的形状元素，再点击“寸”，即可快速统一尺寸。

2 图片组

【图片调色】这个功能，类似于 PS 中的调色，功能非常强大，可以选择不同模式。

【图片透明】去除图片的背景色，可设置渐变透明效果。

【统一图片】统一图片的属性。

【裁剪透明】对抠图后的留白进行裁剪。

3 调色组

【单系配色】如果不知道怎么配色，或者在只有一个主题色的时候，可以使用单色配色。选择插入的形状，点击“单系配色”自动生成单色系主题色，如果不满意，可以多次点击生成。

【冷暖配色】插入形状之后，会自动生成冷暖主题色。

4 批量组

批量组对内容进行批量处理以节省时间。

【微调对齐】将鼠标悬浮，放在“微调对齐”上面，会有快捷键对齐提示。可以同时选择并调整。最后，选择内容，再在“便捷组”里面，找到“Plus 神条”“页内水平移动”“0.5”“回车”。页面内容，即可整体水平居中。

【组内对齐】有时当 PPT 内容组合之后，还需要对齐调整，如果取消组合再调整比较麻烦。此时，可以使用“组内对齐”调整，组合的元素也可以对齐。

5 工具组

工具组里面有很多特效、2. 5D 等之类的功能。

【Plus 特效】共有 7 个特效。如“文字渐隐”特效会在插入文字之后，应用“文字渐隐”生成渐变文字效果。除此之外，还有“新拟态”“文字描边”等特效功能。

【2. 5D 工具】可以将插入的形状改变不同的角度。

【脑图】适合作为思维导图或者组织架构图，按“Ctrl”键同时点击“脑图”，可以反向添加。

第三节　101 教育 PPT 的教学应用

一、101 教育 PPT 简介

101 教育 PPT 是一款专业服务老师的备授课一体化教学软件，包括 PC 版和手机版。101 教育 PPT 汇聚近百万个课件、图片、视频、动画、音频、习题等全学科海量优质的教学资源。这些资源对教师个人用户永久免费，且资源涵盖各年级和各学科以及不同教材版本(图 6-3-1)，并且精准匹配到每个章节，方便老师快速地选择资源，提高课件质量，节省备课时间。

图 6-3-1　选择学段和学科

可从 101 教育 PPT 的官网下载并安装最新版的 101 教育 PPT。安装时需要关闭已经打开的 PowerPoint 软件或 WPS 软件。完成安装后,可从开始程序列表中找到 101 教育 PPT 并打开。使用 101 教育 PPT 需要登录到系统,可通过手机号免费注册和登录 101 教育 PPT。

注册时可选择不同的学段和学科,以便系统提供精准的对应教学资源。

最新版的 101 教育 PPT 提供了“备课台”(图 6-3-2)、“101 资源库”(图 6-3-3)、“我的课程”、“直播列表”、“班级管理”、“个人中心”和“新建课件”等功能模块。可以在该界面中选择“备课台”的“新建 PPT 课件”或“导入本地课件”中编辑和制作 PPT 课件。101 教育 PPT 支持将本地 PPT 课件拖放到编辑区直接编辑修改。可以选择“从模板新建”,在模板列表中选择合适的模板新建 PPT 课件(图 6-3-4)。单击“全部模板”可打开“新建课件”模板库,其中提供了“教学目标”“课件换肤”“智能封面”等功能,并有丰富的课件模板可供使用。

图 6-3-2　101 教育 PPT 的备课台界面

新建或打开 PPT 课件后,进入 101 教育 PPT 的 PowerPoint 界面。这个界面在原 PowerPoint 的基础上新增了 101 教育 PPT 的一些扩展功能,主要包括:

(1) 上部增加了“备课台”“插入”“新建习题”“录课”“发布作品”“分享”等功能。

(2) 右侧增加了一个工具条,其中包括“搜索”“IP 专区”“章节选择”“AI 动画”“课件”“学科工具”“微课”“素材”“习题/试卷”“美课大师”等资源与工具功能。

(3) 下部增加了播放控制功能区,包括“新增页面”“放映”“手机授课”三个功能。点击“放映”功能按钮可播放 PPT 课件,并提供放映时的工具,包括“学科工具”“互动工具”“箭头”“画笔”“橡皮擦”“手机授课”“返回桌面”“结束放映”等工具。

101 教育 PPT 具有丰富的课件设计与制作的资源,包括多媒体课件资源、学科工具资

图 6-3-3　101 教育 PPT 的资源库界面

图 6-3-4　“新建课件”对话框

源、多媒体素材资源、3D 资源、习题和试卷资源、PPT 主题模板等，而且这些资源均可以与相应版本教材的章节相对应(覆盖所有年级和几乎所有版本的教材)。

101 教育 PPT 不仅提供了大量有教学针对性的信息化教学资源，而且将教学资源与备

课(课件制作)、授课(教学过程)结合起来,有效发挥了信息化教学资源的作用。

101 教育 PPT 提供的用户注册/登录、文件保存(另存)、简单编辑、插入素材、文件传输、界面皮肤(外观)切换、资源上传、下载等工具按钮,方便课件的相关操作(图 6-3-5)。

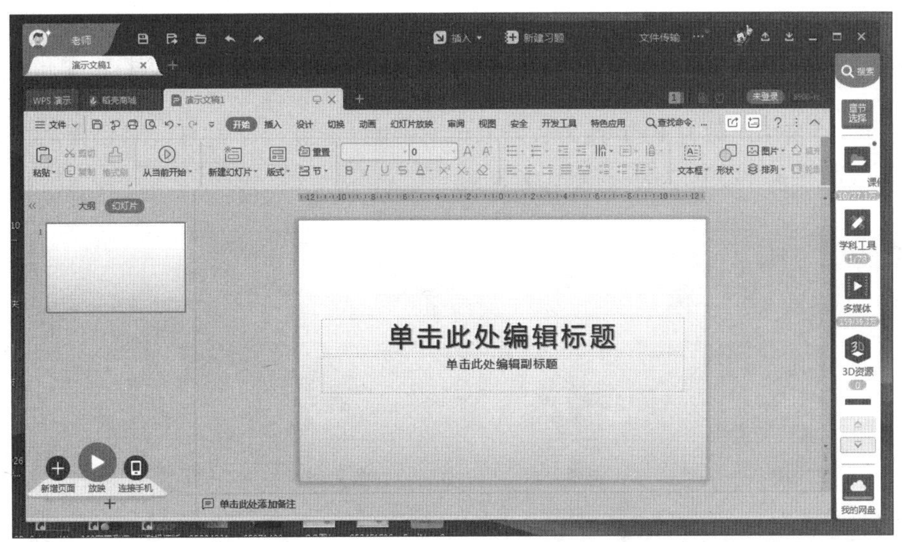

图 6-3-5　101 教育 PPT 的备课工作界面

二、101 教育 PPT 的主要功能

(1) 提供优质教学资源,让教师备课得心应手。101 教育 PPT 提供从小学一年级到高中三年级的语文、数学、英语等全学科,不同教材版本所需的课件、多媒体、习题、3D、VR 等多种优质教学资源,使教师备课更轻松。采用网盘存储,随时随地管理文件。

(2) 提供实用的学科工具,帮助教师授课。能够提供趣味习题和互动工具,提升学生专注度;提供的学科工具能辅助教师突破教学重难点,授课更高效,教学质量更高。

(3) 提供学情数据分析,个性化因材施教。全面记录教学和学习数据,自动形成统计分析报告,辅助学校、区域的教务管理工作,加强家校沟通与合作。

(4) 提供智慧课堂的中心平台。可兼容扩展连接答题器、学生平板、VR 设备,另外电子白板、投影幕布、电脑等场景都能使用。

(5) 101 教育 PPT 还能建立教师或学校自己的教学资源库,将教学过程中的生成性资源保存起来。

(6) 此外,101 教育 PPT 手机版,可控制课件播放,教师可走动教学;手机拍摄的照片、视频可以上传,教师可对典型案例进行实时点评,加深学生对知识的理解。

三、应用案例

根据学科、学段、年级和教材版本应用教学资源制作 PPT 课件

第一步:点击 101 教育 PPT 界面右侧工具栏中的“章节选择”,打开对话框后分别选择“第一步学段”中的“高中”“高一”(图 6-3-6)。

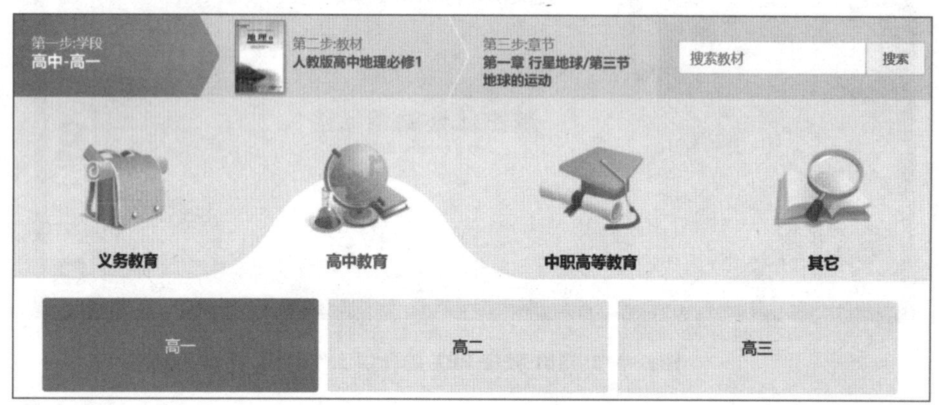

图 6-3-6　选择学段和年级

第二步:选择学科中的“地理”和版本中的“人民教育出版社(人教版)”“必修 1”(图 6-3-7)。

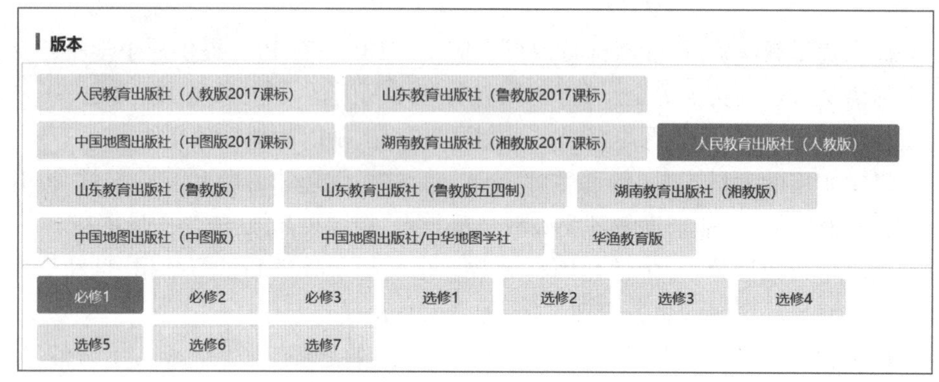

图 6-3-7　选择版本

第三步:选择章节“第二章　地球上的大气”“第三节　常见天气系统”,点击“开始备课”按钮。

第四步:选择“课件”“教案”“学案”。

第五步:选择好课件进行预览,选择“插入当前页”或“打开整份”,在 PowerPoint 中修改和制作课件(图 6-3-8)。

图 6-3-8　选择课件

第四节　雨课堂插件的功能与教学应用

雨课堂是由学堂在线、清华大学、教育部在线教育办公室共同研发的一款嵌入在 PowerPoint 之中的教学应用插件。雨课堂旨在连接师生的智能终端,将课前、课上、课后的每一个环节都赋予全新的体验,最大限度地释放教与学的能量,推动教学改革。

从雨课堂的官方网站下载并安装雨课堂 6.0 插件后,在 PowerPoint 的界面上将增加一个标签项“雨课堂”(图 6-4-1)。

图 6-4-1　在 PowerPoint 上的雨课堂插件

雨课堂插件包括“用户登录”“课堂教学”“插入题目”“课外资料制作”“更多”等功能模

块。通过这些功能模块,雨课堂将复杂的信息技术手段融入 PowerPoint 和微信中,连接师生的智能终端。教师注册并登录雨课堂后,可以将带有 MOOC 视频、习题、语音的课前预习课件推送到学生手机,供学生预习。上课前,通过雨课堂可以让学生了解新的教学内容,让教师掌握学生的相关知识基础和学习状况;课堂上雨课堂的实时答题、弹幕互动,为传统课堂教学的师生互动提供了完美的解决方案。雨课堂插件科学地覆盖了课前、课上、课后的每一个教学环节,为师生提供了完整立体的数据支持、个性化报表、自动任务提醒,让教与学更明了。

(1) 登录雨课堂。在雨课堂插件的“用户登录”模块,点击下拉箭头,弹出登录方式菜单(微信登录、蓝牙登录)。选择“微信登录”,弹出二维码,通过手机微信扫码登录。

(2) 制作并上传手机课件。利用雨课堂的“新建手机课件”,教师在课下可以轻松地制作“预习课件”,该课件默认为竖版 PPT 页面设置。制作完成后,单击“上传试卷/手机课件”,将课件上传到课件库中(可建立文件夹)。

使用雨课堂制作的课件与普通课件最大的不同就在于题目幻灯片的制作。可分别使用单选题、多选题、投票、填空题、主观题等题型的模板建立相应的题目幻灯片。每类题型都可以设置题目的分值、正确答案、答案解析等内容(图 6-4-2 至图 6-4-11)。

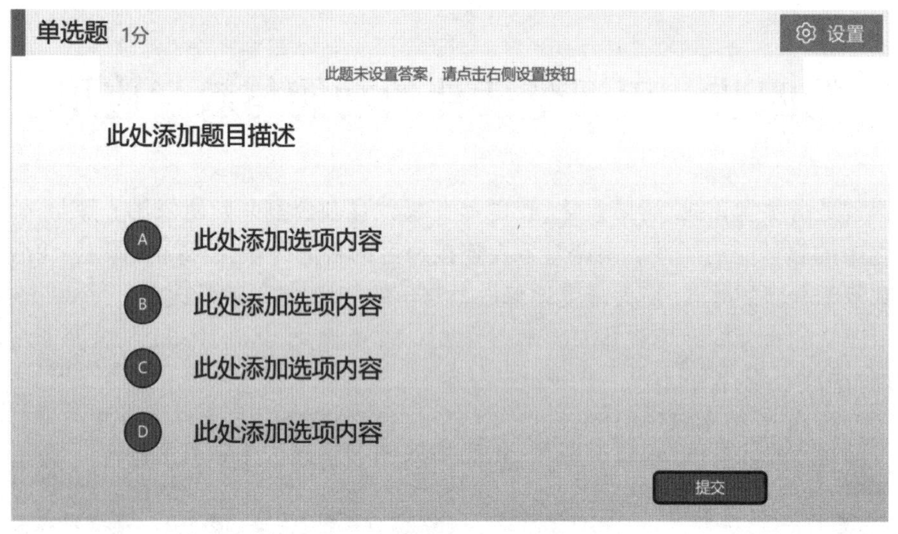

图 6-4-2 单选题模板

(3) 开启课堂授课。点击“开启雨课堂授课”,弹出对话框,在课程和班级列表中选择课程和班级(图 6-4-12)。可以点击列表后的“+”号按钮,增加新的课程和新的班级。输入课堂标题后单击“开始授课”按钮。出现课堂二维码及课堂暗号,供学生扫码或输入暗号。经过几秒钟(显示连接中……)的连接后,出现“开始上课”按钮,学生扫码后,点击“开始上课”按钮,电脑上的画面即可传送到手机上,即开启了雨课堂的教学。这时,教师的手机变身为遥控器,学生手机成为可交互的接收机。教师打开一个 PPT 后,可直接使用雨课堂授课。

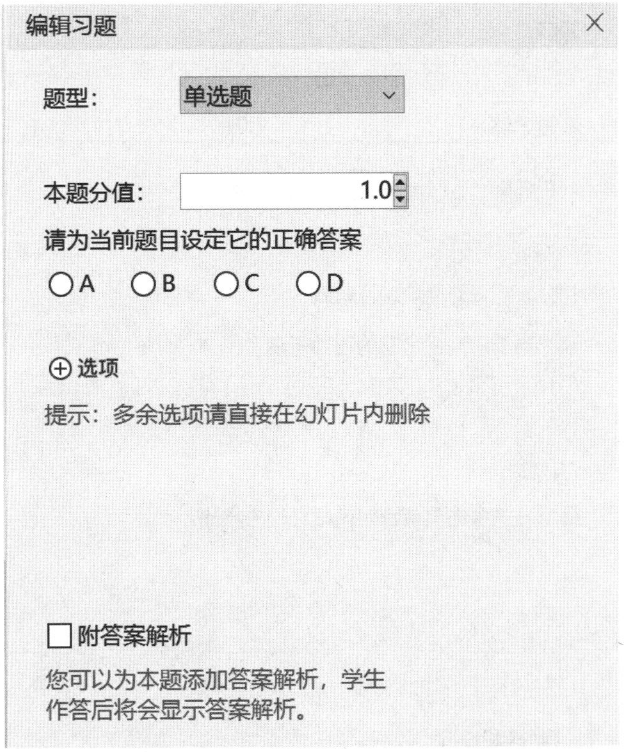

图 6-4-3　设置单选题分值、选项、正确答案和答案解析

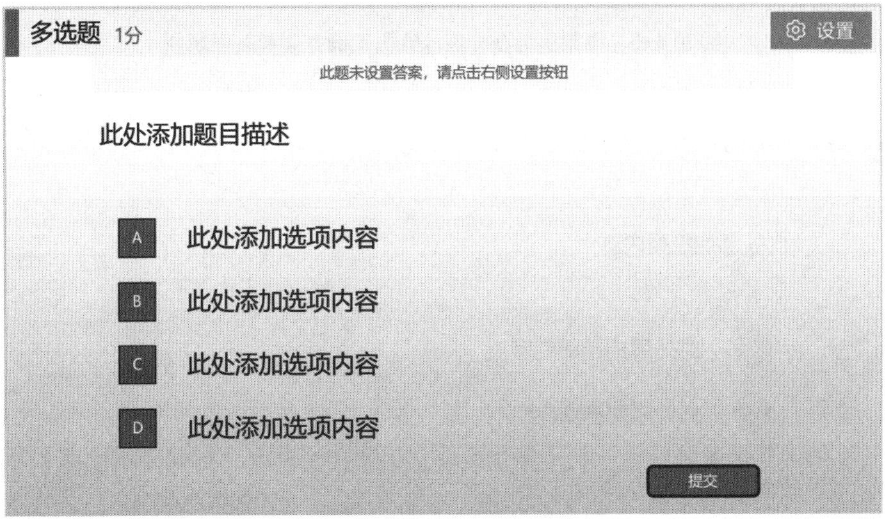

图 6-4-4　多选题模板

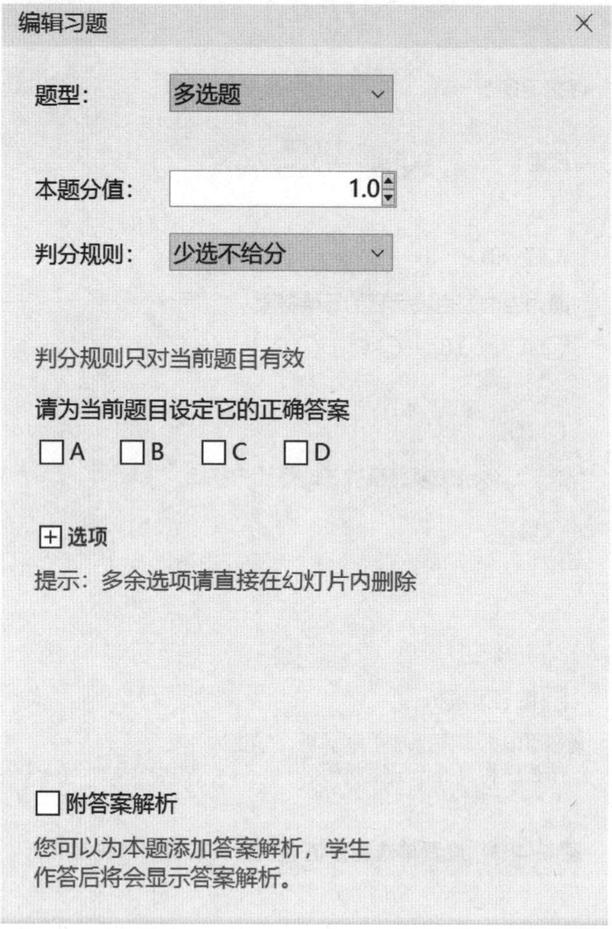

编辑习题

题型：多选题

本题分值：1.0

判分规则：少选不给分

判分规则只对当前题目有效

请为当前题目设定它的正确答案

A B C D

选项

提示：多余选项请直接在幻灯片内删除

附答案解析

您可以为本题添加答案解析，学生作答后将会显示答案解析。

图 6-4-5　设置多选题分值、选项、正确答案和答案解析

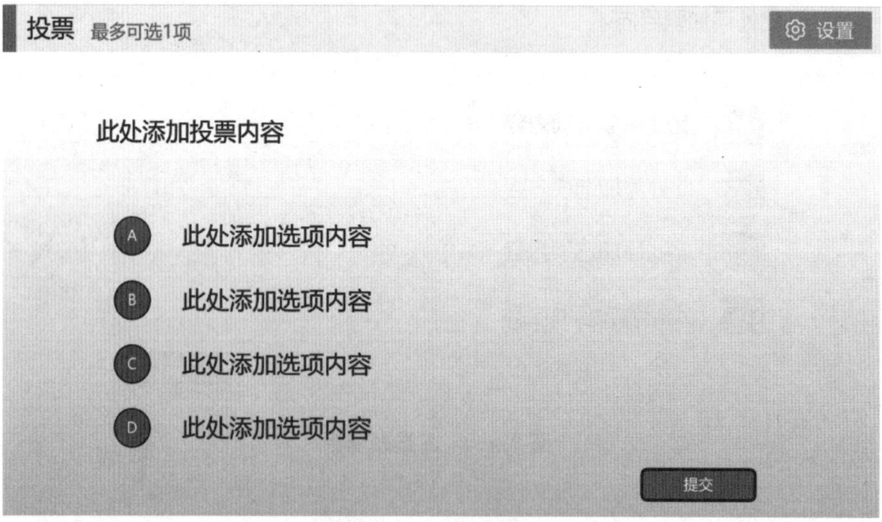

投票 最多可选1项 设置

此处添加投票内容

A 此处添加选项内容

B 此处添加选项内容

C 此处添加选项内容

D 此处添加选项内容

提交

图 6-4-6　投票题模板

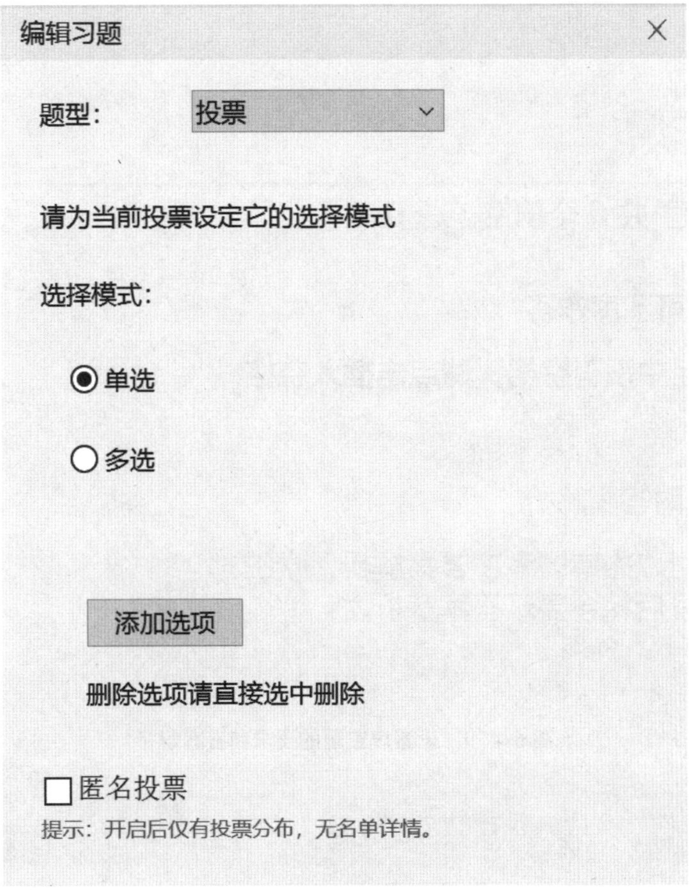

编辑习题

题型：投票

请为当前投票设定它的选择模式

选择模式：

◉ 单选

○ 多选

添加选项

删除选项请直接选中删除

□ 匿名投票

提示：开启后仅有投票分布，无名单详情。

图 6-4-7　设置投票题的具体项目

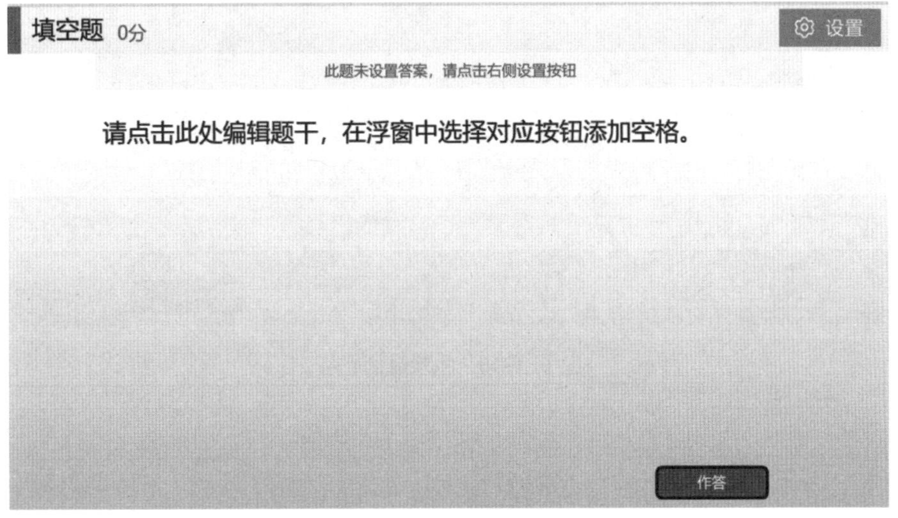

图 6-4-8　填空题模板

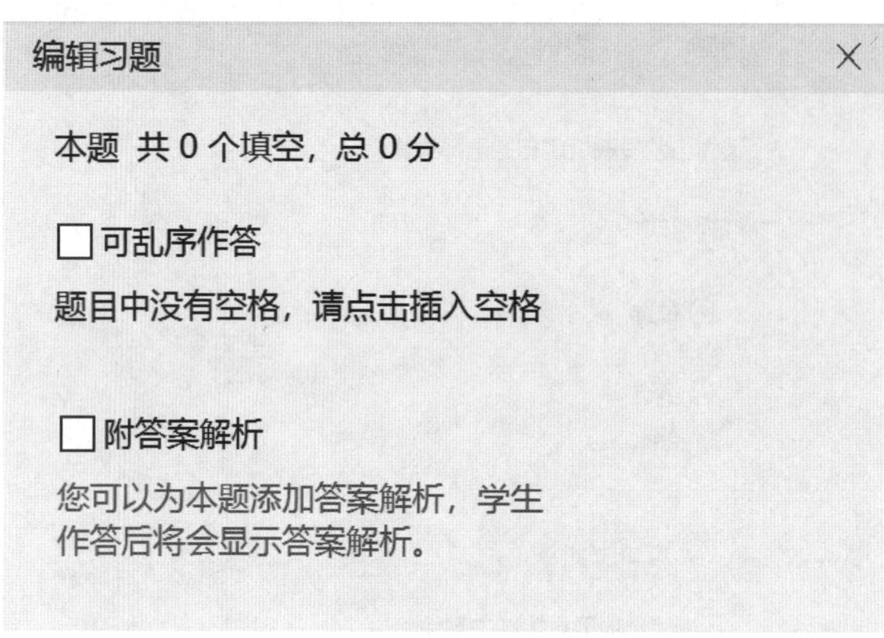

图 6-4-9 设置填空题的要求和答案解析

图 6-4-10 主观题的模板

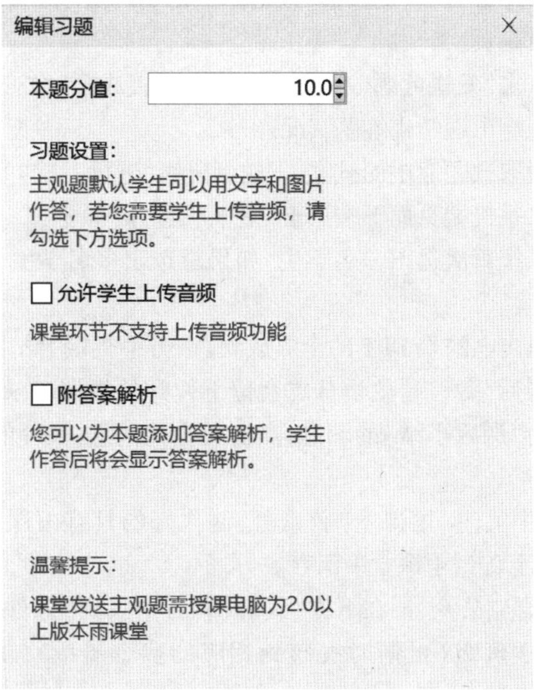

编辑习题 ×

本题分值：10.0

习题设置：
主观题默认学生可以用文字和图片作答，若您需要学生上传音频，请勾选下方选项。

☐ 允许学生上传音频

课堂环节不支持上传音频功能

☐ 附答案解析

您可以为本题添加答案解析，学生作答后将会显示答案解析。

温馨提示：

课堂发送主观题需授课电脑为2.0以上版本雨课堂

图 6-4-11　设置主观题的分值、要求和答案解析

选择课程和班级 ×

课程

气象学与气候学

班级

2021地理定向班

标题

演示文稿1

开启授课

图 6-4-12　开启雨课堂对话框

(4) 开始授课。打开手机端“遥控器”推送。点击“开始上课”,用手机控制 PPT 切换。电脑端也可开启授课及翻页。

(5) 随堂习题。点击“发送此题”/“发送题目”,直接或限时发送单个习题。发送习题后,学生作答,教师手机端出现学生答题实况。

(6) 随堂考试。调取试题库中的试卷,发送到班级,进行考试。

(7) 课堂弹幕。在手机端页面下端点击“更多”,选择“弹幕”。

(8) 随机点名。系统每次选出一名学生,如果想选出多名学生,持续点击“继续滚动”即可。

(9) 结束授课。退出电脑端 PPT 的全屏放映,点击手机端“结束本次授课”,查看课后小结。当教师结束授课后,微信端教学日志会留下教师的授课记录。同时,雨课堂会向教师手机端推送一个名为“课后小结”的消息,点击查看此消息,教师能够精确地了解到本次课程数据。

(10) 在手机微信中关注“雨课堂”公众号,制作好的具有雨课堂功能的课件,可通过“上传试卷/手机课件”上传到雨课堂中保存。

(11) 进入微信雨课堂公众号,在下方“我的”栏目中找到“课件库”,找到上传的课件,将其发布到相应的教学班级(可同时发布到相应的多个班级),供学生学习和练习(或考试)。

(12) 利用雨课堂,可快速地查看学生完成相关学习任务的情况,包括课件查看、各类测试题的完成情况,并可快速生成学生学习情况报告,便于教师及时了解学生的学习状况和统计考试成绩,对教学进行及时的调控,提高教学的针对性和有效性。

第五节　OfficePLUS 插件及其教学应用

一、OfficePLUS 插件的功能

OfficePLUS 插件是一款微软公司提供的 PPT 插件。该插件配合 2016 版以上的 Office 软件(包括 PowerPoint)的使用,提供了各类精品 PPT 模板、PPT 实用模块、Word 求职简历、Excel 图表、图片素材等资源(包括免费使用和需要付费使用的资源)。

下载并安装 OfficePLUS 插件后,打开 PowerPoint 就可以看到界面上的 OfficePLUS 插件。其中包括“账户”“模板”“素材”“一键美化”“AI 实验室”“导出”等功能模块(图 6-5-1)。

(1) 在账户模块,可使用微信扫码登录。登录后可使用模板模块和素材模块中的免费资源。会员专享资源需要付费后才能使用。

(2) 模板模块包括模板库、模板页、图表、关系图等模板项目。①模板库包括教学课件、教育活动、学术答辩、研究报告等非常实用的分类模板资源,可以按照免费/会员专享、

图 6-5-1　OfficePLUS 插件工具中的功能模块

含内容/不含内容、行业类型等对模板进行筛选。②模板页包括封面页、目录页、章节页、结束页等模板。③图表模块包括表格、饼图、直方图等统计图表模板。④关系图模块包括层次结构、关系、列表、流程、循环等模板。

(3) 素材模块包括图片、插图、图标三个项目。图片包括 3D 图片、背景图片、人物、表情等分类图片。插图包括常用的分类剪贴画图片。图标包括各类常用图标。

(4) 一键美化模块包括一键换肤、一键换色、统一字体三个功能。

(5) AI 实验室包括 PPT 小助手、图片美化、图片橡皮擦三个项目。PPT 小助手是会员专享功能;图片美化功能可实现对导入图片的自动美化处理;图片橡皮擦可实现对图片的修改操作。

二、OfficePLUS 插件的教学应用

案例:利用 OfficePLUS 快速制作 PPT 智能图表

(1) 在幻灯片中打开并微信扫码登录 OfficePLUS,插入免费图表中的"多色扁平 PPT 柱状图"(图 6-5-2)。

(2) 选择该柱状图,点击其上方出现的"设置智能图表",在左侧的设置对话框中可设置类别数量和每一个类别的数值,以快速生成需要的统计图表(图 6-5-3)。

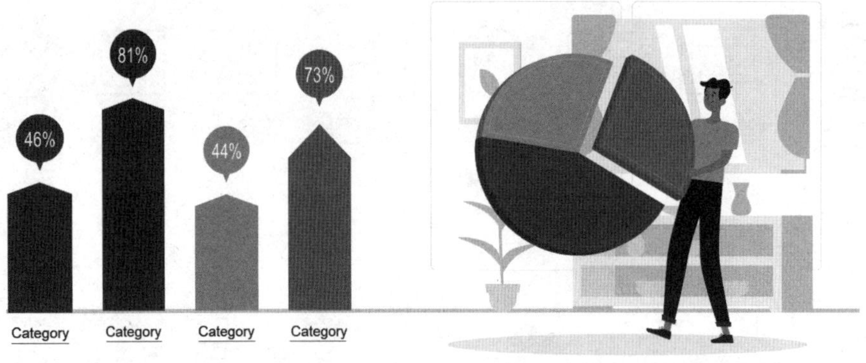

图 6-5-2　多色扁平 PPT 柱状图

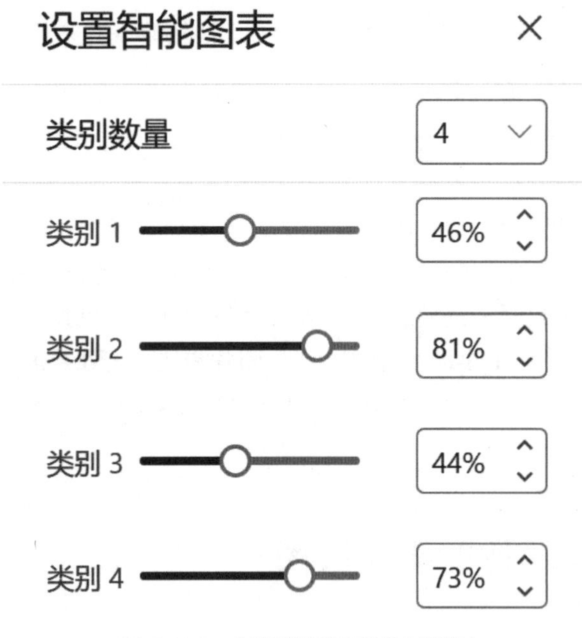

图 6-5-3　“设置智能图表”对话框

参考文献

[1]乌美娜. 教学设计[M]. 北京:高等教育出版社,1994.

[2]施良方. 学习论[M]. 北京:人民教育出版社,2000.

[3]李秉德. 教学论[M]. 北京:人民教育出版社,2001.

[4]孙汉群. 试析有效开展多媒体计算机辅助地理教学[J]. 江苏教育学院学报(自然科学版),2001,18(3),86-89.

[5]肖旻. 人工智能技术在计算机辅助教学中的应用[J]. 南京工程学院学报(社会科学版),2002,2(2):54-57.

[6]孙汉群. 应用现代信息技术,提高《中国地理》教学水平[J]. 海南师范学院学报(自然科学版),2002,15(4),151-154.

[7]高荣国. 网络教育形态的本质特征[J]. 中国远程教育(综合版),2002(8):19-21.

[8]孙汉群. 多媒体计算机辅助地理教学刍议[J]. 江苏教育学院学报(自然科学版),2003,20(1):75-79.

[9]游泽清. 多媒体画面艺术基础[M]. 北京:高等教育出版社,2003.

[10]孙汉群,赵军. 计算机辅助地理教学中图像素材的收集与整理[J]. 江苏教育学院学报(自然科学版),2004,21(1):128-131.

[11]孙汉群. ACDSee 在计算机辅助教学中的应用[J]. 江苏教育学院学报(自然科学版),2004,21(2):5-10.

[12]卡恩. 电子学习的设计与评价[M]. 张建伟,孙燕青,李海霞,等,译. 北京:北京师范大学出版社,2005.

[13]夏亚,徐辉. 多媒体课件设计与制作[M]. 杭州:浙江大学出版社,2005.

[14]张剑平,李慧桂. 信息化环境下教学设计的基本问题研究[J]. 电化教育研究,2005(9):33-37.

[15]孙汉群. 高中地理新课标与地理信息技术应用教学[J]. 江苏教育学院学报(自然科学版),2006,23(1):111-115.

[16]葛修娟. 建构主义指导下的计算机辅助教学设计[J]. 中国科技信息,2006(12):235,238.

[17]迈耶. 多媒体学习[M]. 牛勇,邱香,译. 上海:商务印书馆,2006.

[18]孙汉群. 遥感图像及其在地理课件中的应用[J]. 地理教学,2007(4):19-21.

[19]孙汉群. 虚拟全景图在地理教学中的应用[J]. 江苏教育学院学报(自然科学版),2007,24(1),108-111.

[20]黄杰. 对信息化教学设计的几点思考[J]. 教育信息技术,2007(6):27-29.

[21]王红梅. 图像处理与动画设计基础教程[M]. 北京:清华大学出版社,2008.

[22]朱长荣. 信息化环境下课堂教学支持系统的研究与实现[D]. 上海:华东师范大学,2009.

[23]刘志华. 教学系统设计与实践[M]. 北京:清华大学出版社,2010:151-154.

[24]周坤亮. 信息化教学设计研究综述[J]. 南京晓庄学院学报,2011(1):64-67.

[25]王颖,何北,黄力力,等. 信息化教学技能实践与应用[M]. 北京:知识产权出版社,2011.

[26]严晨,柴纯钢,徐娜. 多媒体界面设计[M]. 北京:电子工业出版社,2011.

[27]朱建国. PPT 新视角:VBA 应用技术[M]. 北京:电子工业出版社,2013.

[28]冯建平,吴丽华. 现代多媒体课件制作技术[M]. 北京:人民邮电出版社,2013.

[29]金钟哲,权熙喆. 表达的艺术:PPT 动画设计[M]. 武传海,译. 北京:人民邮电出版社,2014.

[30]张一春,钱东东,陈松. 信息化教学设计实例精析[M]. 北京:高等教育出版社,2016.

[31]梅里尔. 首要教学原理[M]. 盛群力,钟丽佳,译. 福州:福建教育出版社,2016.

[32]梅耶. 应用学习科学:心理学大师给教师的建议[M]. 盛群力,丁旭,钟丽佳,译. 北京:中国轻工业出版社,2016.

[33]隆平. 职业院校教师信息化教学方法应用典型案例[M]. 北京:化学工业出版社,2017.

[34]吴颖惠,李芒,侯兰. 信息化学习方式教学课例研究与实践[M]. 北京:人民邮电出版社,2017.

[35]王卫军. 教师信息化教学能力发展研究[M]. 北京:中国社会科学出版社,2018.

[36]孙汉群. 信息化教学技能训练教程[M]. 南京:江苏人民出版社,2019.

[37]倪彤,许文静,张伟. 信息化教学技术[M]. 北京:清华大学出版社,2020.

[38]刘邦奇. 智能技术支持的“因材施教”教学模式构建与应用——以智慧课堂为例[J]. 中国电化教育,2020(9):30-39.

[39]吴砥,余丽芹,饶景阳,等. 大规模长周期在线教学对师生信息素养的挑战与提升策略[J]. 电化教育研究,2020,41(5):12-17,26.

[40]孙汉群. 地理信息技术与地理教学的整合[M]. 南京:江苏人民出版社,2021.

[41]汪学均,王辉,钟燚,等. 线上线下混合式智慧教学模式构想与实践[J]. 中国教育信息化,2022,28(10):84-92.

[42]教育部. 教师数字素养:JY/T 0646—2022[S]. 2022.

[43]怀进鹏. 教育部部长怀进鹏在世界数字教育大会上的主旨演讲:数字变革与教育未来[EB/OL]. (2023-02-13)[2023-02-14]. https://news.eol.cn/yaowen/202302/t20230214_2299148.shtml.

[44]吴砥,李环,尉小荣. 教育数字化转型:国际背景、发展需求与推进路径[J]. 中国远程教育(综合版),2022(7):21-27,58.

[45]中央网络安全和信息化委员会.提升全民数字素养与技能行动纲要[EB/OL].(2021-11-05)[2022-06-01].http://www.cac.gov.cn/2021-11/05/c_1637708867754305.htm.

[46]吴砥.提升师生数字素养 加速教育数字化转型[N].中国教育报,2022-12-15(02).

[47]汪学均,王辉,钟燚,等.线上线下混合式智慧教学模式构想与实践[J].中国教育信息化,2022,28(10):84-92.

[48]张治.上海市宝山区教育局局长:ChatGPT,加速教育的革命性重塑[EB/OL](2023-02-16).[2023-02-16].https://baijiahao.baidu.com/s?id=1757991630425522943&wfr=spider&for=pc.